校企“双元”产教融合跨境电子商务系列教材

U0879965

# 跨境电子商务平台实务

易　静　主编

孟小艳　郭燕萍　副主编

電子工業出版社
Publishing House of Electronics Industry
北京 · BEIJING

## 内容简介

本书根据当前跨境电子商务行业的人才需求，介绍了跨境电子商务平台基础认知、跨境电子商务平台店铺注册、跨境电子商务选品、跨境电子商务多平台运营工具的使用、跨境电子商务营销、跨境电子商务视觉美工、跨境电子商务文案创作、跨境电子商务数据调研与分析、跨境电子商务物流及跨境电子商务支付与结算等相关内容。全书以活页形式编排，对接 1+X 证书制度下的行业标准，以项目任务驱动的模式，强调理论与实践的一体化，有序且系统地讲解了跨境电子商务职业标准的基础知识与实务技能。

本书内容由浅入深，符合跨境电子商务从业者职业技能习得规律，可作为职业院校和应用型本科院校跨境电子商务、电子商务、商务英语、国际贸易及相关专业的教材或教学参考用书。同时，本书对跨境电子商务企业的平台运营人员、管理人员及营销人员等也具有实战指导作用。



**图书在版编目（CIP）数据**

跨境电子商务平台实务 / 易静主编. —北京：电子工业出版社，2022.6

ISBN 978-7-121-43526-3

Ⅰ. ①跨… Ⅱ. ①易… Ⅲ. ①电子商务－教材 Ⅳ. ①F713.36

中国版本图书馆 CIP 数据核字（2022）第 088209 号

责任编辑：刘淑敏　　特约编辑：田学清
印　　刷：河北鑫兆源印刷有限公司
装　　订：河北鑫兆源印刷有限公司
出版发行：电子工业出版社
　　　　　北京市海淀区万寿路 173 信箱　　邮编：100036
开　　本：787×1092　1/16　印张：16.5　字数：433 千字
版　　次：2022 年 6 月第 1 版
印　　次：2023 年 8 月第 2 次印刷
定　　价：59.80 元

凡所购买电子工业出版社图书有缺损问题，请向购买书店调换。若书店售缺，请与本社发行部联系，联系及邮购电话：（010）88254888，88258888。

质量投诉请发邮件至 zlts@phei.com.cn，盗版侵权举报请发邮件至 dbqq@phei.com.cn。

本书咨询联系方式：（010）88254199，sjb@phei.com.cn。

# 前　　言

近年，跨境电子商务已经成为推动我国外贸发展的新的经济增长点，但跨境电子商务人才严重缺乏，部分跨境电子商务从业人员实际操作能力不强、实践能力缺乏，这些问题大大增加了企业在用人时的培训成本和压力。这种矛盾的凸现，迫切需要院校在开设跨境电子商务类课程时，加强对学生实践能力的锻炼和培养，而要实现这一目标，就必须选用优质的实用型教材。

本书基于企业对跨境电子商务平台运营人才的需求编写而成，其优势与特色如下。

（1）对接行业标准和资源。对标教育部 1+*X* 跨境电子商务多平台运营职业技能等级培训讲师证书评价标准，与该证书评价组织合作，本书使用了院校可免费申请该证书的官方教学平台试用账号，并获取了该证书对应的教学资源。

（2）理实一体化。本书以典型工作任务驱动知识和技能的学习，让学生在"做中学"，内容结构与教学环节设置符合技术技能人才培养的基本要求。

（3）形式新颖、配套资源丰富。本书为活页式教材，形式新颖，符合"三教"改革和国家职业教育教材"十三五"规划提出的全面提升教材质量、实现教学资源的供给侧改革的要求。同时，本书也符合"职教 20 条"关于使用新型活页式、工作手册式教材并配套开发有丰富的信息化资源的倡议；配套资源主要包括教学大纲、教学日历、电子教案（含讲稿）、电子课件、微课视频、习题参考答案等，读者可以登录华信教育资源网（http://www.hxedu.com.cn）免费获取。

全书共 10 个项目，包括跨境电子商务平台基础认知、跨境电子商务平台店铺注册、跨境电子商务选品、跨境电子商务多平台运营工具的使用、跨境电子商务营销、跨境电子商务视觉美工、跨境电子商务文案创作、跨境电子商务数据调研与分析、跨境电子商务物流及跨境电子商务支付与结算等内容，融入 1+*X* 跨境电子商务多平台运营职业技能等级培训讲师证书考核相关知识与技能的讲、练，总体有序且系统地讲解了跨境电子商务主流平台运营从业人员所需的各方面知识和技能。

本书由易静担任主编，孟小艳、郭燕萍担任副主编，具体分工如下：易静老师负责编写项目一、项目二、项目三、项目四、项目六、项目八、项目九、项目十，孟小艳老师负责编写项目七，郭燕萍老师负责编写项目五，全书由易静老师负责统稿工作。隋东旭老师对书稿进行了细致的审读。

在本书编写过程中，中语智汇科技（厦门）有限公司、厦门优优汇联信息科技有限公司、湖北省跨境电子商务产教联盟给予了大力支持。另外，多位具有丰富经验的企业操盘手和跨境电子商务平台官方培训师为本书提供了很多宝贵的意见和建议，本书更得到了电子工业出版社的姜淑晶、刘淑敏两位编辑的细心指导。在此，向各位一并表示衷心的感谢！

本书系武汉晴川学院 2020 年校级教学研究项目"基于 1+*X* 证书制度的应用型本科院校'课证融通'教学改革实践研究（项目编号：JY202026）"的研究成果之一。

由于编写时间周期要求和编者水平有限，书中难免存在遗漏和不当之处，敬请广大读者批评指正。

编者

# 目　录

# 项目一
# 跨境电子商务平台基础认知

现阶段，中国的对外贸易综合成本不断攀升，而互联网的跨地域和低成本使得跨境电子商务“应需而生”。与传统外贸相比，跨境电子商务可以有效地节约资源和降低对外贸易综合成本。跨境电子商务平台为中小型企业进入国际市场开通了“捷径”，也为本土知名品牌提供了提升国际知名度的良机。随着电子商务系统的完善和国家扶持政策的出台，跨境电子商务迎来了高速发展期，未来跨境电子商务的整体市场发展潜力巨大。

要学习跨境电子商务平台运营的专业知识与技能，首先需要对跨境电子商务的概念与特点、跨境电子商务平台的分类、跨境电子商务平台的盈利模式等基础概念有所认知。

## 任务一　初识跨境电子商务与跨境电子商务平台分类

### 任务描述

理解并熟悉跨境电子商务的概念与特点，认识跨境电子商务平台，不仅是跨境电子商务行业入门的基础要求，也是跨境电子商务从业人员必备的认知基础，这对于其后续较为系统地掌握跨境电子商务从业所需的知识与技能具有十分重要的指导性作用。

### 学习目标

1. 理解跨境电子商务的基本概念；
2. 了解并熟悉跨境电子商务的主要特点；
3. 能够掌握跨境电子商务平台的常见分类。

### 任务分配

根据应达到的【学习目标】，在能够理解并判断跨境电子商务平台不同的商业模式后，按 B2B、B2C、C2C 3 类进行分组，由每组组长确保组员能够理解跨境 B2B、B2C、C2C 3

种模式的界定和异同点，并将搜集和对比得到的信息交给组长进行汇总。跨境电子商务平台分类的学习任务分配表，如表 1-1 所示。

表 1-1　跨境电子商务平台分类的学习任务分配表

| 班　　级 | | 组　　号 | | 平台类型 | ○ B2B　○ B2C　○ C2C |
|---|---|---|---|---|---|
| | | | | | |
| 角色 | 姓名 | 学号 | 任务分工 | | |
| 组长 | | | | | |
| 组员 | | | | | |
| | | | | | |
| | | | | | |
| | | | | | |
| | | | | | |

## 任务准备

登录如下几个不同的跨境电子商务平台，了解不同平台的异同点。

1．eBay 官网；

2．全球速卖通官网；

3．敦煌网官网。

## 任务实施

### ▶▶ 一、跨境电子商务的概念、特点和发展意义

对于跨境电子商务新手卖家而言，学习跨境电子商务首先要从了解跨境电子商务的概念、特点和发展意义开始，如图 1-1 所示。

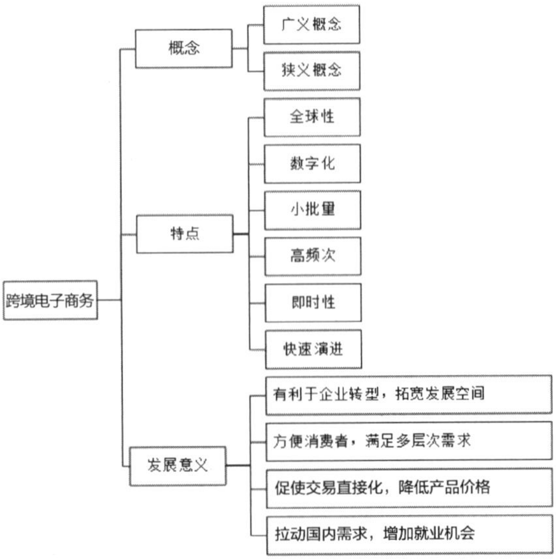


图 1-1　跨境电子商务的概念、特点和发展意义示意图

### 1. 跨境电子商务的概念

跨境电子商务（Cross-Border E-Commerce）是一种以电子数据交换和网上交易为主要内容的商业模式，是指分属不同关境的交易主体，通过电子商务平台达成交易、进行支付结算，并通过跨境电子商务物流送达商品、完成交易的一种国际商业活动。

广义的跨境电子商务泛指对外贸易电子商务活动，即分属不同关境的交易主体通过电子商务手段，将传统进出口贸易的展示、洽谈和成交环节电子化、数字化和网络化，并通过跨境电子商务物流运输商品，最终达成交易的出口贸易活动。

狭义的跨境电子商务是指跨境网络零售的商业活动，即分属不同关境的交易主体借助互联网，通过各种电子商务平台完成交易，然后采用快件、邮政小包等方式，通过跨境电子商务物流运输商品，并进行跨境支付结算，最终将商品送达消费者手中，从而实现商品的国际流动。

跨境电子商务的商业活动可分为出口和进口两种贸易类型。本书所涉及的跨境电子商务理论和实务内容主要指的是出口跨境电子商务，即作为跨境电子商务平台卖家或从业者需要掌握的知识与技能。跨境电子商务的主要商业活动示意图如图 1-2 所示。

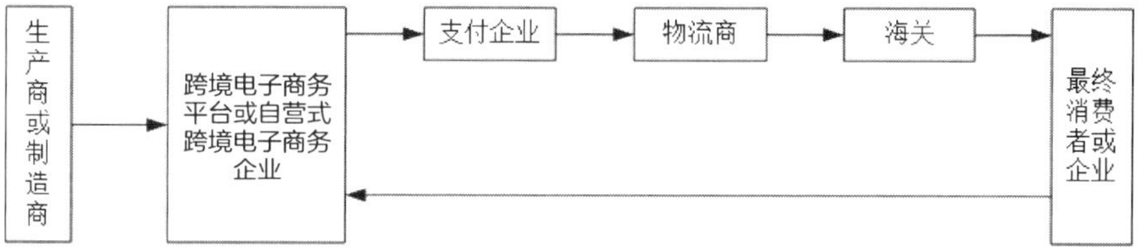


图 1-2 跨境电子商务的主要商业活动示意图

### 2. 跨境电子商务的特点

跨境电子商务是基于网络发展起来的，网络空间相对于物理空间来说是一个新空间，是一个由网址和密码组成的虚拟但客观存在的世界。网络空间独特的价值标准和行为模式深刻地影响着跨境电子商务，使跨境电子商务不同于传统的交易方式，呈现出其独有的特点。

（1）全球性

网络是一个没有边界的媒介体，具有全球性和去中心化的特点。依附于网络发生的跨境电子商务也因此具有了全球性和非中心化的特性。与传统的交易方式相比，电子商务的一个重要特点是电子商务是一种无边界交易，失去了传统交易所具有的地理因素。互联网用户不需要跨越国界就可以把产品尤其是高附加值产品和服务提交到市场。网络的全球性特点带来的积极影响是信息的最大限度共享，消极影响是用户必须面临因文化、政治和法律的不同而产生的风险。

（2）数字化

随着信息网络技术的深化应用，数字化（产品、服务）传输盛行。而数字化传输是通过不同类型的媒介进行的，如数据、声音和图像在全球化网络环境中集中并进行传输，这些媒介在网络中是以计算机数据代码的形式出现的，因而是无形的、高度数据化的。

数字化产品通过跨境电子商务进行销售或消费的趋势越来越明显。跨境电子商务就是通过数据驱动的新外贸体系，通过跨境电子商务平台可以将各类分散的信息集中，使交易信息更容易获得，而且可以通过大数据的积累，对所有参与者建立全新的信用体系，让买卖双方的交易更容易达成。

（3）小批量

跨境电子商务是单个企业之间或单个企业与单个消费者之间的交易，相对于传统贸易而言，其交易大多是小批量的，甚至是单件的。

（4）高频次

跨境电子商务是单个企业之间或单个企业与单个消费者之间的交易，即时按需采购、销售或消费，相对于传统贸易而言，跨境电子商务交易的次数或频率更高。

（5）即时性

对于网络而言，数据传输的速度与地理距离无关。在传统交易模式下，信息交流方式为信函、电报、传真等，在信息的发送与接收间存在着长短不同的时间差。而电子商务中的信息交流，无论实际时空距离远近，一方发送信息与另一方接收信息几乎是同时的，如同生活中的面对面交谈。

（6）快速演进

互联网是一个新生事物，现阶段尚处在幼年时期，网络设施和相应的软件协议在未来的发展状况具有很大的不确定性。但政策制定者需要考虑到跨境电子商务是在网络上交易的，就像新生儿一样，势必会以前所未有的速度和无法预知的方式进行不断的演进。

### 3. 跨境电子商务的发展意义

① 有利于企业转型，拓展发展空间。

② 方便消费者，满足多层次需求。

③ 促使交易直接化，降低产品价格。

④ 拉动国内需求，增加就业机会。

## ▶▶ 二、跨境电子商务平台分类认知

我国跨境电子商务市场以 B2B 跨境市场为主，在销售产品方面以服装类、3C 类产品为主。根据政府数据及第三方数据，当前我国跨境电子商务以出口交易为主。但随着我国跨境电子商务市场的快速发展、用户跨境消费习惯的逐渐养成，以及跨境电子商务企业在产品品类、质量和服务等多方面的提升和完善，我国跨境电子商务市场的自身竞争力会大幅度提升，进出口交易比例也会逐渐趋于平衡。因此，在从事跨境电子商务之前，了解跨境电子商务的分类、区分主流跨境电子商务模式的差异就显得十分必要。跨境电子商务的类别名目繁多，可以从多种角度进行分类。本项目主要根据跨境电子商务模式对跨境电子商务进行分类，即运营方式下的跨境电子商务模式和交易主体下的跨境电子商务模式。

### 1. 按运营方式分类

通常情况下，新手卖家在进行跨境电子商务运营之前，需要根据自身的特点，考虑是选择已经成熟的第三方开放平台，还是建立自己的跨境电子商务自营网站。根据运营方式的不同，跨境电子商务通常可以分为平台型和自营型。但是随着跨境电子商务的发展逐渐成熟，自营型跨境电子商务逐渐转变为“跨境自营+招商”模式。此外，随着社交媒体的发展日益流行和成熟，一种新兴的跨境电子商务模式——SNS 模式也逐渐发展起来。因此，

按照平台的运营方式，可以将跨境电子商务分为如下 3 类：跨境电子商务平台模式、“跨境自营+招商”模式及 SNS 模式。

（1）跨境电子商务平台模式

跨境电子商务平台又称跨境第三方平台，即为某家企业所建立的线上商城，整合物流、支付、运营等服务资源，吸引卖家进驻并为其提供跨境电子商务交易服务的网站。跨境电子商务平台是很多生产型企业和中小型企业，尤其是小微企业跨境电子商务入门的选择。卖家在平台进行跨境电子商务交易，平台通过向卖家收取佣金及增值服务佣金进行盈利。现阶段，出口类 B2C、C2C 平台模式的主要代表企业包括 eBay、亚马逊、全球速卖通、Wish 等；我国主要的出口跨境 B2B 平台有阿里巴巴国际站、环球资源网、中国制造网等。2020 年中国跨境电子商务入驻平台情况如图 1-3 所示，这些平台均为目前全球主流的跨境电子商务平台，前三位分别为亚马逊、阿里巴巴国际站、全球速卖通。

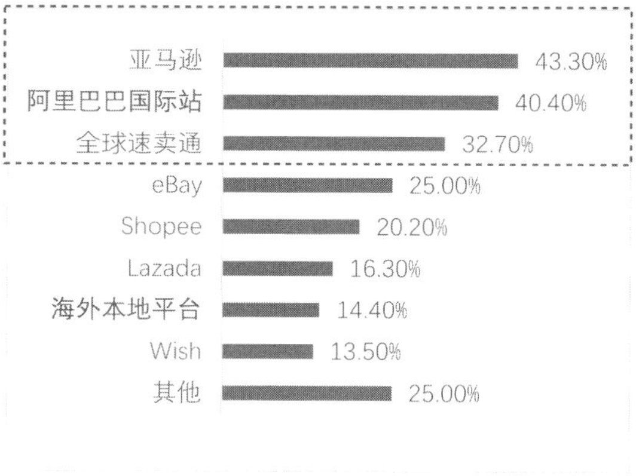


图 1-3　2020 年中国跨境电子商务入驻平台情况

（数据来源：前瞻数据研究院）

在跨境电子商务平台模式中，跨境电子商务平台引入第三方商家，为其提供商品服务，采用轻资产模式，收入仅靠佣金。以阿里巴巴国际站营收示意图为例，如图 1-4 所示。为了帮助卖家增加成交量，提高平台的收入，跨境电子商务平台往往会制定各种规则，吸引卖家提升自己的网站和产品曝光度。因此，跨境电子商务卖家想要做好第三方平台运营，首先需要对平台的规则有所了解。

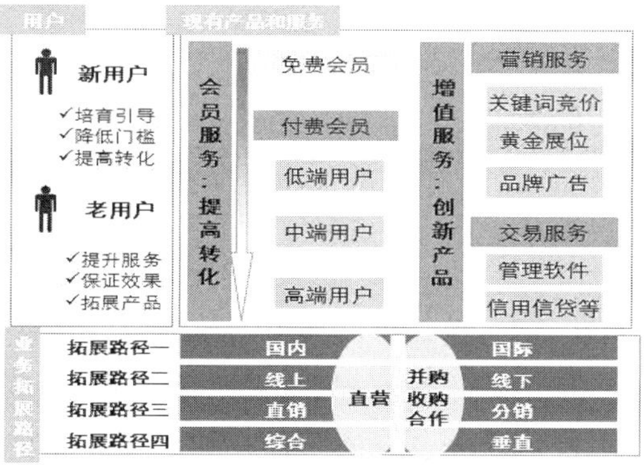


图 1-4　阿里巴巴国际站营收示意图

各跨境电子商务平台的运营规则虽不尽相同，但共性较大，以阿里巴巴国际站为例，其平台运营规则如下。

① 用自然排名精准推广。最典型的做法是“标题就是关键词”。如果关键词没有同义词，那么就只设置这一个关键词。

② 设置橱窗产品。部分产品可以用橱窗来做排名。

③ 引流。引流即通过设置“内链+SNS（社交网络营销）”来推广。

④ 适当利用信保提升排名。

⑤ 竞价推广，如 P4P（阿里巴巴国际站直通车）。

跨境电子商务第三方平台 SWOT 分析如表 1-2 所示。

表 1-2 跨境第三方平台 SWOT 分析

| 优势（S） | 劣势（W） |
| --- | --- |
| 1. 市场认可度较高<br>2. 市场占有率较高 | 1. 盈利模式单一<br>2. 市场饱和度逐渐增加<br>3. 货品保证度低<br>4. 买卖双方权益待加强 |
| **机会（O）** | **威胁（T）** |
| 1. 整体跨境电子商务市场繁荣<br>2. 国家出台了跨境电子商务利好政策<br>3. 市场进出壁垒较高 | 1. 电商市场竞争激烈<br>2. 竞争对手进入市场的模式新颖 |

（2）“跨境自营+招商”模式

跨境自营模式，即进口商或出口商自己建设跨境电子商务销售平台（B2C 跨境自营平台居多），对其经营的产品统一进行生产采购、产品展示，最终将产品通过物流配送投放给最终的消费者（见图 1-5）。跨境自营模式具有产品质量可控、品牌力强、交易信息对称、自主控制生产和销售等优势，实际解决了对外贸易的通路问题。跨境自营模式通过产品配送和供应链打通国际市场，提高企业核心竞争力，是我国跨境电子商务发展的重要方向。

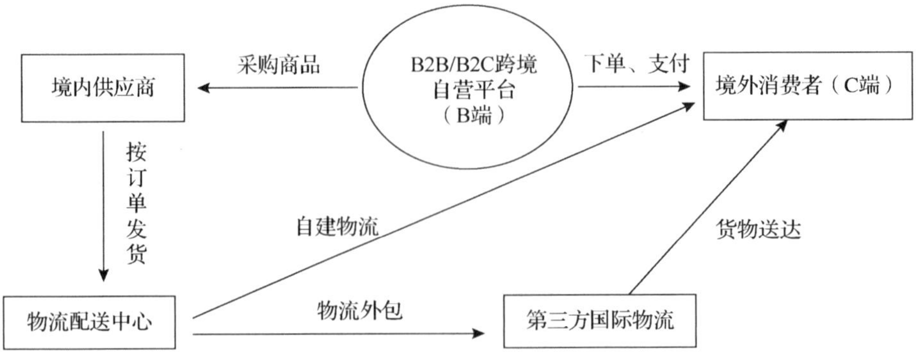


图 1-5 跨境自营平台运营图

从图 1-5 可以看出，B2C 跨境自营平台通常以独立建站的方式运营，主要将国内产品销往海外。其主要的服务包括交易、物流、支付等。和其他平台不同的是，B2C 跨境自营平台店铺一般由平台独立经营、选品，质量更有保障。但此类平台前期投入巨大，对平台的综合型运营而言是一种考验。

以亚马逊为例。作为全球最大的跨境电子商务平台之一，亚马逊为了扩大在中国的营收，以 B2C 跨境自营平台模式在上海自贸区建立了仓库，以自贸模式将商品销往中国。海外电子商务平台采用在中国的保税区内自建仓库的模式，可以极大地改善跨境网购的速度和体验，因此备受期待。

常见的跨境自营平台优势比较明显：品类的专项化程度高，以深耕某一个特定领域为主；供应链模式多样，可选择代采、直采、保税和直邮；单一品类细分程度高，但前期需要较大的资金支持。此外，跨境电子商务平台从供应商处采购商品销售给客户，商品源可控，消费者有保障，一站式购物。然而，也正因此，跨境自营平台面临着毛利水平低、品类选择少、SKU（商品库存进出计量的基本单元）少的挑战。

现阶段，我国的跨境自营平台大多拥有丰富的商品资源及强大的供应链体系，因此，为了能够从产品源头进行产品质量的把控和审核，在保证采购量的同时，也能更好地维护品牌价格体系，更多有实力的跨境自营平台进行了升级，采取“自营+招商”的模式，以获得更加长足的发展。“自营+招商”模式，即一部分采取自营，一部分允许商家入驻。供应链管理能力强，则对爆款、标品采取自营模式；对非标品则可引进商家，SKU 丰富；正品真货，与品牌建立稳固关系，打通产品的流通环节，重资产模式。

考拉海购是“跨境自营+招商”模式的典型代表，它在美国、德国、日本、韩国等国都设立了分公司，同时与包括好市多（COSTCO）、宝洁（P&G）在内的多家国内外知名品牌合作。

（3）SNS 模式

SNS 平台是指社交网络服务（Social Network Service）平台。SNS 模式是跨境电子商务 SNS 平台营销模式的简称。外贸 SNS 平台营销通常是指出口商为了获得更加宽阔的营销渠道，在知名的社交网络上投入广告来创造需求。社交型网站由于流量较大，活跃用户较多，往往会为产品营销提供广阔的渠道。SNS 模式因其独特的优势尤其受到众多跨境电子商务卖家的青睐。图 1-6 所示为 2020 年 4—7 月主流平台各流量来源渠道占比。

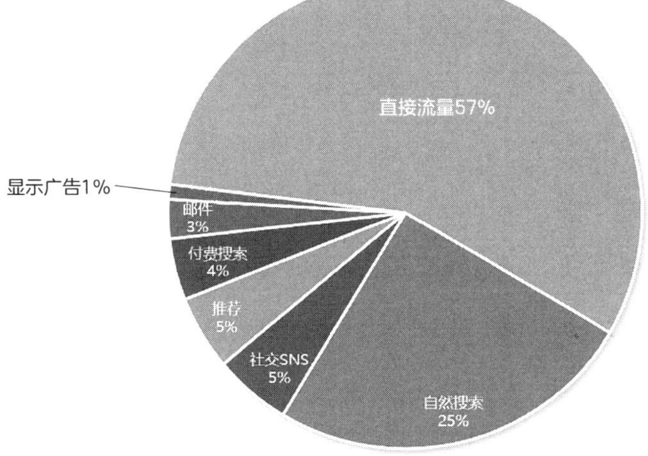


图 1-6　2020 年 4—7 月主流平台各流量来源渠道占比

（数据来源：IResearch）

比较初级的 SNS 营销模式为，在社交网站的页面上投放简单的页面广告，或者在谷歌上购买关键词等。由于登录社交平台的用户最初往往没有购买意图，但是在与他人交流之后，很可能会产生购买欲望。因此，社交网络的广告的主要工作是激发用户之间的互动欲，在互动中增加用户对产品或品牌的认知和好感，并最终激发其购买欲望。

**2. 按终端用户类型分类**

交易主体下的跨境电子商务模式是最广为人知的跨境电子商务分类方式，即按终端用户类型来进行的跨境电子商务平台分类，包含 B2B、B2C、C2C、O2O 等，其中前三类最为常见。

（1）B2B 模式

B2B（Business to Business）模式是指分属不同关境的企业与企业之间通过专用的网络或互联网进行数据信息的交换、传递，并开展交易活动的商业模式。它将企业内部和企业的产品及服务，通过 B2B 网站或一定的客户端与客户紧密结合起来，通过网络的快速反应，为客户提供更好的服务，从而促进企业的业务发展。在 B2B 模式下，跨境电子商务包括信息发布、询价及订货、支付与结算、票据流转、物流配送等环节。

在 B2B 模式下，企业运用电子商务以广告和信息发布为主，成交和通关流程基本在线下完成，本质上仍属于传统贸易，被纳入海关一般贸易统计。在全球和中国跨境电子商务市场中，B2B 跨境电子商务市场均处于主导地位，规模远超其他两种模式。

我国的 B2B 跨境电子商务平台主要有阿里巴巴国际站、中国制造网、环球资源网等。不同国家主要的 B2B 跨境电子商务平台及其特点如表 1-3 所示。

**表 1-3　不同国家主要 B2B 跨境电子商务平台及其特点**

| 国　家 | 平台名称 | 特　点 |
|---|---|---|
| 中国 | 阿里巴巴国际站 | 约 2600 万个活跃企业采购商及近 6000 个产品类别覆盖全球 200 多个国家和地区 |
| 美国 | 亚马逊 | 亚马逊是面向企业和机构买家的一站式商业采购站点，专注为企业长尾采购提供一站式解决方案 |
| | GlobalSpec | 美国主流 B2B 平台之一，面向美国和亚洲市场，主要提供工业部件、机械及相关服务 |
| 俄罗斯 | Tiu.ru | 俄罗斯最大的 B2B 平台之一，主要目标市场为俄罗斯、乌克兰、乌兹别克斯坦、中国等亚欧国家 |
| 韩国 | EC21 | 拥有约 100 万名买家，每月询盘超过 60 万次，目前有 EC21 中国站、EC21 韩国站和 EC21 全球站 3 个站点，有 8 种不同的语言可供选择 |
| 沙特阿拉伯 | TradeKey | 主打亚洲市场，特别是印度、中国大陆地区、巴基斯坦、中国台湾地区、马来西亚、孟加拉国等国家和地区 |
| 印度 | IndiaMart | 印度最大的 B2B 平台，拥有超过 3500 万名买家，400 万个供应商和 4300 万种产品 |

如上所述，B2B 跨境电子商务市场一直处于主导地位，由于能够降低采购成本、节省周转时间等因素，B2B 模式成为众多中大型企业和工厂都十分青睐的跨境外贸模式。然而，B2B 模式也有不可忽视的缺点，值得买卖双方注意。表 1-4 所示为 B2B 模式的优缺点对比。

表 1-4 B2B 模式的优缺点对比

| B2B 模式的优点 | B2B 模式的缺点 |
|---|---|
| 1. 降低采购成本 | 1. 风险较大 |
| 2. 降低库存成本 | 2. 竞价较多 |
| 3. 节省周转时间 | 3. 行业巨头主导 |
| 4. 扩大市场机会 | 4. 成交较慢 |

不同的跨境电子商务平台根据自己的实际情况，在自身的发展目标与发展重点的基础上，采取了个性化的发展方式，强化有利因素，弱化不利因素。2021 年 3 月 3 日，中国国际经济交流中心基于 2020 年中国外贸情况及近 20 年跨境电子商务的发展情况发布了《数字化新外贸趋势发展报告》，指出阿里巴巴国际站已成为新一代电子商务范式。阿里巴巴国际站数据显示，2020 年全年平台实收交易额按美元计价同比增长 101%，订单数同比增长了 1 倍。

阿里巴巴国际站作为 B2B 跨境电子商务平台的代表，是通过贸易平台向海外买家展示或推广产品与服务，从而得到贸易订单的一个电子商务网站（见图 1-7）。同时，阿里巴巴国际站也是出口企业扩大出口的重要网络平台。阿里巴巴国际站先后投入 20 亿元帮助传统外贸商家顺利转型到新赛道，通过线上展会、B 类直播、3D 看厂、短视频等方式，拉近买卖双方的距离，让贸易通过线上方式变得更简单。

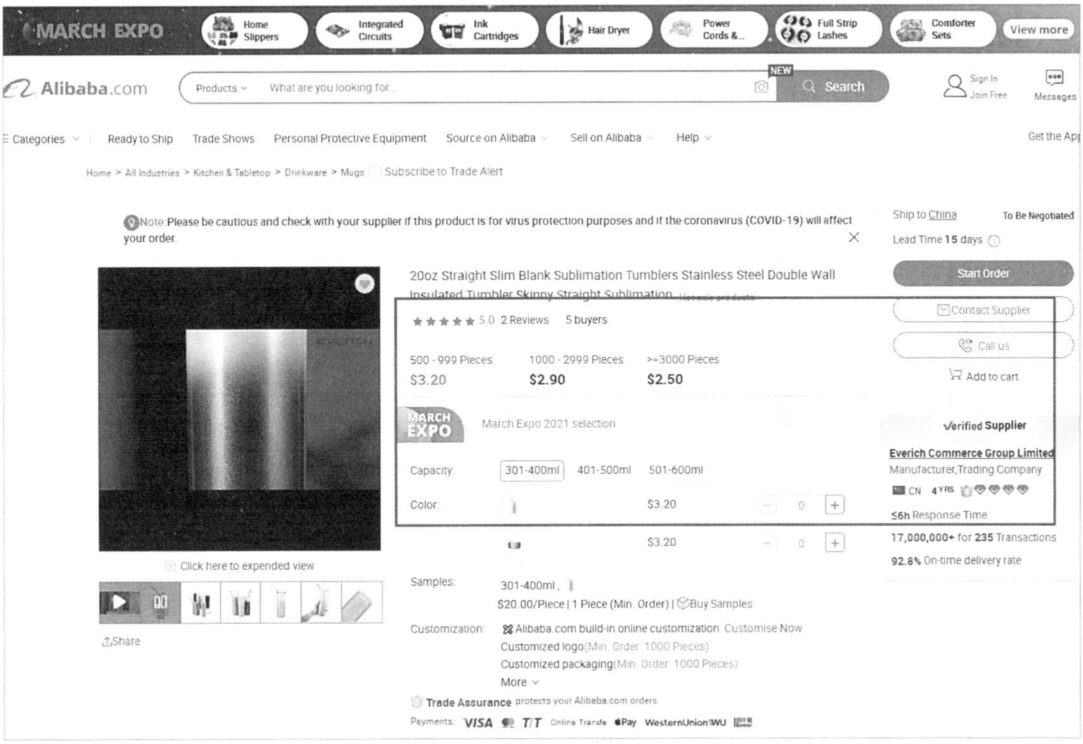


图 1-7 阿里巴巴国际站（B2B 模式）产品页截图

（2）B2C 模式

B2C（Business to Customer）模式即跨境网络零售，是指分属不同关境的企业与个人之间开展交易活动的商业模式。在此模式下，我国企业直接面对国外消费者，以销售个人消费品为主。B2C 模式为直接面向消费者销售产品和服务的商业零售模式，在物流方面主要采用航空小包、快递等方式。

近年来，B2C 跨境电子商务发展势头强劲，在整个跨境电子商务市场的占比与日俱增。然而，由于目前全球很多国家在跨境快递物流管理，以及小批量、多批次货品海关监管等方面还存在短板或制约因素，B2C 跨境电子商务的规模不大。B2C 模式的优缺点对比，如表 1-5 所示。

表 1-5　B2C 模式的优缺点对比

| B2C 模式的优点 | B2C 模式的缺点 |
| --- | --- |
| 1．资金比较雄厚，能不断引进新商品 | 1．商品品类少 |
| 2．客户资料保密度较高 | 2．线上付款不太安全 |
| 3．售后服务好 | 3．买卖双方互动较低 |
| 4．经营成本低 | 4．商品议价空间小 |

目前使用较多的 B2C 跨境电子商务平台主要有亚马逊、全球速卖通、米兰网、大龙网、兰亭集势等。

亚马逊是最早在网络上经营电子商务的企业之一，是美国最大的电子商务企业（见图 1-8）。目前，亚马逊已经跃升为世界第二大互联网企业。亚马逊以店铺租金、产品卖出佣金、推广费用等为主要的盈利方式。然而亚马逊平台的经营成本较高，这是很多卖家望而却步的原因之一。

图 1-8　亚马逊中国产品页截图（B2C 模式）

我国大多数中小企业都是通过 B2C 跨境电子商务平台进行对外贸易的，但诸如亚马逊、全球速卖通等知名 B2C 跨境电子商务平台的佣金、店租等费用偏高，导致卖家的经营成本高，不利于中小外贸企业扩大出口规模。此外，B2C 模式由于在国际贸易中也面临着如入境海关缺乏有效监管方式等制度障碍，规模受限。

（3）C2C 模式

C2C（Customer to Customer）模式是指分属不同关境的个人与个人之间开展交易活动的商业模式。比如，一个消费者有一台电脑，通过互联网平台和国外的某个消费者达成了交易，进行支付结算，并采用快件、小包等行邮方式通过跨境电子商务物流将产品送达对方手中，即完成了外贸的 C2C 交易。

目前比较流行的 C2C 跨境电子商务平台主要有 eBay、亚马逊、Wish 等。外贸 C2C 模式主要指个人在平台上开设网店进行交易（见图 1-9）。

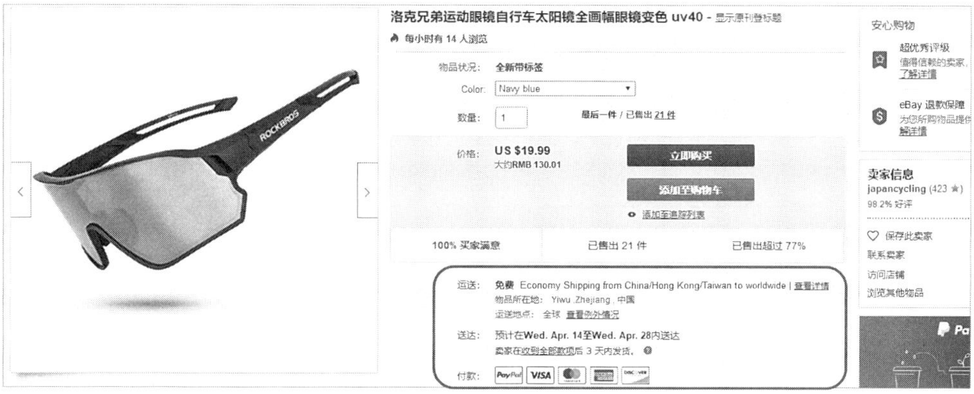


图 1-9　eBay（C2C 模式）产品页截图

外贸 C2C 模式的优缺点相比前两种模式更加明显，具体如表 1-6 所示。

表 1-6　C2C 模式的优缺点对比

| C2C 模式的优点 | C2C 模式的缺点 |
|---|---|
| 1. 买家数量极大 | 1. 管理成本高，售后客户投诉量巨大 |
| 2. 买手模式简单易上手 | 2. 假货太多 |
| 3. 网站技术要求较低 | 3. 买家容易流失 |
| 4. 网站建构成本较低 | 4. 物流时效性无法控制 |
| 5. 容易开发销售卖点 | 5. 同质化竞争激烈，商品重复率高 |

## 任务评价

### 1. 学生自评

跨境电子商务平台分类学习的学生自评表，如表 1-7 所示。

表 1-7　跨境电子商务平台分类学习的学生自评表

<table>
<tr><td>班　　级</td><td></td><td>学　　号</td><td></td><td>平 台 分 类</td><td>○ B2B　○ B2C　○ C2C</td></tr>
<tr><td>角色</td><td colspan="2">○ 组长　　○ 组员</td><td>完成时间</td><td colspan="2"></td></tr>
<tr><td colspan="2">任务</td><td colspan="4">完成情况记录</td></tr>
<tr><td colspan="2">理论学习情况</td><td colspan="4"></td></tr>
<tr><td colspan="2">技能训练情况</td><td colspan="4"></td></tr>
<tr><td colspan="2">任务完成情况</td><td colspan="4"></td></tr>
<tr><td colspan="2">任务创新情况</td><td colspan="4"></td></tr>
<tr><td colspan="2">完成任务后的收获</td><td colspan="4"></td></tr>
</table>

### 2. 生生互评

跨境电子商务平台分类学习的生生互评表，如表 1-8 所示。

表 1-8 跨境电子商务平台分类学习的生生互评表

| 班　　级 | | 被评人学号 | | 被评人姓名 | |
|---|---|---|---|---|---|
| 评价者角色 | | 评价者学号 | | 评价者姓名 | |
| 平台分类 | ○ B2B | | ○ B2C | ○ C2C | |
| 任务 | | 完成情况记录 | | | |
| 理论学习情况 | | | | | |
| 技能训练情况 | | | | | |
| 任务完成情况 | | | | | |
| 任务创新情况 | | | | | |
| 完成任务后的收获 | | | | | |

### 3. 教师评价

跨境电子商务平台分类学习的教师评价表，如表 1-9 所示。

表 1-9 跨境电子商务平台分类学习的教师评价表

| 班　　级 | | 被评人学号 | | 被评人姓名 | |
|---|---|---|---|---|---|
| 平台分类 | ○ B2B | | ○ B2C | ○ C2C | |
| 任务 | | 完成情况记录 | | | |
| 理论学习情况 | | | | | |
| 技能训练情况 | | | | | |
| 任务完成情况 | | | | | |
| 任务创新情况 | | | | | |
| 完成任务后的收获 | | | | | |

## 拓展练习

浏览不同的跨境电子商务平台，分别按两种模式进行分类，并在组内或班级中进行介绍。

# 任务二　跨境电子商务平台的盈利模式认知

## 任务描述

理解并熟悉跨境电子商务盈利模式，不仅有利于丰富读者有关跨境电子商务行业入门的基础理论知识，也有利于为其日后从事跨境电子商务领域的相关工作进一步明确思路和方向，具有十分重要的指导性作用。

## 学习目标

1. 理解跨境电子商务盈利模式的概念；
2. 了解跨境电子商务平台的主要盈利模式。

## 任务分配

本任务为分组任务：每组组员在组长的带领下，根据【任务准备】的引导问题进行任务分工，分别完成对跨境电子商务平台的盈利模式的概念及分类等相关内容认知（见表 1-10）。

表 1-10　跨境电子商务平台的盈利模式认知任务分配表

| 班　级 | | 组　号 | | 组　名 | |
|---|---|---|---|---|---|
| | | | | | |
| 角色 | 姓名 | 学号 | 任务分工 | | |
| 组长 | | | | | |
| 组员 | | | | | |
| | | | | | |
| | | | | | |
| | | | | | |
| | | | | | |

## 任务准备

**引导问题：**你认为跨境电子商务平台有哪几个方面的收益？

## 任务实施

### 一、跨境电子商务盈利模式的界定

盈利模式是指对商业主体达成业务往来所需的要素进行价值识别与管理，在这些要素中寻找盈利机会，也就是利用投入与产出等营销手段寻找利润源的组织形式和商业架构。也可以说，盈利模式指按照利益相关者划分的企业的收入结构、成本结构，以及相应的目标利润。

简单地说，盈利模式是企业在市场竞争中逐步形成的特有的赖以盈利的产品结构及其对应的业务结构。用更通俗的话来说，盈利模式就是企业赚钱的渠道，意指企业通过怎样的模式和渠道来赚钱。

电子商务企业的盈利模式依托互联网技术往往呈现多元化，各有各的特色。学者们众说纷纭，对于不同的企业盈利特点各抒己见。

有学者指出，盈利模式代表了商业活动中各类参与者之间的关系，其产生基础是获得利润，利用公式“利润=收入-成本”即可诠释所谓的盈利模式。也有学者认为，从网络经济学的角度出发，盈利模式的本质可理解为做生意的方法，即一种规范化的方式、能够带来收益的商业架构。

跨境电子商务盈利模式与传统盈利模式的区别主要在于经营的产品的来源范围广泛，涵盖世界各地。跨境必然会涉及国家间的贸易政策与货币转换政策问题，但是究其本质来说并无不同。与线下一般出口贸易商相似，跨境电子商务也是基于比较成本学说下跨境贸易的发生而分享其增值收益的，所不同的是跨境电子商务需要依赖互联网平台和线下实体促成交易、达成支付、完成交割，最终实现销售价值。

跨境电子商务盈利模式是跨境电子商务企业在市场竞争及业务拓展过程中形成稳定价值链和价值结构后，利益相关者之间再进行利润分配而形成的企业获取利润的固定手段，是一种跨境贸易的商业结构和业务结构。

例如，天猫、阿里巴巴、唯品会等电子商务企业利用互联网广告宣传吸引消费者购买海外产品，设立极速免税店，向商家收取广告费用，向消费者收取产品跨境税费，双向盈利。再如，QQ 音乐、酷狗音乐、腾讯视频等网站采取的下载国外的音乐视频超过权限时需要收取费用等营销手段，都属于跨境电子商务企业获取利润的方式，与以往电子商务企业不同的仅是产品的属性而已。

归纳起来，跨境电子商务盈利模式包括信息流、物流（产品/服务流）、资金流这几方面，如图 1-10 所示。

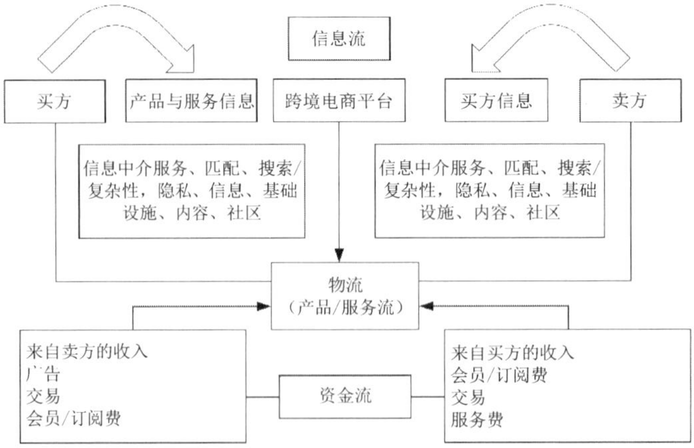


图 1-10 跨境电子商务盈利模式

## 二、跨境电子商务平台的主要盈利模式

健康的盈利模式不仅反映企业良好的经营状况，而且能规范企业的营销手段和产业价值结构，提高企业的资源配置效率和效益。跨境电子商务平台的盈利模式是一种动态的模式，因为这种模式归结于企业战略和核心竞争力。如今，在跨境电子商务平台风靡的背景下，跨境电子商务平台的盈利模式已经越来越受到人们的关注。

### 1. 跨境电子商务平台的盈利模式分类

理论上，跨境电子商务平台的盈利模式分为自发的盈利模式和自觉的盈利模式两种。

自发的盈利模式是企业自发形成的，企业对如何盈利及对未来能否盈利缺乏清醒的认识，企业虽然盈利但盈利模式不明确、不清晰，这种盈利模式具有隐蔽性、模糊性，灵活性较差；自觉的盈利模式是企业通过对盈利实践的总结，以及对盈利模式加以自觉调整和设计而形成的，具有清晰性、针对性、相对稳定性、环境适应性和灵活性的特征。

常见的跨境电子商务平台的盈利模式主要有商品交易盈利模式、网络广告推广盈利模式、物流支付手段盈利模式等。

（1）商品交易盈利模式

跨境电子商务卖家在跨境电子商务平台注册网店通常需要缴纳一定费用，并且每销售一件商品，平台都会抽取一部分中间费用。随着交易额的逐渐攀升，跨境电子商务企业获得的利润也越来越多，因此，一些新兴的跨境电子商务平台往往采取免费注册开店，或者提供减免交易服务费用的方式吸引商家前来落户，而后再逐渐提升交易门槛和基础服务费用的方式，这样，平台便可以从卖家处获取营业利润分成。

（2）网络广告推广盈利模式

网络广告推广盈利模式是跨境电子商务平台普遍采用的盈利模式之一。跨境电子商务企业进行产品宣传时采用的最直接的方式就是利用文字、图片、视频、动画、图标等形式展现商品特性，吸引消费者，促进消费。于是，如何提升产品的搜索排序就成为跨境电子商务卖家持续追求的主旋律，而网络广告推广无疑是提升产品曝光及搜索排序的有效途径。

然而，并不是所有的跨境电子商务平台广告都能帮助跨境电子商务卖家实现盈利。跨境电子商务卖家盈利与否与其产品定位、广告风格、特色内容的联系更为紧密。因此，对于跨境电子商务卖家而言，尤其是新手卖家，不宜轻易在平台上大量投入资金来对自家产品或店铺进行广告推广，广告投入须谨慎。

（3）物流支付手段盈利模式

跨境电子商务最大的特色就是物流配送和支付方式与传统外贸或国内电子商务不同。跨境电子商务交易涉及货币转换问题、物流运输涉及海关监管问题，所以物流、支付手段盈利模式是跨境电子商务盈利模式最大的特色。

跨境电子商务平台往往与物流公司有紧密联系，消费者在平台购买产品后，物流公司会通过平台实时更新产品的物流信息，方便消费者知悉物流速度和到货时间。跨境电子商务平台的第三方支付方式改变了以往先付款后收货的状况，而且实现了各国货币的相互转换，简化了付款流程。支付宝支付、网银快捷支付、货到付款等众多便捷的支付方式的体验，不但增加了消费者对跨境电子商务平台的信任度，而且提高了其购买的积极性。

此外，跨境电子商务平台的建立极大地提高了物流运输速度、降低了费用成本、改善了服务质量，使人们对跨境电子商务物流及支付模式改观。海外仓物流模式使得保税物流产业更加规模化、高效化发展，形成了具有特色的物流支付手段盈利模式。

### 2. 跨境电子商务平台盈利模式举例介绍

以当前我国打造的主流 B2C 跨境电子商务平台全球速卖通为例，其主要的盈利模式是向商家收取技术服务费、平台保证金、销售佣金、平台广告推广费等，下面介绍全球速卖通平台需要收取的费用。

（1）全球平台保证金

跨境商家入驻全球速卖通平台，需要缴纳平台保证金，根据经营类目的不同，缴纳的平台保证金数额不等。在全球速卖通平台上，各类目的平台保证金如下：珠宝手表（含精品珠宝）1 万元；服装服饰 1 万元；婚纱礼服 1 万元；美容个护（含护肤品）1 万元；真人发（定向邀约制）5 万元、化纤发（定向邀约制）1 万元；箱包鞋类 1 万元；健康保健 1 万元；电子元器件 1 万元；内置存储、移动硬盘、U 盘、刻录盘 1 万元；手机 3 万元；汽摩配 1 万元；家居、家具、家装、灯具、工具 1 万元，家用电器 1 万元；运动娱乐 1 万元。（数据截至 2021 年 1 月，后续可能会更新。）

（2）技术服务年费

全球速卖通卖家须缴纳技术服务年费，各经营大类技术服务年费不同。经营到自然年年底，拥有良好的服务质量及不断壮大经营规模的优质店铺都将有机会获得年费返还奖励。

（3）直通车广告推广费

全球速卖通平台卖家在后台的充值档位分为 200 元、500 元、1000 元、2000 元、1 万元、50 000 元，账户现金余额上限目前提升至 10 万元，用于在该平台进行商品/店铺的推广。

### 3. 跨境电子商务平台盈利模式的发展

在市场竞争初期和跨境电子商务企业成长的不成熟阶段，很多跨境电子商务平台的盈利模式大多是自发的，当网站拥有一定影响力，无形中已经在为自身做项目招商。此时，跨境电子商务平台可以通过授权给加盟者，让加盟者在网络平台上进行运营形成一种无形的品牌推广，在获得加盟费的同时也加大了自身在跨境电子商务市场的影响力。随着市场竞争的加剧和跨境电子商务的不断发展，跨境电子商务企业开始重视对市场竞争和自身盈利模式的研究，即使如此，也并非所有企业都可以找到正确的跨境电子商务平台盈利模式。

相信在不久的将来，新的盈利模式会让跨境电子商务平台得到更快、更好的发展。

## 任务评价

### 1. 学生自评

跨境电子商务平台的盈利模式认知学习的学生自评表，如表 1-11 所示。

**表 1-11 跨境电子商务平台的盈利模式认知学习的学生自评表**

<table>
<tr><td>班　级</td><td></td><td>学　号</td><td></td><td>盈利模式</td><td>○ 已学习并理解<br>○ 待学习/待理解</td></tr>
<tr><td>角色</td><td colspan="2">○ 组长　　○ 组员</td><td>完成时间</td><td colspan="2"></td></tr>
<tr><td colspan="2">任务</td><td colspan="4">完成情况记录</td></tr>
<tr><td colspan="2">理论学习情况</td><td colspan="4"></td></tr>
<tr><td colspan="2">技能训练情况</td><td colspan="4"></td></tr>
<tr><td colspan="2">任务完成情况</td><td colspan="4"></td></tr>
<tr><td colspan="2">任务创新情况</td><td colspan="4"></td></tr>
<tr><td colspan="2">完成任务后的收获</td><td colspan="4"></td></tr>
</table>

### 2. 生生互评

跨境电子商务平台的盈利模式认知学习的生生互评表，如表 1-12 所示。

表 1-12　跨境电子商务平台的盈利模式认知学习的生生互评表

| 班　　级 | | 被评人学号 | | 被评人姓名 | |
|---|---|---|---|---|---|
| 评价者角色 | | 评价者学号 | | 评价者姓名 | |
| 任务 | | 完成情况记录 | | | |
| 理论学习情况 | | | | | |
| 技能训练情况 | | | | | |
| 任务完成情况 | | | | | |
| 任务创新情况 | | | | | |
| 完成任务后的收获 | | | | | |

### 3. 教师评价

跨境电子商务平台的盈利模式认知学习的教师评价表，如表 1-13 所示。

表 1-13　跨境电子商务平台的盈利模式认知学习的教师评价表

| 班　　级 | | 被评人学号 | | 被评人姓名 | |
|---|---|---|---|---|---|
| 任务 | | 完成情况记录 | | | |
| 理论学习情况 | | | | | |
| 技能训练情况 | | | | | |
| 任务完成情况 | | | | | |
| 任务创新情况 | | | | | |
| 完成任务后的收获 | | | | | |

## 拓展练习

浏览任一跨境电子商务平台，分组探讨其存在的盈利模式有哪些。

# 项目二

# 跨境电子商务平台店铺注册

跨境电子商务需要以平台为依托，买卖双方在平台上完成购买与售卖。根据不同的市场划分有不同的跨境电子商务平台，目前较为主流的跨境电子商务平台包括亚马逊、eBay、阿里巴巴国际站、全球速卖通、Wish、Shopee 等。每个跨境电子商务平台所面对的市场不尽相同，所以，针对不同的跨境电子商务平台进行了解与学习是十分必要的。

本项目主要包括跨境电子商务主流平台的介绍和对比，以及各大跨境电子商务平台的开店准备与账号注册，帮助更好地区分各大跨境电子商务平台的流量、目标市场、费用、经营模式等，了解其入驻条件和注册步骤。

## 任务一　跨境电子商务主流平台介绍和对比

### 任务描述

了解亚马逊、eBay、阿里巴巴国际站、全球速卖通、Wish、Shopee 等跨境电子商务主流平台的基本市场情况，掌握不同平台的独特优势，区分不同平台的运营模式。

### 学习目标

1. 了解跨境电子商务主流平台的基本市场情况；
2. 对比不同的跨境电子商务平台的市场、费率及运营模式。

### 任务分配

本任务为分组任务：根据不同的跨境电子商务平台，每组组员在组长的带领下，根据【任务准备】的引导问题进行任务分工，分别从目标市场、费率、经营模式、运营方式等方面区分几大平台。跨境电子商务主流平台介绍和对比任务分配表，如表 2-1 所示。

表 2-1 跨境电子商务主流平台介绍和对比任务分配表

| 班 级 | | 组 号 | | 组 名 | |
| --- | --- | --- | --- | --- | --- |
| | | | | | |
| 角色 | 姓名 | 学号 | 任务分工 | | |
| 组长 | | | | | |
| 组员 | | | | | |
| | | | | | |
| | | | | | |
| | | | | | |
| | | | | | |

## 任务准备

引导问题 1：目前你对于跨境电子商务平台的了解有哪些？

引导问题 2：请举例说说你所了解的某个跨境电子商务平台的特点。

## 任务实施

### 一、跨境电子商务主流平台简介

本节主要介绍亚马逊、eBay、阿里巴巴国际站、全球速卖通、Wish、Shopee 等跨境电子商务主流平台的基本市场情况，如图 2-1 所示。

图 2-1 跨境电子商务主流平台的基本市场情况

#### 1. 亚马逊

亚马逊（Amazon，NASDAQ：AMZN）成立于 1995 年，是美国最大的一家网络电子商务企业，也是网络上最早开始经营电子商务的企业之一，位于华盛顿州的西雅图。亚马逊开始只经营网络的书籍销售业务，现在已成为全球产品品种最多的网上零售商和全球第二大互联网企业。发展至今，值得一提的是亚马逊 3 次定位的转变使其从书店最终成为一家综合服务提供商。

第一次转变：成为"地球上最大的书店"（1994—1997 年）。1994 年夏天，贝佐斯决定创立一家网上书店。经过大约一年的准备，亚马逊网站于 1995 年 7 月正式上线。

第二次转变：成为最大的综合网络零售商（1997—2001 年）。1997 年 5 月，亚马逊上市，经过前期的准备和市场宣传，1998 年 6 月亚马逊的音乐商店正式上线。仅一个季度，亚马逊音乐商店就成为最大的网上音乐产品零售商。

第三次转变：成为“最以客户为中心的企业”（2001 年至今）。从 2001 年起，亚马逊开始大规模推广第三方开放平台（Marketplace）、2002 年推出网络服务 Amazon Web Services（AWS）、2005 年推出 Prime 服务、2007 年开始向第三方卖家提供外包物流服务 Fulfillment by Amazon（FBA）、2010 年推出 KDP 的前身自助数字出版平台 Digital Text Platform（DTP）。亚马逊逐步推出这些服务，使其超越网络零售商的范畴，成为一家综合服务提供商。

亚马逊主要针对欧美地区的中高端市场的消费者，目前经营范围已经覆盖了 185 个国家和地区，拥有 18 个站点，每一个站点都具备一定的特色和相对独立运营的政策。亚马逊是全品类全球市场的平台。尤其是在物流方面，亚马逊强大的物流体系 FBA 帮助客户打理发货，以及管理后期的仓储、配送、物流，包括可能出现的退货问题。其官网首页如图 2-2 所示。

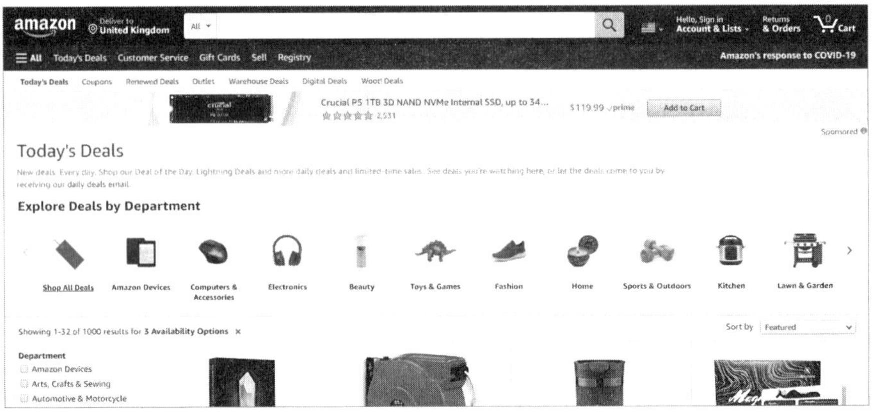


图 2-2　亚马逊官网首页截图

## 2. eBay

eBay 是一个可让全球民众上网买卖物品的线上拍卖及购物网站，于 1995 年 9 月 4 日由皮埃尔·奥米迪亚创立于加利福尼亚州圣荷塞。当时皮埃尔·奥米迪亚的女朋友酷爱 Pez 糖果盒，于是皮埃尔·奥米迪亚建立起一个拍卖网站，希望能帮助女友和全美的 Pez 糖果盒爱好者交流。

eBay 也是最早的线上拍卖和购物网站，主要针对欧美地区的中产阶级消费者，目前覆盖超过 100 个国家和地区，包括美国、英国、澳洲、波兰、新加坡等。目前 eBay 拥有 3 亿多名活跃买家，主要市场为美国和欧洲。在物流方面，eBay 目前官方主推的 SpeedPAK 是与第三方物流公司合作的，海外仓也是许多卖家的首选。其官网首页如图 2-3 所示。

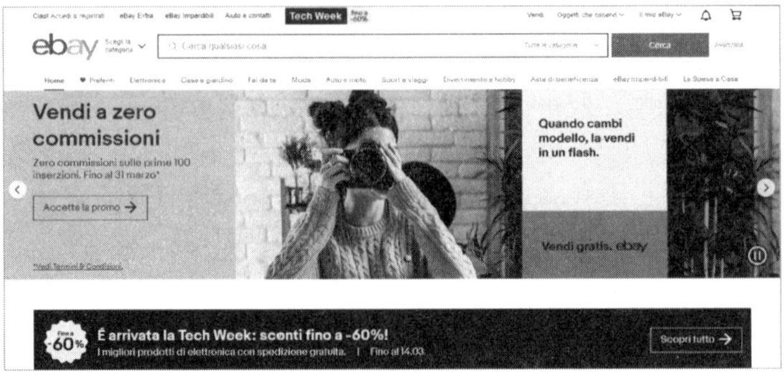


图 2-3　eBay 官网首页截图

### 3. 阿里巴巴国际站

阿里巴巴国际站是向中小企业提供拓展国际贸易的出口营销推广服务的跨境电子商务平台。它是全球领先的企业间电子商务网站，通过向海外买家展示、推广供应商的企业和产品，进而获得贸易商机和订单，是出口企业拓展国际贸易的首选网络平台之一。

阿里巴巴国际站的业务走过了三个阶段。第一阶段，阿里巴巴国际站的定位是“365 天永不落幕的广交会”，为大宗贸易做产品信息的展示；第二阶段，阿里巴巴国际站收购一达通为商家提供通关等方面的便利化服务，并在这个过程中开始沉淀数据；第三阶段，阿里巴巴国际站将此前沉淀的数据形成闭环（这也是国际站在做的事情），数字化重构跨境贸易。

阿里巴巴国际站作为全球最大的 B2B 跨境电子商务平台，其经营范围已覆盖全球 200 多个国家和地区。在物流方面，阿里巴巴国际站货物运输方式主要由买卖双方商议，一般以海运为主。阿里巴巴国际站官网首页如图 2-4 所示。

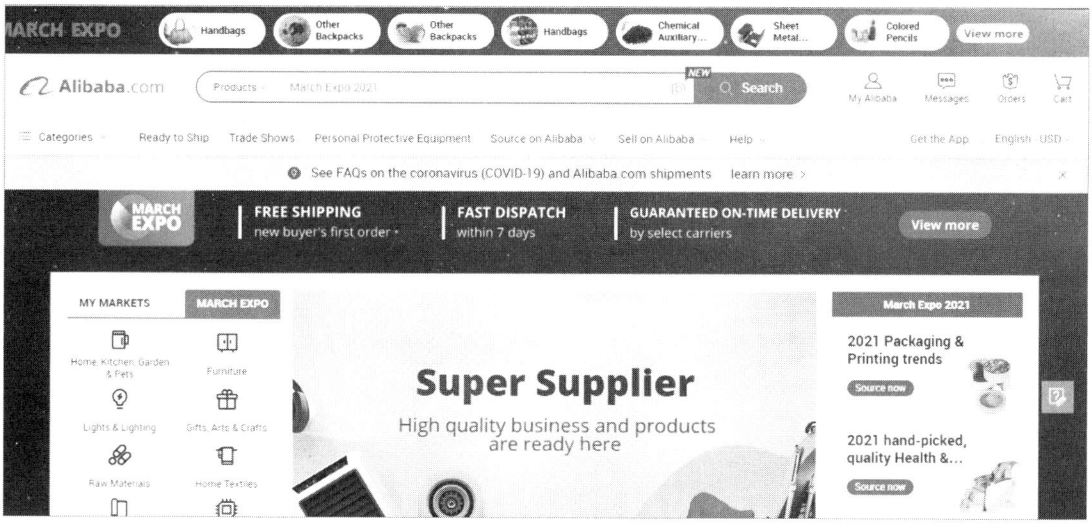


图 2-4 阿里巴巴国际站官网首页截图

### 4. 全球速卖通

全球速卖通（AliExpress）是阿里巴巴旗下面向国际市场打造的跨境电子商务平台，是全球第三大英文在线购物网站。全球速卖通成立于 2010 年，客户/买家范围已经遍及 220 多个国家和地区，覆盖服装服饰、3C、家居、饰品等 30 个一级行业类目。

全球速卖通是一个有着“中国基因”的跨境电子商务平台。依托于阿里巴巴庞大的流量和用户基础，全球速卖通虽然起步较晚，但发展迅猛，被广大卖家称为“国际版淘宝”。全球速卖通主要针对发展中国家和南欧地区、东欧地区、南美地区等市场；主要面向对产品价格极为敏感的中低端消费人群。在物流方面，全球速卖通主要提供 3 类物流服务，分别是邮政大小包、全球速卖通合作物流及商业快递。其中 90%的交易使用的是邮政大小包。全球速卖通官网首页如图 2-5 所示。

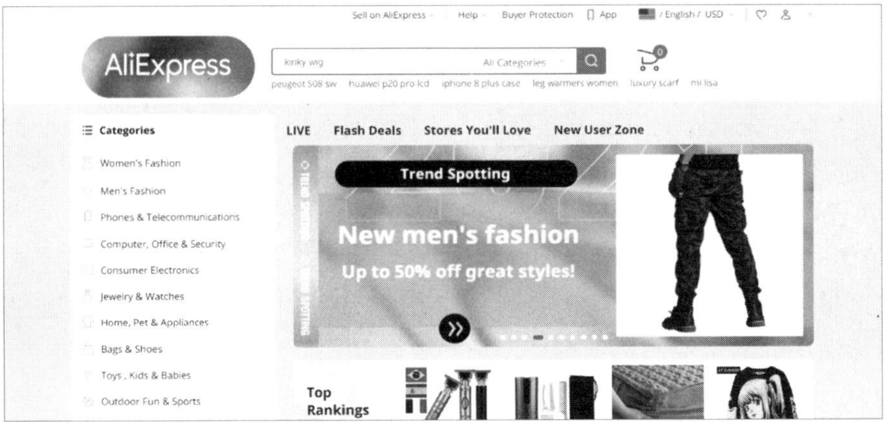


图 2-5　全球速卖通官网首页截图

## 5. Wish

Wish 由来自谷歌和雅虎的工程师 Peter Szulczewski 和 Danny Zhang 于 2011 年在美国创立，是一家专注于移动购物的 B2C 跨境电子商务平台。Wish 平台根据用户喜好，通过精确的算法推荐技术，将产品信息推送给感兴趣的用户。

Wish 平台建立了一个直接由产品供应商组成的全球供应链，缩短了零售环节，使产品变得价廉物美。通过了解用户行为和偏好，Wish 平台为每个用户营造了一个愉悦、有趣、个性化的浏览体验，使产品曝光更有效、销售转化率更高。在物流方面，Wish 主要以自发货为主。Wish 官网注册和浏览页面如图 2-6 所示。

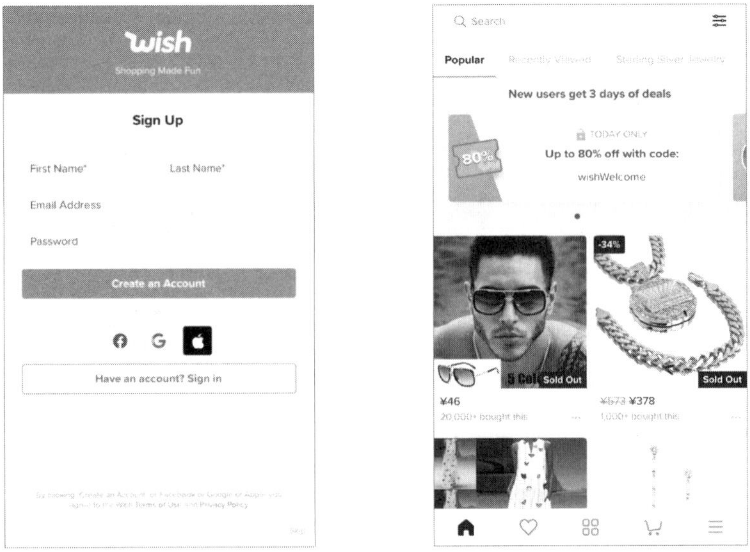


图 2-6　Wish 官网注册和浏览页面

## 6. Shopee

Shopee 是一个针对东南亚地区与中国台湾地区市场的跨境电子商务平台，目前覆盖新加坡、马来西亚、菲律宾、中国台湾、印度尼西亚、泰国、巴西及越南八大市场。

Shopee 的母公司 Sea（股票代码：SE）成立于 2009 年，其核心业务涵盖电子娱乐、电子商务和电子金融业务，分别以 Garena、Shopee 与 SeaMoney 为业内所知。Garena 是全球领先的网络游戏制作与发行方；Shopee 则是东南亚地区与中国台湾地区的领航电子商务平台，2015 年，Shopee 在新加坡创立了一个以社交为先的移动交易平台，使用户可以随时随地浏览、购物及销售。

Shopee 提供 SLS 物流服务、小语种客服和支付保障等解决方案，还针对不同类型的卖家提供定制孵化路径、SIP 虾皮国际平台、SKS 虾皮网红营销等增值服务，助力广大中国卖家轻松触达东南亚地区与中国台湾地区的市场。在物流方面，2017 年，Shopee 自建物流 Shopee Logistics Service（SLS）正式上线，为跨境电子商务卖家提供跨境电子商务物流解决方案。SLS 已在 Shopee 七大站点全面上线。另外，Shopee 自建海外仓，以节省体积或质量较大的电子商务产品的运输成本。Shopee 买家端首页如图 2-7 所示。

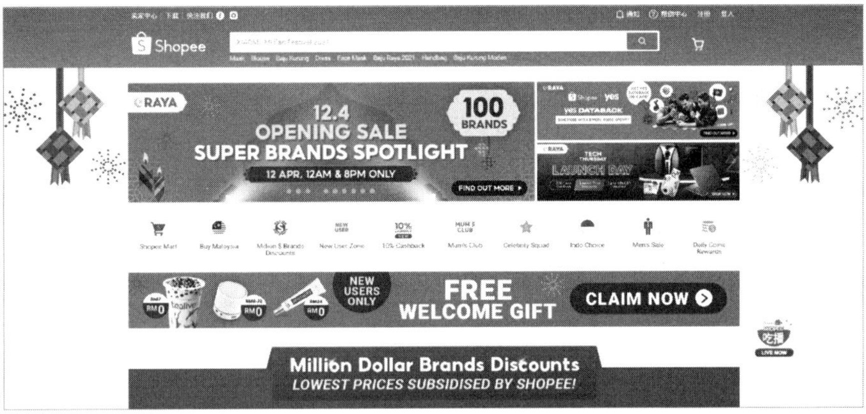


图 2-7 Shopee 买家端首页（以马来西亚为例）

## 二、跨境电子商务主流平台对比

跨境电子商务主流平台主要从目标市场、费率、经营模式、运营方式的差异来进行对比，如表 2-2 中所示。

表 2-2 跨境电子商务主流平台对比

| 跨境电子商务主流平台 | 目标市场 | 费率 | 经营模式 | 运营方式 |
|---|---|---|---|---|
| 亚马逊 | 欧美中高端市场 | 站点收费标准不同 | 自营＋第三方卖家＋跟卖＋FBA | 产品为主＋品牌化 |
| eBay | 欧美中产阶级 | 分基础、高级、超级店铺 3 个等级 | 平台型＋拍卖 | 店铺经营型 |
| 阿里巴巴国际站 | 国外采购商 | 会员费 | 平台型＋中国卖家资源 | 产品为主 |
| 全球速卖通 | 发展中国家 | 年费＋佣金 | 平台型＋中国卖家资源 | 店铺经营型 |
| Wish | 北美地区 | 产品成交费＋提现费 | 平台型 | 产品为主 |
| Shopee | 东南亚地区 | 佣金＋提现手续费 | 第三方卖家 | 产品为主 |

### 1. 目标市场的差异

亚马逊主要针对欧美地区中高端市场的消费者，每一个站点都具备一定的特色和相对独立运营的政策，是全品类全球市场的平台。eBay 主要针对欧美地区的中产阶级消费者，作为最早的线上拍卖和购物网站，eBay 在欧美地区和欧洲依然有很高的人气。阿里巴巴国际站的供应商以外贸企业或有外销业务的工厂为主，买家以国外采购商为主。全球速卖通主要针对发展中国家和南欧地区、东欧地区、南美地区等市场，主要面向对产品价格极为敏感的中低端消费人群。Wish 的主要市场是北美地区，客户群体比较集中，目前大量的客户成交单都来自移动端；Shopee 是东南亚地区与中国台湾地区的领航电子商务平台，覆盖新加坡、马来西亚、菲律宾、中国台湾、印度尼西亚、泰国、巴西及越南八大市场。

### 2. 费率的差异

亚马逊每个站点的收费标准不同，如北美站是 39.9 美元/月、欧洲站是 25 英镑/月、日本站是 4900 日元/日。eBay 店铺按基础店铺、高级店铺、超级店铺 3 个等级收费，基础店铺是 24.95 美元/月，高级店铺是 74.95 美元/月，超级店铺是 349.95 美元/月，除此之外，eBay 还会收取很多费用。阿里巴巴国际站以向用户收取会员费为主。在全球速卖通上开店需要缴纳最低 1 万元的年费，不同的类目年费不同，还会收取产品销售额 8%的佣金，年费可以根据不同的店铺类型和销售额进行全额返还或 50%返还。Wish 的成交订单需要缴纳产品成交费及提现费。Shopee 收取佣金与交易手续费。佣金从每笔订单的拨款金额中扣除（只计算已完成订单）。Shopee 的佣金计算公式为

佣金=订单金额（不含订单运费）×佣金费率

交易手续费是支付给交易清算服务商的手续费，金额为订单总付款的 2%，包括通过银行转账，以及通过借记卡、信用卡和 Shopee 币支付等形式。

### 3. 经营模式的差异

亚马逊是一个综合性平台，40%左右的产品为自营，50%左右的产品来自第三方卖家，还有同样品牌、同样款式的产品的跟卖。eBay 是市场型平台，最大的特色就是拍卖；阿里巴巴国际站的供应商以外贸企业或有外销业务的工厂为主。全球速卖通是依托于阿里巴巴的流量发展起来的市场型平台，以批发零售为主。Wish 适合具有一定经验的贸易商、B2C 企业、品牌经销商。Shopee 以第三方卖家为主，店铺分为杂货店铺与垂直店铺，在发展前期，杂货店铺低价类产品更容易获得流量，目前平台开始注重支持垂直店铺的发展。

### 4. 运营模式的差异

亚马逊没有店铺概念，把整个市场作为一个整体，更注重单品的打造，并在品牌上实现差异化。eBay 与全球速卖通都属于店铺经营型，店铺等级越高越容易打造爆款，店铺权重也就更大。Wish 更注重产品的打造，对于产品有较高的要求；阿里巴巴国际站有丰富的搜索流量和场景流量，平台从行业角度、产品角度、买家角度等进行流量分层。Shopee 注重单个产品的爆款打造，但它不是一个单款产品爆单就能带动整个店铺销量的平台，所以需要在一个爆款生命周期内培养出下一个爆款，不断接替更换。

## 任务评价

### 1. 学生自评

跨境电子商务主流平台介绍和对比学生自评表，如表 2-3 所示。

表 2-3　跨境电子商务主流平台介绍和对比学生自评表

| 班　级 | | 学　号 | | 姓　名 | |
|---|---|---|---|---|---|
| 角色 | ○ 组长　　○ 组员 | | 完成时间 | | |
| 任务 | | 完成情况记录 | | | |
| 理论学习情况 | | | | | |
| 技能训练情况 | | | | | |
| 任务完成情况 | | | | | |
| 任务创新情况 | | | | | |
| 完成任务后的收获 | | | | | |

## 2. 生生互评

跨境电子商务主流平台介绍和对比生生互评表，如表 2-4 所示。

表 2-4　跨境电子商务主流平台介绍和对比生生互评表

| 班　级 | | 被评人学号 | | 被评人姓名 | |
|---|---|---|---|---|---|
| 评价者角色 | | 评价者学号 | | 评价者姓名 | |
| 任务 | | 完成情况记录 | | | |
| 理论学习情况 | | | | | |
| 技能训练情况 | | | | | |
| 任务完成情况 | | | | | |
| 任务创新情况 | | | | | |
| 完成任务后的收获 | | | | | |

## 3. 教师评价

跨境电子商务主流平台介绍和对比教师评价表，如表 2-5 所示。

表 2-5　跨境电子商务主流平台介绍和对比教师评价表

| 班　级 | | 被评人学号 | | 被评人姓名 | |
|---|---|---|---|---|---|
| 任务 | | 完成情况记录 | | | |
| 理论学习情况 | | | | | |
| 技能训练情况 | | | | | |
| 任务完成情况 | | | | | |
| 任务创新情况 | | | | | |
| 完成任务后的收获 | | | | | |

## 拓展练习

根据本节所讲解的内容，分析平台的发展历程，分别总结亚马逊、eBay、阿里巴巴国际站、全球速卖通、Wish、Shopee 几大平台的基本市场情况，以及不同平台的独特优势。

# 任务二　跨境电子商务平台开店准备与账号注册

## 任务描述

了解跨境电子商务平台的开店准备，以及跨境电子商务平台账号注册步骤。

## 学习目标

1．了解跨境电子商务平台的开店准备；
2．掌握跨境电子商务账号注册步骤。

## 任务分配

本任务为分组任务：根据不同跨境电子商务平台的开店准备与账号注册步骤，每组若干组员在组长的带领下，根据【任务准备】中的引导问题进行任务分工，分别完成某一具体的跨境电子商务平台开店准备与账号注册。跨境电子商务平台开店准备与账号注册任务分配表，如表 2-6 所示。

表 2-6　跨境电子商务平台开店准备与账号注册任务分配表

| 班　级 | | 组　号 | | 组　名 | |
|---|---|---|---|---|---|
| | | | | | |
| 角色 | 姓名 | 学号 | 任务分工 | | |
| 组长 | | | | | |
| 组员 | | | | | |
| | | | | | |
| | | | | | |
| | | | | | |
| | | | | | |

## 任务准备

引导问题 1：目前你对于跨境电子商务开店的了解有哪些？
引导问题 2：在跨境电子商务平台上开店需要准备什么资料？

## 任务实施

### 一、跨境电子商务平台开店准备

目前各大跨境电子商务平台需要的开店资料大同小异，表 2-7 所示为亚马逊、eBay、阿里巴巴国际站、全球速卖通、Wish、Shopee 等跨境电子商务主流平台所需准备的开店资料。

表 2-7 各大跨境电子商务平台开店准备资料列表

| 跨境电子商务平台 | 开 店 准 备 |
|---|---|
| 亚马逊 | 1. 公司营业执照<br>2. 法人身份证<br>3. 双币种信用卡<br>4. 公司水、电、煤、宽带账单之一<br>5. 电子邮箱<br>6. 电话：固话或手机<br>7. 收款账号 |
| eBay | 1. 客户经理<br>2. 营业执照<br>3. 法人身份证<br>4. 公司地址证明<br>5. PayPal 收款账号<br>6. 申请表<br>7. 电子邮箱 |
| 阿里巴巴国际站 | 1. 企业执照信息<br>2. 企业对公账户信息<br>3. 企业经营地址信息<br>4. 认证人信息 |
| 全球速卖通 | 1. 电子邮箱<br>2. 手机<br>3. 企业支付宝<br>4. 企业营业执照 |
| Wish | 1. 营业执照<br>2. 税务登记证<br>3. 法人身份证<br>4. 电子邮箱<br>5. 电话<br>6. 收款账号 |
| Shopee | 1. 香港或大陆有限公司或个体工商户的企业资质<br>2. 内、外贸经验<br>3. 手机<br>4. 电子邮箱<br>5. 收款账号<br>6. 产品 SKU 数量＞100<br>7. 公司办公地址 |

在任何平台开通店铺之前，都需要先了解各大平台最近的平台政策调整，准备好开店所需的资料，再去平台官网填写资料申请开店，或者对接平台经理来提交申请。各大跨境电子商务平台开店基本准备内容，如图 2-8 所示。

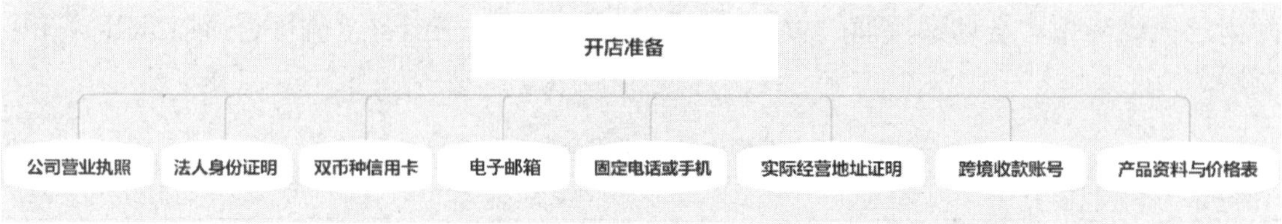


图 2-8 各大跨境电子商务平台开店基本准备内容

### 1. 公司营业执照

一般平台对于公司注册时间和经营范围没有要求，关于执照的具体要求要参考不同平台的政策。

部分平台，如阿里巴巴国际站对于范围是有要求的，它要求注册公司为在大陆工商局注册的做实体产品的公司（生产型或贸易型都可以），收费办理；服务型公司如物流、检测认证、管理服务等公司暂不能加入；离岸公司和个人也无法办理；个体经营执照各个区域限制不同，需要联系当地客户经理判断是否能够加入。

而亚马逊对于公司注册时间并没有要求，既可以是刚刚注册下来的，也可以是已经注册并运营多年的；对于公司经营范围也没有明确要求，贸易类、电子类、科技类、商贸类公司都可以。公司营业执照所涵盖的经营范围也不会直接影响亚马逊的账号注册及后期运营，但需要提醒的是，如果完全不相干的，如用物流公司的营业执照来注册亚马逊账号，则有可能无法通过审核。

### 2. 法人身份证明

法人身份证明一般指法人身份证，大部分平台要求身份证正反面拍照，申请或填写资料时分开上传，具体按平台的提示操作。

### 3. 双币种信用卡

信用卡最好是法人的，且必须是双币种的信用卡，如卡面上带有 VISA 或 MasterCard 标识的信用卡。注册前，最好将信用卡开卡激活。

### 4. 电子邮箱

一般可以用任意的电子邮箱，但填写的电子邮箱最好之前不曾在所注册的平台使用过。

### 5. 固定电话或手机

填写的电话号码最好之前不曾在所注册的平台中使用过。

### 6. 实际经营地址证明

部分平台审核时需要申请人提供营业执照地址对应的水、电、煤气、网络宽带账单，或者公司的实际经营地址。

### 7. 跨境收款账号

在注册流程中，部分平台需要卖家提供收款账号，卖家需要在注册平台账号之前先注册收款账号。收款账号类似于支付宝账号，就像平台放款到卖家提款再到国内银行卡之间的中转站。

#### 8. 产品资料与价格表

除了以上“硬件”的开店准备，卖家也需要在开店之前整理好要上架售卖的产品资料，以及不同平台的价格表，以便在申请好店铺之后快速安排上架工作。部分平台针对新店有流量扶持，所以产品资料与价格表的准备也十分重要。

## 二、跨境电子商务平台账号注册：以 Shopee 为例

### 1. 入驻流程

（1）线上创建主账号

卖家需要提供电话和电子邮箱用于绑定主账号。主账号用于管理新店申请，以及之后所有的店铺运营，同时用于绑定收款账号，如图 2-9 所示。

图 2-9 线上创建主账号

（2）线上店铺申请

在主账号下按照指引填写入驻信息表单，完整提交后即可获得无销售权店铺，便于卖家提前熟悉店铺操作。系统会根据卖家申请材料中的特征，分配中文市场的店铺或英文市场的店铺。此处需要验证卖家留下的店铺联络方式。线上店铺申请如图 2-10 所示。

图 2-10 线上店铺申请

（3）资质审核

平台工作人员会尽快审核提交的材料，初审审核时间为 5 个工作日，复审审核时间为 7 个工作日（遇节假日、周末、繁忙时段审核时间会顺延）。申请人需要及时登录主账号，查看审核进度通知和邮箱通知（见图 2-11）。如需补充/修改材料，需要及时补充/修改，避免材料因为长期没有及时补充/修改被关闭。

图 2-11　邮箱通知

（4）新店任务

审核通过后，店铺的销售权会自动激活，即可面向买家正式营业。平台会向注册之初所填邮箱推送新店任务，便于卖家尽快对接运营经理。入驻成功邮箱通知如图 2-12 所示。Shopee 平台入驻流程如图 2-13 所示。

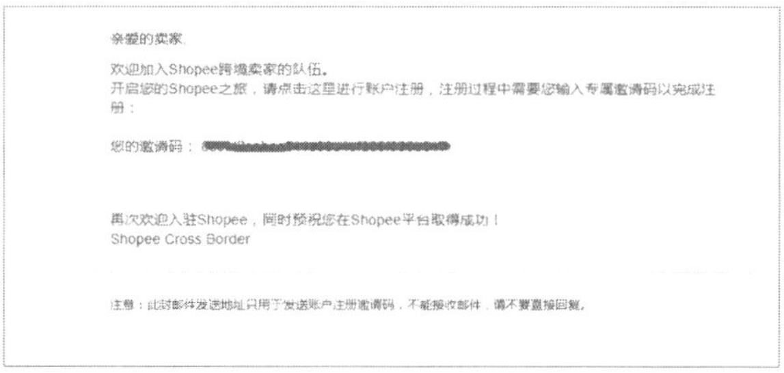


图 2-12　入驻成功邮箱通知

图 2-13　Shopee 平台入驻流程

## 2. 招商政策

（1）Shopee 的入驻要求（中国台湾地区、马来西亚为首站）

① 中国香港或大陆有限公司或个体工商户的企业资质（企业资质可在企信网查询到；无经营异常；在有效期内）。

② 中国台湾地区的卖家需要具有 3 个月以上的内贸平台操作经验（主营淘宝/天猫/拼多多/京东等国内电子商务平台的卖家）；马来西亚的卖家具有 3 个月以上的外贸平台操作经验（主营亚马逊/eBay/Wish/Lazada/全球速卖通等跨境电子商务平台的卖家）。

③ 产品 SKU 数量＞100，并符合本地出口和当地进口的要求。

（2）注册中国台湾地区、马来西亚地区的站点需要提交的材料

① 法人身份证原件（正反面各一张）叠放在营业执照原件右上角并拍照。

② 注册中国台湾地区的站点需要提供开店时长超过 3 个月的相关内贸平台链接（淘宝、拼多多、京东、1688 等）；注册马来西亚的站点提供需要开店时长超过 3 个月的相关外贸平台链接（eBay、Wish、亚马逊、全球速卖通等）。

③ 近 3 个月内贸的流水订单截图。

④ 验证店铺的真实性相关材料（您无须主动提交，审核人员会联系您并告知您所需提交的材料）。

⑤ 公司办公地址，如 China Shanghai 上海市徐汇区桂平路***号***楼。

⑥ 可在线申请。

Shopee 的招商政策如图 2-14 所示。

图 2-14 Shopee 的招商政策

## 3. 入驻须知

① 务必保证申请入驻的卖家所有信息的真实性、一致性、准确性，请勿重复入驻。

② 请勿找代办机构代办任何材料或购买任何审核材料。

③ 请使用卖家自身的完整资料，勿借用其他卖家的部分信息或材料；若出现由上述问题导致自己的材料被判定为关联或者虚假等情况，从而导致申请被关闭且不能申诉的，后果均由卖家承担。

④ 初审审核时间为 5 个工作日，复审审核时间为 5～7 个工作日（遇节假日、周末、繁忙时段审核时间会顺延）。

## 任务评价

### 1. 学生自评

跨境电子商务平台开店准备与账号注册学生自评表，如表 2-8 所示。

表 2-8　跨境电子商务平台开店准备与账号注册学生自评表

| 班　级 | | 学　号 | | 姓　名 | |
|---|---|---|---|---|---|
| 角色 | ○ 组长　　○ 组员 | | 完成时间 | | |
| 任务 | | 完成情况记录 | | | |
| 理论学习情况 | | | | | |
| 技能训练情况 | | | | | |
| 任务完成情况 | | | | | |
| 任务创新情况 | | | | | |
| 完成任务后的收获 | | | | | |

### 2. 生生互评

跨境电子商务平台开店准备与账号注册生生互评表，如表 2-9 所示。

表 2-9　跨境电子商务平台开店准备与账号注册生生互评表

| 班　级 | | 被评人学号 | | 被评人姓名 | |
|---|---|---|---|---|---|
| 评价者角色 | | 评价者学号 | | 评价者姓名 | |
| 任务 | | 完成情况记录 | | | |
| 理论学习情况 | | | | | |
| 技能训练情况 | | | | | |
| 任务完成情况 | | | | | |
| 任务创新情况 | | | | | |
| 完成任务后的收获 | | | | | |

### 3. 教师评价

跨境电子商务平台开店准备与账号注册教师评价表，如表 2-10 所示。

表 2-10　跨境电子商务平台开店准备与账号注册教师评价表

| 班　级 | | 被评人学号 | | 被评人姓名 | |
|---|---|---|---|---|---|
| 任务 | | 完成情况记录 | | | |
| 理论学习情况 | | | | | |
| 技能训练情况 | | | | | |
| 任务完成情况 | | | | | |
| 任务创新情况 | | | | | |
| 完成任务后的收获 | | | | | |

## 拓展练习

搜索 eBay 平台上个人卖家账号注册所需准备的材料，结合本任务中所学的 Shopee 平台账号注册的实操步骤，尝试注册一个 eBay 个人卖家账号，并进行步骤截图记录。

# 项目三

# 跨境电子商务选品

“七分靠选品，三分靠运营”，相信在跨境电子商务行业中，大多数人都听说过这句话。这并非传言，而是无数卖家在跨境电子商务销售实践中总结出的经验。可以说，在跨境电子商务运营过程中最重要的环节，不是库存管理、成本控制、订单处理或客户维护等，而是对产品的选择。因此，掌握选品的原则和方法、懂得在不同平台选品时分别需要注意哪些方面，就显得尤为重要，这也是本项目所涵盖的内容。

## 任务一　跨境电子商务选品基础认知

### 任务描述

跨境电子商务选品对于跨境电子商务卖家而言意义重大。了解跨境电子商务选品的概念、意义与流程，明确跨境电子商务选品的判定标准和基本原则，是跨境电子商务卖家进行选品实践的重要基础。

### 学习目标

1. 了解跨境电子商务选品的概念、意义与流程；
2. 理解跨境电子商务选品的判定标准和基本原则。

### 任务分配

本任务可分组进行，每组由一位组长和若干组员构成。组员在组长的带领下，完成对跨境电子商务选品的概念内涵、重要性、选品的定位和基本原则等内容的学习。跨境电子商务选品基础认知学习任务分配表，如表 3-1 所示。

表 3-1 跨境电子商务选品基础认知学习任务分配表

| 班级 | | 组号 | |
|---|---|---|---|
| | | | |
| 角色 | 姓名 | 学号 | 任务分工 |
| 组长 | | | |
| 组员 | | | |
| | | | |
| | | | |
| | | | |
| | | | |

## 任务准备

引导问题 1：跨境电子商务选品的流程是什么？

引导问题 2：好的跨境电子商务选品该如何判定？

引导问题 3：跨境电子商务选品该注意哪些原则？

## 任务实施

### 一、跨境电子商务选品的概念、意义与流程

#### 1. 跨境电子商务选品的概念

跨境电子商务选品指的是通过系统且科学的市场调研及数据分析（包括行业情况、价格、热销品等因素）等科学方法，选出最合适经营的产品、供应商、供应方式，并把控产品质量的过程。

#### 2. 跨境电子商务选品的意义

在跨境电子商务行业中流传着这样一句话："七分靠选品，三分靠运营。"选品对于跨境电子商务卖家的重要性可见一斑。

实际上，做好跨境电子商务的第一步就是正确地进行跨境电子商务选品。如果选品不对，跨境电子商务卖家很可能在创业之初就走了弯路，甚至越走越远。要想做好跨境电子商务，一定要在选品上下足功夫。对于一款不合适的产品，无论使用多少方法和技巧，都不可能让它成为爆款，而一款高潜力的产品往往能给卖家带来不小的收获。

通常，一款好的产品可以给跨境电子商务卖家带来的价值可概括为"五高"：高曝光、高排名、高转化、高销量、高好评，如图 3-1 所示。

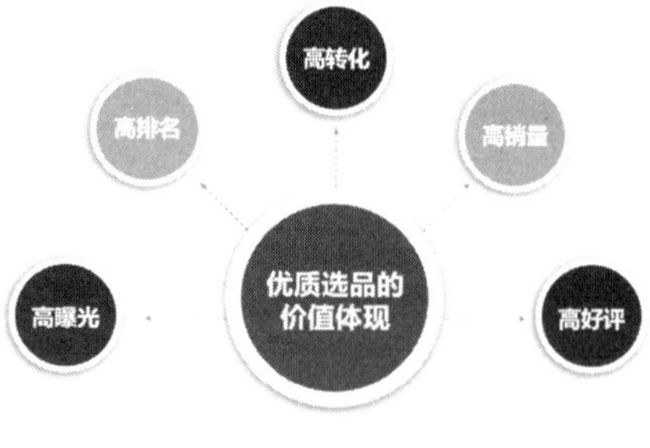

图 3-1 跨境电子商务选品价值体现图示

选品方面特别值得注意的一点是，并不是好的销售员成就好的产品销售，而是好的产品成就好的销售。

同样的运营能力，好的产品符合市场高需求，又加上好的产品早已完成低售后、高质量的筛选要求，所以以高利润迅速发展，完成由 0 到 10，再由 10 到 100 以上的高销量。所以，后续产品运营的效率高低，很可能从最初选品的时候就已经决定了。可见选品是如今跨境电子商务不容忽视的一个突破口。

### 3. 跨境电子商务选品的流程

如图 3-2 所示，跨境电子商务选品的流程一般可分为以下几步。

第一步：选择产品品类。对约 100 款同类产品进行数据分析，决定要售卖的产品。

第二步：新品开发。根据要售卖的产品寻找供应商，然后根据需求给供应商提供几款样品订单。

第三步：确认供应商提供的样品是否合格。样品到货之后，要确认样品是否合格，主要检查样品的质量、功能、包装，以及是否符合其他要求。

第四步：审核供应商的资质。确认样品之后，需要去查看供应商的营业执照、公司规模，以及确定供应商有没有研发能力并确认付款方式等，最后决定要不要大批量采购。

第五步：确定首单数量并议价。确认好供应商的资质之后就可以准备采购首单了，要注意跟单细节，并且要跟踪到货周期及物流情况。

第六步：下单采购。首单确认好后就可以根据销售情况批量下单，卖家要和供应商洽谈好价格和账期。如果产品在销售过程中没有问题，可以返单，开始进入日常运营的一个周期性阶段，即采购阶段。在这个阶段要确认稳定的交货期，谈好降价策略及付款方式。首批产品到货之后，及时反馈不良品和外包装问题，以及提出产品功能优化等建议。

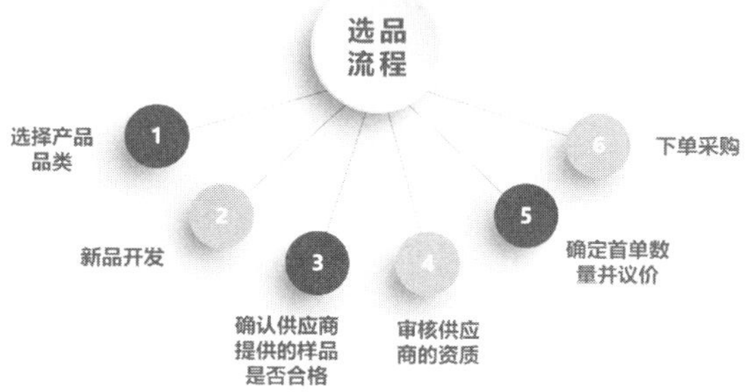


图 3-2　跨境电子商务选品流程图

## 二、优质跨境电子商务选品的判定标准

优质跨境电子商务选品的判定标准总结起来是“三高二低”：高质量、高利润、高需求、低价格，低售后。

① “高质量”是选品的第一标准，即使利润再高，产品质量不过关，造成客户差评、投诉等更为严重的后续工作，那么这款产品也是无法成为一个好产品的。

② “高利润”是卖家最为关注的点，是关联卖家利益的，所以高利润也是选品重点考虑的因素。

③ “高需求”是选品的又一着重关注的点。某跨境电子商务平台上某款产品的需求越大，就越证明这款产品值得向买家供应，换句话说，没有大市场需求的产品是无法成为优

质选品的。

④ “低价格”这一点很好理解，但是并非单纯的低价，而是指与同类竞品相比有价格优势或者说就该产品的性价比来说有价格优势，关键在于产品的性价比。

⑤ “低售后”即产品的售后问题越少越好，和“高质量”的要求基本一致，主要是不能有任何侵权与伪造等其他严重的售后问题。

## 三、跨境电子商务选品的基本原则认知

跨境电子商务卖家在选品前，应做市场调研并结合平台数据分析结果进行综合判断，一般需要遵循以下几项基本原则。

### 1. 平台导向原则

近年来，跨境电子商务平台数量激增，亚马逊、全球速卖通、Wish等国内外跨境电子商务平台之间的竞争导致平台定位呈差异化发展。在各大跨境电子商务平台定位多元化的背景下，跨境电子商务企业在选品时应该首先依据其经营的跨境电子商务平台特征进行选择，研究该跨境电子商务平台的目标市场及客户群体，从而有针对性地制定在该跨境电子商务平台上的产品种类、数量、定价等策略。

### 2. 知识产权保护原则

相比欧、美、日等发达国家和地区，我国的知识产权保护制度还不够完善，知识产权保护强度和执法强度还较弱，因此，对于山寨产品、侵权产品的管理效果还不够明显，因此我国某些电子商务平台上出现了山寨产品和侵权产品。但是，这种侵权产品到了知识产权保护强度较高的发达国家后，将会面临着较高数额的赔偿，并需要支付较高侵权成本，甚全会被限制进入市场。因此，从长远发展来看，在选品时应该遵循知识产权保护原则，选择不侵权产品进行销售。

### 3. 数据决策原则

产品种类、产品数量、产品销售平台的具体选择，应该依靠数据来进行决策，即遵循数据决策原则。切忌不做市场调研就决定产品种类。

数据决策原则要求：一是通过数据了解跨境电子商务平台的定位，可通过分析跨境电子商务平台的销售种类、客户群特征等来选择合适的跨境电子商务平台；二是从行业数据入手，通过分析行业研究报告、会展数据等，确定适合经营的产品种类；三是对客户需求进行区域化分析，主要是依据各种数据分析工具，对不同种类产品的客户需求按区域进行划分，并有针对性地选择不同区域的客户对应的产品。

### 4. 价格适中原则

在跨境电子商务价格战和成本战的大背景下，很多跨境电子商务企业在选品时，过于关注产品价格和产品成本。但是，过于关注价格和成本，会导致产品质量下滑，最终只能陷入价格战和成本战的恶性循环中，当价格和成本不能再低时，就只能退出市场。价格适中原则是指在保证质量的情况下，选择适中价格的产品进行销售，将竞争点放到品牌竞争、

信誉促销等方面，以培养跨境电子商务企业的异质性和竞争优势。

### 5. 扩大货源优势原则

尽管价格战和成本战阻碍了跨境电子商务行业的发展，但是对于跨境电子商务企业乃至所有企业而言，成本战略和价格战略仍然是重要的竞争优势源泉。但是，价格优势和成本优势并不应该通过人为压低价格或调换生产材料等方式获得，而应该通过扩大货源优势来获取。因此，在选择同样一款产品进行销售时，货源选择的不同也会导致价格和成本的不同。因此，扩大货源优势原则应该是跨境电子商务企业在激烈的市场竞争中获取竞争优势的重要原则。

## 任务评价

### 1. 学生自评

跨境电子商务选品基础认知学习的学生自评表，如表 3-2 所示。

表 3-2 跨境电子商务选品基础认知学习的学生自评表

| 班级 | | 学号 | | |
|---|---|---|---|---|
| 角色 | O 组长 O 组员 | | 完成时间 | |
| 任务 | 完成情况记录 | | | |
| 理论学习情况 | | | | |
| 技能训练情况 | | | | |
| 任务完成情况 | | | | |
| 任务创新情况 | | | | |
| 完成任务后的收获 | | | | |

### 2. 生生互评

跨境电子商务选品基础认知学习的生生互评表，如表 3-3 所示。

表 3-3 跨境电子商务选品基础认知学习的生生互评表

| 班级 | | 被评人学号 | | 被评人姓名 | |
|---|---|---|---|---|---|
| 评价者角色 | | 评价者学号 | | 评价者姓名 | |
| 任务 | | 完成情况记录 | | | |
| 理论学习情况 | | | | | |
| 技能训练情况 | | | | | |
| 任务完成情况 | | | | | |
| 任务创新情况 | | | | | |
| 完成任务后的收获 | | | | | |

### 3. 教师评价

跨境电子商务选品基础认知学习的教师评价表，如表 3-4 所示。

表 3-4 跨境电子商务选品基础认知学习的教师评价表

| 班　　级 | | 被评人学号 | | 被评人姓名 | |
|---|---|---|---|---|---|
| 任务 | 完成情况记录 | | | | |
| 理论学习情况 | | | | | |
| 技能训练情况 | | | | | |
| 任务完成情况 | | | | | |
| 任务创新情况 | | | | | |
| 完成任务后的收获 | | | | | |

## 拓展练习

根据本次任务中介绍的优质跨境电子商务选品的判定标准和基本原则，在某跨境电子商务平台上找出 2～3 件优质选品，并说明原因。

# 任务二　跨境电子商务选品方法分类

## 任务描述

选什么产品去销售是做跨境电子商务首先要面临的问题，选对了产品可以说已经成功了一半，甚至一大半。跨境电子商务选品是一个需要通过市场调研和行业数据分析，结合卖家自身特点和定位，选择最合适的产品及供应商，并把控产品质量的过程。在这一过程中，需要跨境电子商务卖家把握科学选品的原则并掌握分类选品的方法。

## 学习目标

1. 了解跨境电子商务选品的意义；
2. 理解并基本掌握分销式选品、铺货式选品和创意开发式选品 3 类选品方法。

## 任务分配

在大家了解跨境电子商务选品的意义后，可分组进行本任务。每组由一位组长和若干组员构成，组员在组长的带领下，完成对 3 类不同的跨境电子商务选品方法的学习和实训。跨境电子商务分类选品学习任务分配表，如表 3-5 所示。

表 3-5 跨境电子商务分类选品学习任务分配表

| 班 级 | | 组 号 | | 选 品 原 则 | ○ 已学习并理解<br>○ 待学习/待理解 |
|---|---|---|---|---|---|
| 选品方法 | ○ 分销式选品 | ○ 铺货式选品 | ○创意开发式选品 | | |
| | | | | | |
| 角色 | 姓名 | 学号 | 任务分工 | | |
| 组长 | | | | | |
| 组员 | | | | | |
| | | | | | |
| | | | | | |
| | | | | | |
| | | | | | |

## 任务准备

引导问题 1：跨境电子商务选品有哪几类方法？

引导问题 2：大家认为在跨境电子商务选品过程中需要注意什么？请举例说明。

## 一、跨境电子商务分销式选品

跨境电子商务分销式选品指的是跨境电子商务卖家在各分销平台上采用的选品方式，实则是一种利用跨境电子商务平台实现的产品分销方式。而分销指的是利用专业的电子商务分销网站，便捷、迅速地将分销产品上传到自己的店铺，产生订单以后再付款采购产品并发货的方式。分销是从事跨境电子商务的新人起步的最佳方式。卖家一般可以较快地体验到出单的感觉，并迅速了解跨境电子商务产品刊登、订单处理和发货等全流程。而这个从 0 到 1 的质变过程可以帮助卖家较快地积累跨境电子商务方面的从业技巧。下面以越域网为例来进行跨境电子商务分销式选品的介绍。

### 1. 使用方法和步骤

越域网（www.kjds.com）是目前国内最大的跨境电子商务产品一键分销网站，在跨境分销行业处于领先地位，目前支持在 eBay、亚马逊、Wish 和全球速卖通四大跨境电子商务平台选品后的一键上传刊登功能。其使用方法和步骤如下。

（1）注册

通过手机和邮箱完成注册，流程简单，根据系统提示操作即可。

（2）账号授权

根据网站详细的操作流程来绑定已经申请的店铺（eBay、亚马逊、Wish 和全球速卖通），具体注册操作步骤请扫码，可了解更多（见“二维码拓展材料 1”）。需要特别注意的是，绑定账号时需要登录后台，这里一定要注意在平台账号对应的计算机和网络环境下操作，防止关联，eBay 平台尤其要注意。

二维码拓展材料 1

（3）分销产品刊登

越域网能帮助卖家实现一件代发，只需 4 步便能轻松开启跨境电子商务分销模式。越域网一件代发分销模式流程示意图和步骤分解说明，如图 3-3、图 3-4 所示。

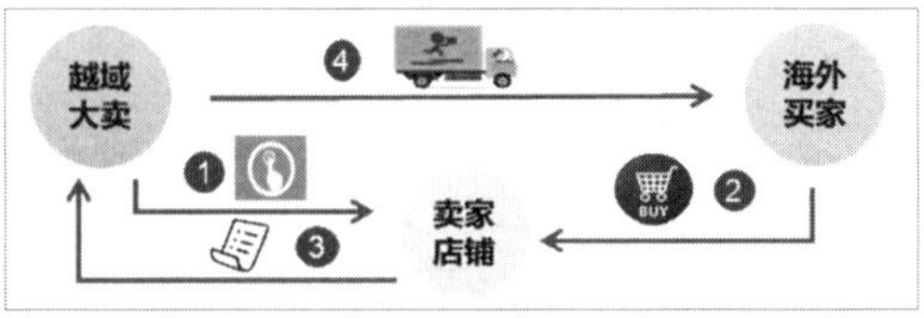


图 3-3　越域网一件代发分销模式流程示意图

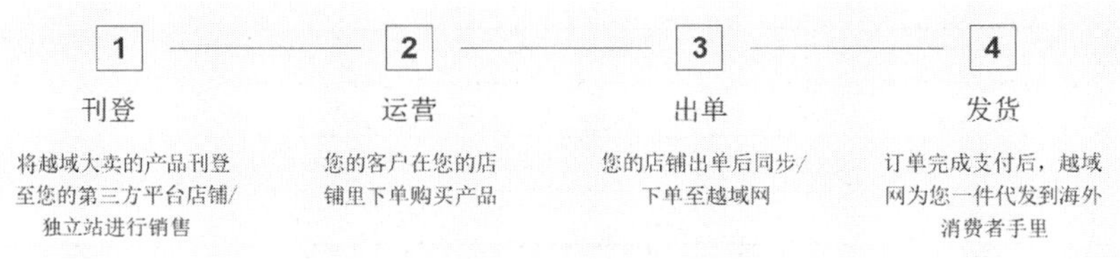


图 3-4　越域网一件代发分销模式步骤分解说明

### 2. 优势特点

作为专业的海外仓货源分销平台，越域大卖（越域网旗下专注于跨境电子商务出口分销的平台）拥有数千款在线产品，海外仓仍然在不断拓展中。海外仓本地发货可实现 24 小时快速发货，越域网致力于为跨境电子商务卖家提供简单、高效的跨境销售体验。

亚马逊、eBay、Wish、沃尔玛、全球速卖通等平台或独立站卖家，只需要把越域网的海外仓产品通过一键刊登或数据包下载的方式刊登到自己店铺或独立站去销售，出单后下单到越域网付款，越域网就会直接从海外仓一件代发给消费者。卖家无须备货，出单才付款，海外仓发货时效快，回款快，资金周转压力小。

## ▶▶ 二、跨境电子商务铺货式选品

铺货，顾名思义就是通过平台大批量地上传产品，这是跨境电子商务卖家常见的操作。例如，在亚马逊平台上，铺货是亚马逊卖家常用的推广运营方式之一，尤其对于某些定位不明晰、不懂选品、急于出单的新卖家来说，铺货模式可以说是推广店铺的首选。最常见的跨境电子商务铺货式选品操作是结合淘宝网与阿里巴巴平台（1688）上的货源来进行的批量产品上传。

这个方法的基本思路是通过找到淘宝上的热销款，再利用工具软件找到这个产品的 1688 供货链接，然后采集图片并进行编辑后就可以上传产品，产生订单后可以去 1688 进行采购、发货。

铺货式选品是大多数中小型跨境电子商务卖家通常会使用的选品方法，接下来介绍其具体操作方式和注意事项。

### 1. 操作方式

（1）找到淘宝热销款

找热销款的方法有很多种，每个人也有各自的习惯和操作技巧。比如，搜索某个关键词进行销量排序或看淘宝的广告推广等。此处推荐大家找淘宝热销款的操作思路是通过淘宝最热门、流量最大的促销活动来找。这样做的好处，一是促销活动产品丰富，避免了新人初选品时无从下手的情况，二是产品数据相对更为真实、更有参考性。

目前淘宝网最热门、流量最大的促销活动板块有两个，分别是聚划算和淘抢购。聚划算以大品牌产品为主，而大品牌产品是不容易拿到授权且成本较高的，并不适合跨境电子商务卖家进行选品。因此，接下来重点介绍的是“淘抢购”这个促销活动。

（2）充分利用“淘抢购”

“淘抢购”是随着手机淘宝的发展而迅速崛起的淘宝流量入口，目前是淘宝移动端流量排名前两位的板块。“淘抢购”在电脑端和手机端均有，展示产品的内容一样。

入选“淘抢购”的产品大部分为淘宝 KA 卖家（淘宝网重点客户，具备优质的产品和优秀运营能力且每年向淘宝缴纳巨额广告推广费）的产品，少部分为其他卖家销量好的产品。这保证了淘抢购活动产品的品质，且性价比很高。有很多中小品牌，非常适合跨境电子商务卖家进行产品开发。

（3）“淘抢购”商品选择

“淘抢购”每天间隔若干小时，固定更新各场次的产品，每天会有大量的新品更新和平台活动，跨境电子商务卖家可以在图 3-5 所示界面左边的类目中选择感兴趣的类目进行选品。平台上丰富的货源和优惠的促销活动使跨境电子商务卖家，尤其走低价选品路线的卖家进行铺货式选品获得了方便与实惠。

图 3-5　“淘抢购”首页截图

（4）安装“淘货源”插件后进行选品

在选好感兴趣的产品之前，卖家还需要安装一个官方插件来完成选品。以 360 浏览器为例，卖家需要在 360 应用市场页面的右上角搜索框内输入“淘货源”进行搜索，搜索出来后单击“安装”按钮即可将此插件安装、嵌入浏览器，地址栏后方会加标橙色的“货”字样，并立即开始生效，如图 3-6 所示。

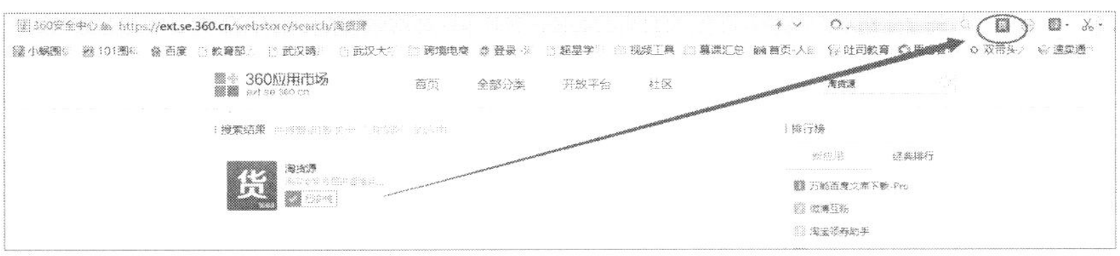


图 3-6　“淘货源”插件安装截图

安装“淘货源”插件后，就可在选好的产品页面同样看到页面右侧有个很小的“货”字样，单击这个字样，即可看到这个插件利用标题和图片相似等搜索功能在 1688 上找到的同款产品。这样一来，通过“淘抢购”插件，卖家就可以很方便地找到淘宝上的产品在 1688 批发网上的供货链接，且能拿到优惠的价格。

（5）采集产品图片

找到产品的供货链接后，想要进行铺货的跨境电子商务卖家需要做的主要工作是采集图片。因为 1688 是以批发为主的商城，图片质量普遍不高，很多商家都是用手机拍摄的，所以，卖家如果通过截图工具截图的方式来获取图片，很可能得到的图片品质过低，且保存图片的效率也非常低，非常浪费时间。因此，卖家应考虑采用其他方法来采集图片，如采用 360 浏览器批量获取图片的方式来进行产品图片的采集。

360 浏览器批量获取图片的方式非常简单，用 360 浏览器打开某产品链接，待该产品页面加载完所有图片后，在其地址栏末尾处找到“**张大图”的绿色矩形标（图中已圈出），单击该图标即可（见图 3-7）。

图 3-7 利用 360 浏览器批量获取图片的方式入口举例

然后，在跳转窗口中单击“另存为套图”图标（图中已圈出），即可将该产品的所有图片保存至一个文件夹中（见图 3-8）。建议卖家对该文件夹中的图片以其对应的 SKU 编码或其他容易为自己辨识的形式批量修改重命名，以便后续上传产品时使用。

图 3-8 利用 360 浏览器将某商品图片另存为套图的方式入口举例

（6）发布产品

通过以上操作，卖家已经找到了热销品和供应商链接，也采集到了产品的图片，接下来就可以进行编辑，然后将产品图片上传到自己的跨境电子商务店铺了。在产生订单后即可采购发货。

### 2. 采用铺货式选品方法的注意事项

采用铺货式选品方法可以非常有效地帮助跨境电子商务卖家进行选品和产品上传，也帮助跨境电子商务卖家打造了不少爆款，但这个方法在运用时需要注意如下几点。

（1）知识产权的问题

大品牌产品尽量不要碰（如电子类的华为、小米等品牌，大部分都在海外申请了品牌专利和独家销售权等）。跨境电子商务卖家一定不能侵权，在上架一些中小品牌产品之前，应尽量和供货商及生产商沟通该产品是否有专利权、是否有独家销售权，可以的话最好申请一下产品和品牌授权，这样可以最大限度地保护自己的账号安全。

（2）避免出现图物不符的问题

跨境电子商务卖家一定要保证自己找到的 1688 供货商的产品和对应的淘宝网的产品图片一致，要认真审查，切勿发生实物和图片不符的问题，从而引起退货退款。一旦因为这类原因发生退货退款，通常都需要卖家自己来全额承担。

（3）选品须谨慎

在“淘抢购”板块进行选品，需要遵循各个跨境电子商务平台给出的禁限售规定。食品、保健品、化妆品，以及服饰、鞋类产品由于尺码标准不同需要谨慎选择。另外，包装后重量过重或体积过大的产品也是不宜选择的。

## 三、跨境电子商务创意开发式选品

有创意地开发产品和开发有创意的产品是跨境电子商务选品的最高阶段。能够开发出有创意且被市场接受的产品会为跨境电子商务卖家带来非常好的收益。而如何进行创意开发式选品，可以参考以下几种方式。

### 1. 找到适合自己的热销品进行纵深开发

在利用前面所讲的分销式选品和铺货式选品两种选品方法运营了一段时间以后，跨境电子商务卖家的店铺中一般会出现一部分比较热销的产品，那么这部分产品就可以作为主打产品进行纵深挖掘。

纵深挖掘包括纵向挖掘和横向挖掘。纵向挖掘，即深入研究这一类产品，发现它更多的特点来加以利用，并且加入自己的一些创意或微创新。横向挖掘，即开发产品的广度，探索这一类产品都有哪些类似款、各有什么优缺点，即将产品本身了解通透，之后再改进、有创意地开发。

例如，某团队一直以销售眼镜为主，通过对眼镜这个类目的纵深研究发现，在横向上，眼镜主要包括近视框架眼镜、太阳镜、防辐射眼镜、功能眼镜和相关配件等几个细分类。后来经过学习和实践了解到，在这几个类目中，太阳镜的需求量最大，近视框架眼镜的利润最高，而且这两个类目都有着非常激烈的竞争。

再通过纵向深挖，可以发现近视眼人群佩戴太阳镜一直是他们的痛点。在光线强的室外环境中，近视眼人群无论是开车还是外出都会感觉非常不方便。因为他们无法便捷地佩戴太阳镜。他们要么配一副带度数的太阳镜出门佩戴，而回到室内又要换回普通的近视镜；要么就是佩戴一副隐形眼镜再戴上太阳镜。但无论采用哪种办法都不是很方便，而且花费还高。

根据这个现象，经过深入研究后，该卖家将店铺产品的主打方向定位在了近视多功能太阳镜上。经过长时间的市场调查、对接供应商、研究消费人群等，该卖家打造出了自有品牌——可以很便捷佩戴的多功能近视套镜。这个产品无论是在国内电子商务平台还是在跨境电子商务平台上都取得了不错的销售业绩。

### 2. 从自己熟悉的产品开始开发

当处于创意开发产品起步阶段时，笔者建议大家先从自己熟悉的领域、熟悉的产品开始开发。

熟悉才有可能做出更准确的选择，熟悉也更有可能给产品赋予更多的创意。从事跨境电子商务一段时间的卖家大多有了自己的爆款，卖家对自己的爆款非常熟悉，在各自的领域都有着“专家级”的水平。

例如，某公司员工在亚马逊日本站开发了手帕这一产品。在很多人之前的认知中，手帕应该是一个快“绝迹”的东西，因为大家都在用更为方便的湿巾和面巾纸。但是，在日本，由于文化传统和环保意识浓厚等原因，在小孩子的背包、女人的手包和男人西装的口袋中，手帕是必不可少的装备。日本很多大公司送给新入职员工的第一件礼物就是手帕。开发这个产品的员工在大学时是学日语的，对于日本文化有着比较多的了解，更懂日本人的消费习惯，所以他能开发出这种别人想不到的产品，也比其他人更能运营好日本站，于是取得了不错的销售业绩。

### 3. 开发有创意的产品和有创意地开发产品

开发有创意的产品和有创意地开发产品乍看起来没有什么区别，却是一件事情的两个不同方向。

（1）开发有创意的产品

开发有创意的产品是指要找到创意十足的产品，然后赋予这些产品特定的功能，将其卖给消费者，如图 3-9 所示的全球速卖通卖家开发的 LED 创意莲蓬头。

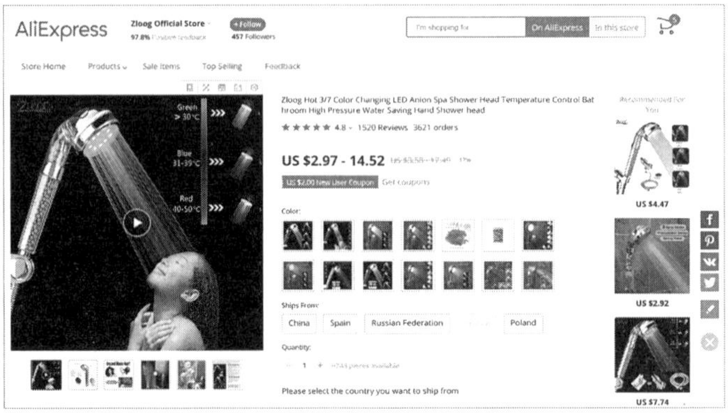


图 3-9 跨境电子商务卖家开发有创意的产品举例

该产品不仅具有普通花洒的功能，还带有三色 LED 灯光，可在淋浴过程中循环变色。它既不需要电力、电池，也不需要外来电力，打开水源，使用者便可置身于发光般的空间，让家中的大人和小朋友都能更多地感受淋浴的乐趣，时尚又实用，自然很畅销。

（2）有创意地开发产品

有创意地开发产品是指产品本身平淡无奇，甚至人们认为根本就不可以销售的产品或不适合做国外市场、做跨境电子商务的产品，但是有创意地去想象、去实践，或许会有意想不到的效果，如下面创意土豆的例子。

美国青年 Alex Craig 突发奇想，将文字刻在土豆上作为礼物送人，如图 3-10 所示。

图 3-10 跨境电子商务卖家有创意地开发产品举例

这样的一个土豆当时在平台上的售价为 14.99 美元（约合人民币 100 元），且真有人买。这种土豆上写几个字或印幅图，身价就能暴涨百倍。买到的人纷纷表示，看到土豆的第一眼就乐疯了。有人用它来鼓励朋友，有人用它来和朋友开玩笑。作为 NBA 球迷的 Alex Craig 还向 NBA 30 支球队的 150 多名球星寄送了这样的土豆作为礼物，没想到那些球星个个都忍不住分享到了自己的社交平台上。通过这些大名鼎鼎的球星在社交平台的分享，没几天全世界都知道这个“邮寄土豆”的公司。Alex Craig 说：“当你有个疯狂的主意但没挣到钱时，人们会说你是疯子；当你挣了几十万美元后，人们就会说你是天才。”

这个创意也许容易模仿，不容易长久，但它至少曾经把价值 1 元的土豆变成价值 100 元的土豆。跨境电子商务卖家在有创意地开发产品时，能否也像这样换个思路，让自己的选品身价百倍呢？

## 任务评价

### 1. 学生自评

跨境电子商务分类选品学习的学生自评表，如表 3-6 所示。

表 3-6 跨境电子商务分类选品学习的学生自评表

| 班 级 | | 学 号 | | 选 品 原 则 | O 已学习并理解<br>O 待学习/待理解 |
|---|---|---|---|---|---|
| 选品方法 | O 分销式选品 | O 铺货式选品 | | O创意开发式选品 | |
| 角色 | O 组长 O 组员 | | 完成时间 | | |
| 任务 | | 完成情况记录 | | | |
| 理论学习情况 | | | | | |
| 技能训练情况 | | | | | |
| 任务完成情况 | | | | | |
| 任务创新情况 | | | | | |
| 完成任务后的收获 | | | | | |

### 2. 生生互评

跨境电子商务分类选品学习的生生互评表，如表 3-7 所示。

表 3-7 跨境电子商务分类选品学习的生生互评表

| 班　　级 | | 被评人学号 | | 被评人姓名 | |
|---|---|---|---|---|---|
| 评价者角色 | | 评价者学号 | | 评价者姓名 | |
| 选品方法 | ○ 分销式选品 | ○ 铺货式选品 | ○创意开发式选品 | | |
| 任务 | | 完成情况记录 | | | |
| 理论学习情况 | | | | | |
| 技能训练情况 | | | | | |
| 任务完成情况 | | | | | |
| 任务创新情况 | | | | | |
| 完成任务后的收获 | | | | | |

### 3. 教师评价

跨境电子商务分类选品学习的教师评价表，如表 3-8 所示。

表 3-8 跨境电子商务分类选品学习的教师评价表

| 班　　级 | | 被评人学号 | | 被评人姓名 | |
|---|---|---|---|---|---|
| 选品方法 | ○ 分销式选品 | ○ 铺货式选品 | ○创意开发式选品 | | |
| 任务 | | 完成情况记录 | | | |
| 理论学习情况 | | | | | |
| 技能训练情况 | | | | | |
| 任务完成情况 | | | | | |
| 任务创新情况 | | | | | |
| 完成任务后的收获 | | | | | |

## 拓展练习

1. 在各大跨境电子商务平台上线的 ANKER 品牌的产品清单（Listing），针对其中 1～2 款热销品的 Listing 进行分析，从细节处分析优质产品的特点，并分析它们在选品时兼顾了哪几项选品的基本原则。

2. 假设你是一位跨境电子商务新手卖家，准备入驻面相东南亚市场的 Shopee 平台销售厨房用品，你会采用哪种类型的选品方式呢？请说明原因。

# 任务三　跨境电子商务平台选品

## 任务描述

不同跨境电子商务平台定位的市场不同，而各个国家和地区都有自己的传统和文化，以及自己的生活和消费习惯及对产品的不同喜好。因此，各平台的热销品类和选品方式都是不一样的。比如，亚马逊平台为卖家提供了专门的选品工具（如 Jungle Scout）；Shopee 平台是东南亚地区较大的在线购物网站，电子消费品、家居、美容保健等是它的热销品类；

Wish 平台的优势品类是时尚服装、3C 电子及配件配饰等。

前面的任务中已经介绍了跨境电子商务选品的原则和分类选品的方法，本任务将介绍在不同的跨境电子商务平台利用产品数据进行选品的技巧。

## 学习目标

1．懂得如何进行亚马逊新品调研并掌握亚马逊站内数据选品方法；
2．熟悉全球速卖通“选品专家”选品的功能、使用方法及相关数据指标；
3．理解 Wish 平台的特点和选品方法；
4．了解 Shopee 平台的市场定位和特色，掌握相应的选品方法。

## 任务分配

本任务可根据应达到的【学习目标】分为 3 个板块来分组实施，每组组长确定组员的相应分工，确保组员在清晰理解平台选品思路的情况下，能够合作完成某一品类的新品调研并利用站内数据进行选品。每个组员负责大类下的一个子类目，然后将调研和选品的结果交给组长进行汇总。跨境电子商务平台选品的学习任务分配表，如表 3-9 所示。

表 3-9　跨境电子商务平台选品的学习任务分配表

| 班　级 | | 组　号 | | 对应平台 | ○ 亚马逊　○ 全球速卖通<br>○ Wish　○ Shopee |
|---|---|---|---|---|---|
| | | | | | |
| 角色 | 姓名 | 学号 | 任务分工 | | |
| 组长 | | | | | |
| 组员 | | | | | |
| | | | | | |
| | | | | | |
| | | | | | |
| | | | | | |

## 任务准备

引导问题 1：不同的跨境电子商务平台的选品定位会有怎样的区别？

引导问题 2：你已知的跨境电子商务平台站内的数据选品方法有哪些？请举例。

## 任务实施

### ▶▶ 一、亚马逊平台选品

亚马逊是一个较为完善的平台，特别看重产品本身的特色和能提供给客户的体验，前期的选品对于亚马逊平台卖家而言是尤为重要的。

选品是一个持续的过程，一个产品开始售卖并不代表这个产品的选品过程已经结束了，从而马上开发其他新的产品，而是当这个产品开始卖得不错时，卖家依旧可以沿着这个产品以“按图索骥”的思路继续拓展，选出与之类似的潜力产品。作为亚马逊卖家，最开始就要熟悉平台选品的基本思路，才可能选出能卖得长远、卖得持久的产品，同时避免账号因为上架产品而出现各种不合乎平台规则的问题。

### 1. 亚马逊选品思路

（1）紧跟市场需求

亚马逊是以产品为导向的平台，卖家需要考虑自己手上的产品是否有足够大的市场空间。亚马逊卖家要关注的并不是国内市场，而是国外市场。有些产品在国内不畅销，但可能在国外卖得非常好。假如卖家想在亚马逊澳洲站上开店，就应该去了解一下澳大利亚的民俗文化、环境条件等，从而判断澳大利亚人需要什么样的产品。

（2）以盈利为目标

亚马逊平台上不缺少好的产品，也不缺少卖家，不少卖家甚至还自建了品牌进行保护。大部分跨境电子商务市场都已成为红海市场，有些人就直接放弃这些红海市场，将目光瞄向蓝海市场。其实，红海市场里也有商机。一个行业或一个类目所在的市场之所以变成红海市场，是因为它的规模与市场需求足够大。如果能在产品的细节上实现差异化，则不乏盈利的机会。蓝海市场的竞争相对较小，但搜索量也比红海市场小很多。如果进入蓝海市场，卖家就需要进行更多的摸索，并承担更多的新品选品与开发的工作，而且蓝海市场也不会永远存在。所以，卖家选择红海市场还是蓝海市场，关键在于产品是否有盈利空间。

（3）专注于某一品类

新卖家在开店初期，资金、人力等各方面资源都是有限的，很难刚起步就上架海量的产品。所以，卖家在刚进入行业时，宜先专注于某一个品类。如果不明白个别品类的市场情况，可以在亚马逊平台上浏览其细分类目的销售情况，包括对卖得比较好的店铺、产品做市场分析，进而再做出更为理性的判断。

### 2. 亚马逊新品市场调研

选品思路明确后，接下来需要了解的是亚马逊平台上的热销品，并且对产品进行充分调研，了解市场的趋势和容量，判断是否还有入驻的空间。在亚马逊平台上，卖家可以通过以下方法调研新产品。

（1）关键词搜索

直接在亚马逊页面的搜索框中输入关键词进行搜索，即可看到关于这类产品的总数，数量越大，说明市场竞争力越大。亚马逊搜索页面如图 3-11 所示。

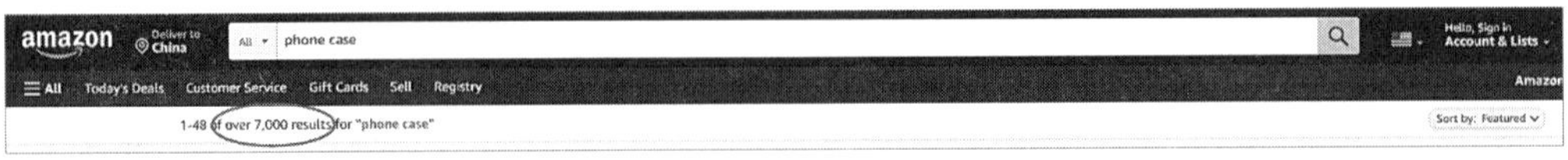


图 3-11　亚马逊搜索页面举例

（2）利用排行榜

例如，在亚马逊平台主页单击“Department”按钮，选择目标产品所在的细分类目，再单击“Best Sellers”按钮即可查看排行榜。

通过以下各种排行榜，亚马逊卖家可以知道以下信息。

① 热销品（Best Sellers）：卖家可以知道具体类目中卖得最好的产品有哪些。

② 热门新品（Hot New Releases）：卖家可以知道现在热门的新品有哪些，在分析时再结合季节、节日、推广等因素，可以对热门新品及趋势做出判断。

③ 好评产品（Top Rated）：卖家可以知道评价较高的产品都有哪些。

④ 愿望清单（Most Wished For）：卖家可以知道大家都想要什么样的产品。

### 3. 亚马逊站内数据选品

在当今瞬息万变的市场环境下，选品切忌经验主义，务必要“靠数据说话”。结合前面对亚马逊新品市场调研的讲解，不难发现，亚马逊站内提供了不少数据板块，可用于辅助卖家进行选品。

（1）亚马逊搜索（Amazon Search）

这是每个亚马逊买家都几乎要使用的功能，这里汇集了买家各类精准的搜索词。因此，“亚马逊搜索”对卖家选品有很重要的参考意义。那么，如何通过“亚马逊搜索”功能选品呢？

① 利用“亚马逊搜索”功能，发现热门长尾词，寻找市场机会。

② 进入一个类目，层层筛选出排名靠前且评论数量较少的产品，其中就有可能包含一个优良品。“亚马逊搜索”页面会在搜索关键词时，自动弹出排序靠前的长尾词作为推荐，如图 3-12 所示。

图 3-12　“亚马逊搜索”页面长尾词推荐举例

（2）亚马逊热销榜（Amazon Best Sellers）

这个榜单可以让卖家清楚地看到每个类目下卖得最好的 100 款产品列表。如果卖家对列表中的这些产品进行认真研究、梳理，并结合自己的实际情况（如资金、资源等因素），评估自己是否有能力运营这些产品，就可以达到选品的目的。

但是，所有卖家都希望能在这个地方找到自己的产品，因此竞争非常激烈。所以，一定要进行精准的分析。“亚马逊热销榜”页面如图 3-13 所示。

图 3-13　“亚马逊热销榜”页面举例

（3）亚马逊新品排行榜（Amazon Hot New Releases）

这个榜单展示的是上架时间较短，但排名上升速度较快的亚马逊的“新星”产品。在这些产品中，有的产品是刚刚开发出来的，有的是之前的老产品但具备了新的功能，而这个功能很受用户的喜欢。

与热销榜里那些竞争激烈、难以追赶的产品相比，这里的产品更值得卖家选择。新品排行榜的每个类目下有100款新品列表，可以让新卖家有更多的选择机会。“亚马逊新品排行榜”页面如图3-14所示。

图3-14 “亚马逊新品排行榜”页面举例

（4）亚马逊销售飙升榜（Amazon Movers & Shakers）

这个榜单可以让卖家看到亚马逊平台上所有品类TOP100的趋势波动，每个产品的上方都会有红色和绿色的箭头，绿色表示人气在上升，红色则表示人气在下降。卖家可以根据箭头的颜色来选择一些潜力产品。

亚马逊销售飙升榜用于展示亚马逊平台销量上升较快的产品，覆盖Kindle商店、MP3音乐、图书、婴儿用品、工艺品、汽车、电子产品、美容和个人护理、计算机、女士时尚、男士时尚、女童时尚、男童时尚、健康和家居用品、宠物用品、家居厨房用品、工业科技、工具与家居装饰、影视、玩具与游戏、行李箱包、视频游戏、运动与户外用品等品类。“亚马逊销售飙升榜”页面如图3-15所示。

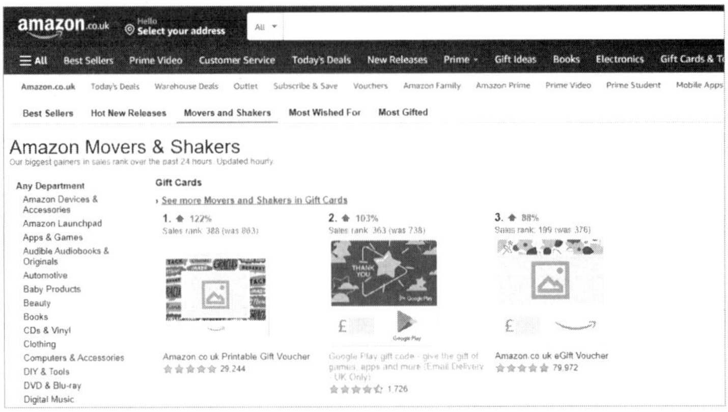


图3-15 “亚马逊销售飙升榜”页面举例

（5）亚马逊愿望清单（Amazon Most Wished For）

亚马逊愿望清单是亚马逊平台通过搜集消费者的访问数据而形成的，是挑选未来热销品的一个重要依据。当这里的产品有折扣消息的时候，亚马逊平台会通过邮件自动提醒消费者。如果卖家的产品能有幸上榜，又或者能以更优惠的价格提供此产品，那么减价促销活动会带来更多的销量，从而赢得商机。“亚马逊愿望清单”页面如图 3-16 所示。

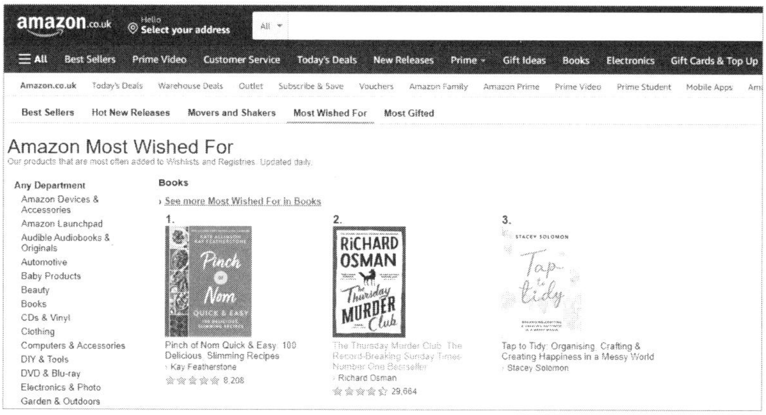


图 3-16 “亚马逊愿望清单”页面举例

（6）亚马逊礼物榜（Amazon Gift Ideas）

“亚马逊礼物榜”页面如图 3-17 所示，它是销售礼物性质产品的卖家不可错过的榜单。很多消费者在给家人或朋友选购礼品的时候都会在这里购买。因为这里的产品不仅可以提前购买，还能在指定的时间送货，能让消费者省心，非常方便。

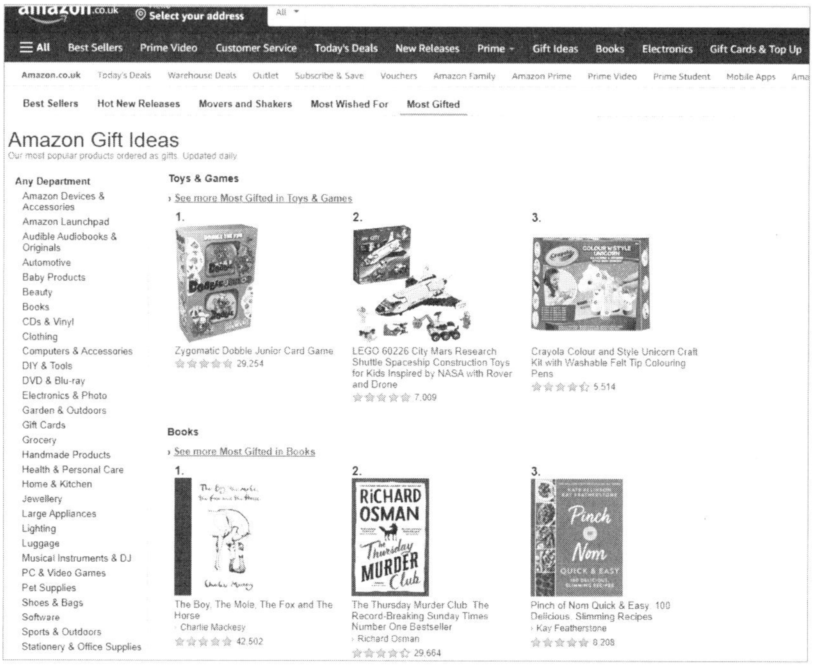


图 3-17 “亚马逊礼物榜”页面举例

特别是在节假日等销售旺季时，这些作为礼品的产品的销量会大幅度增长。如果不想错过一些西方节日的销售旺季，那么从这里参考选品也许是一个不错的选择。

## 二、全球速卖通平台选品

通过全球速卖通后台提供的“生意参谋”板块，卖家可以通过其中的“选品专家”中了解行业情报（如“热搜”“热销”两个板块的数据），进行理性选品，精准设置关键词；还可以进行商铺分析，找到经营短板，制定有针对性的营销策略。下面重点讲解通过“选品专家”进行选品的方法。

在全球速卖通平台页面中单击“生意参谋”按钮，进入后台数据页面（见图 3-18），再单击“选品专家”按钮，即可在打开的“选品专家”页面看到“热销”和“热搜”两个板块。

图 3-18　全球速卖通平台“选品专家”板块入口

### 1.“选品专家”—“热销”

“选品专家”—“热销”主要是从行业、国家、时间的维度来看最近主要市场的热销品类、品类的热销属性，以及这些热销品类的特征、关联销售等信息。

（1）“TOP 热销产品词”

“TOP 热销产品词”可以从行业、国家、时间的维度来查看 TOP 热销的品类，如图 3-19 所示。图 3-19 展示的是家居用品行业最近 7 天全球的销售热度。图中圆圈越大，表示销量越高。颜色代表竞争情况，红色越深，表示竞争越激烈；蓝色越深，表示竞争越小（彩色截图见“二维码图 3-19”）。

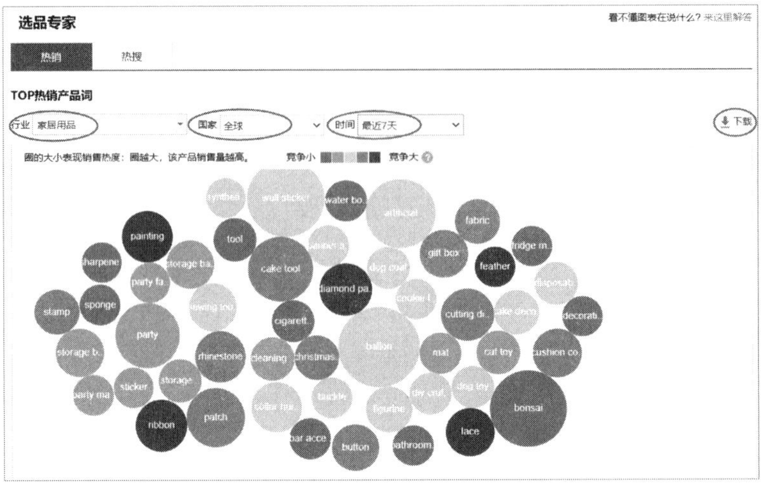


二维码图 3-19

图 3-19　全球速卖通平台“选品专家”—“热销”板块“TOP 热销产品词”举例

单击右上角的“下载”按钮，可得到此处检索到的热销产品词一览表，其中包含的相关数据指标说明如下。

① 成交指数：在所选行业、国家、时间范围内，累计成交订单数经过数据处理后得到的对应指数。成交指数不等于成交量，成交指数越大，成交量越大。

② 浏览-支付转化率排名：在所选行业、国家、时间范围内，浏览-支付转化率的排名情况。

③ 竞争指数：在所选行业、国家、时间范围内，产品词对应的竞争指数。竞争指数越大，竞争越激烈。

（2）“TOP 关联产品”

“TOP 关联产品”是指买家同时浏览、点击、购买的产品。“TOP 关联产品”页面以“lace”为例，如图 3-20 所示。连线越粗，表示产品与产品间的关联越强，即同时浏览、点击、购买的人数越多。圆圈面积越大，表示销量越高。颜色表示竞争情况，红色越深，表示竞争越激烈；蓝色越蓝，表示竞争越小（彩色截图见“二维码图 3-20”）。

二维码图 3-20

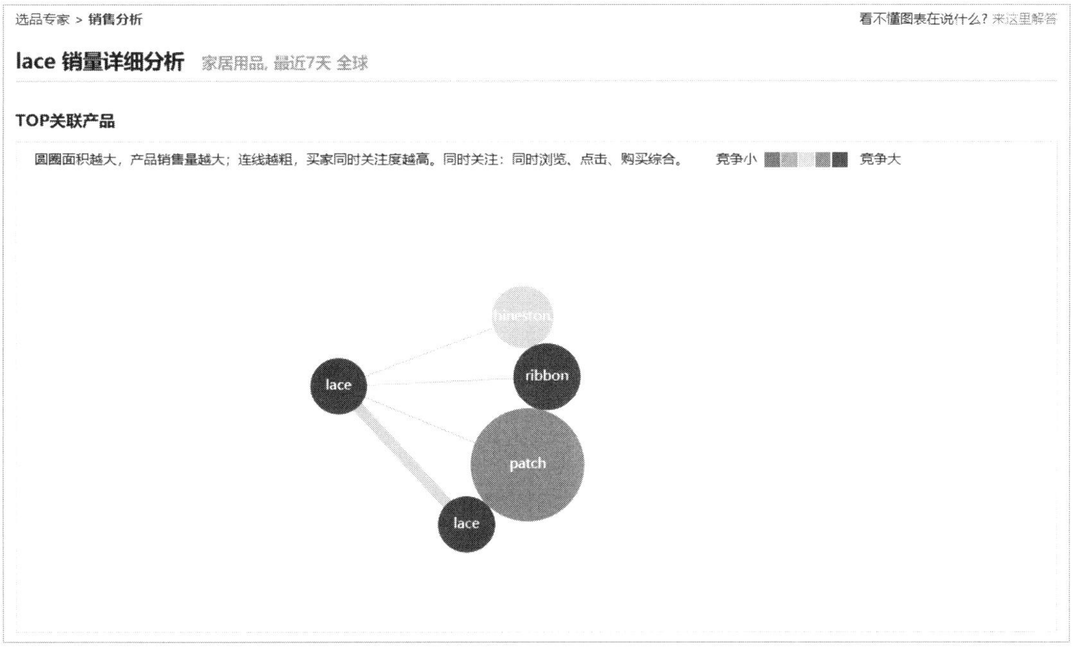


图 3-20 全球速卖通平台“选品专家”—“热销”板块“TOP 关联产品词”举例

（3）“TOP 热销属性”

“TOP 热销属性”是指某个品类下热销的属性，仍以“lace”为例，如图 3-21 所示（彩色截图见“二维码图 3-21”）。单击“+”按钮可以展开“TOP 热销属性”的属性值，单击“-”按钮可以收起属性值。展开后的属性值，圆圈面积越大，表示销量越高；颜色在此图中只用于属性分类。

卖家可以结合自己产品特征，优化产品属性，提高买家找到产品的机会。同时，卖家也可以了解目前产品的热销属性，方便选品。

二维码图 3-21

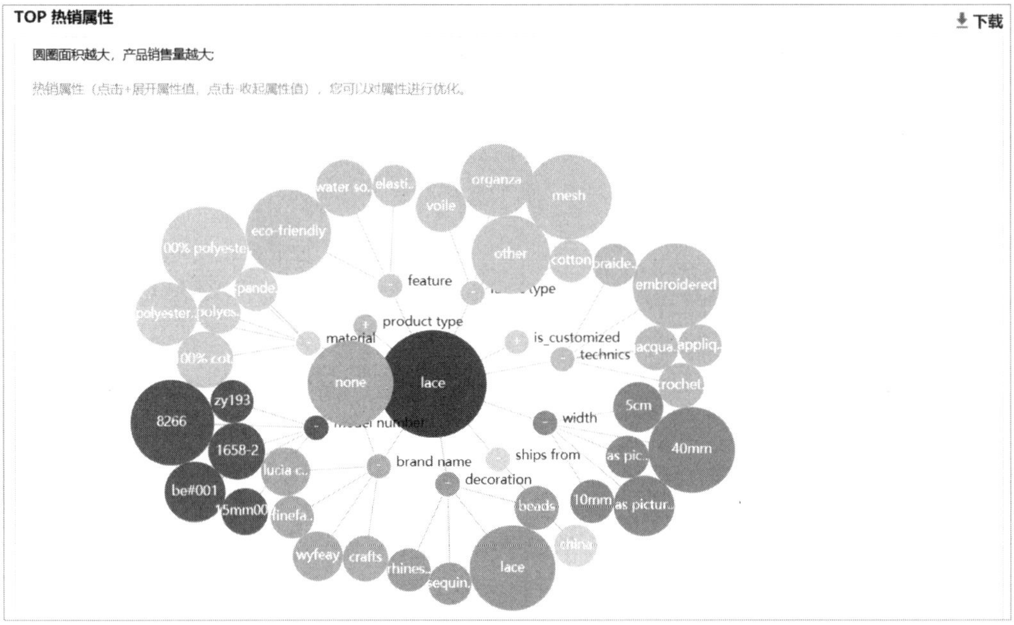


图 3-21　全球速卖通平台“选品专家”—“热销”板块“TOP 热销属性”举例

（4）“热销属性组合”

“热销属性组合”是指某个品类下热销属性的组合，相同颜色代表一类产品，圆圈面积越大，表示销量越高。接着上面的例子，“lace”一类的“热销属性组合”页面如图 3-22 所示（彩色截图见“二维码图 3-22”）。

二维码图 3-22

查看“热销属性组合”，既可以在全球速卖通平台上查看此类产品特征，也可以在其他网站上搜索这类产品特征。

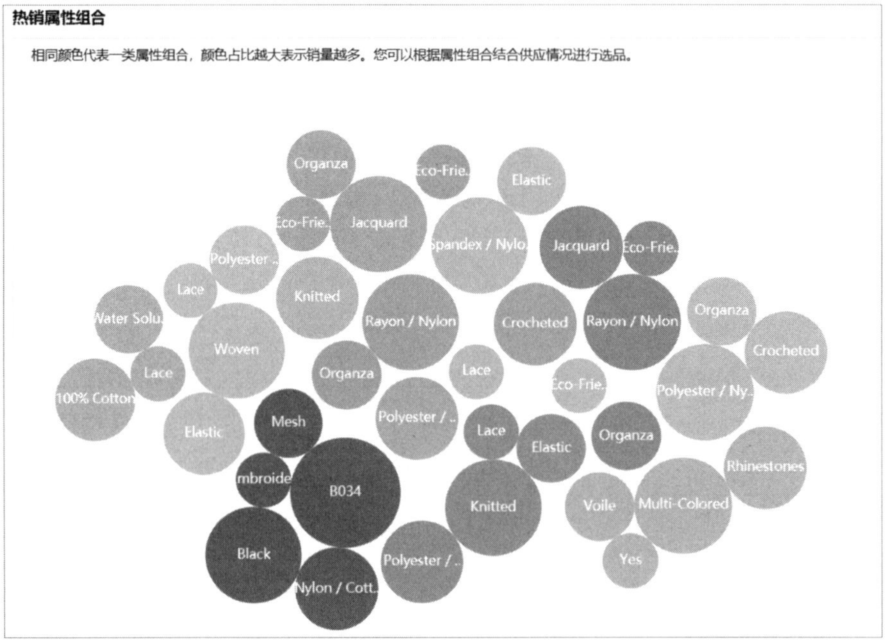


图 3-22　全球速卖通平台“选品专家”—“热销”板块“热销属性组合”举例

（5）热销综合指数计算公式

热销综合指数=成交指数/支付转化指数/竞争指数

对算出的热销综合指数进行降序排列，排名靠前的这些产品关键词对应的产品是卖家要找的产品，这些产品相对来说更具有市场优势。

### 2. “选品专家”—“热搜”

热搜从行业、国家、时间的维度来看最近主要市场的热搜品类、品类的热搜属性及关联销售，卖家可以从这里查看买家在搜索什么样的产品。

（1）TOP 热搜产品词

TOP 热搜产品词同样可以从行业、国家、时间的维度查看热搜产品词，如图 3-23 所示。图 3-23 中展示的是家居用品行业最近 7 天全球的搜索热度。“TOP 热搜产品词”的圆圈面积越大，表示该产品词的搜索量越大，销量也就越高。

图 3-23 全球速卖通平台“选品专家”—“热搜”板块“TOP 热搜产品词”举例

单击右上角的“下载”按钮，可以得到此处检索到的热搜产品一览表，其中包含的相关数据指标说明如下。

① 搜索指数：在所选行业、国家、时间范围内，搜索该关键词的次数经过数据处理后得到的对应指数。搜索指数不等于搜索次数，搜索指数越大，搜索量越大。

② 搜索人气：在所选行业、国家、时间范围内，搜索该关键词的人数经过数据处理后得到的对应指数。搜索人气不等于搜索人数。搜索人气越高，说明搜索的人越多。

③ 浏览-支付转化率排名：在所选行业、国家、时间范围内，该关键词浏览-支付转化率的排名情况。

④ 竞争指数：在所选行业、国家、时间范围内，关键词对应的竞争指数。竞争指数越大，表示竞争越激烈。

（2）“TOP 关联产品”

“TOP 关联产品”页面以“accessory”一词为例，如图 3-24 所示。圆圈面积越大，表示销量越高；连线越粗，表示既搜索关键词 A，又搜索关键词 B 的人越多。

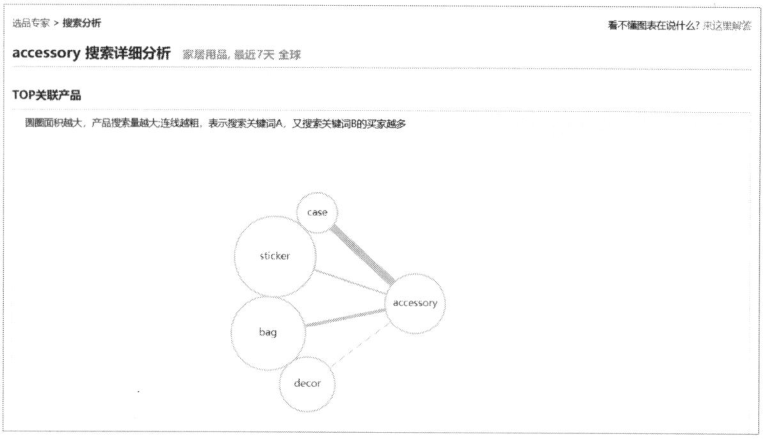


图 3-24 全球速卖通平台“选品专家”—“热搜”板块“TOP 关联产品词”举例

（3）“TOP 热搜属性”

在“TOP 热搜属性”中可以查看某个品类下的热搜属性。单击“+”按钮可以展开“TOP 热搜属性”的属性值，单击“-”按钮可以收起“TOP 热搜属性”属性值。点开后属性值的圆圈面积越大，表示搜索量越高；同一种颜色在此图只作为属性分类用。仍以“accessory”一词为例，其“TOP 热搜属性”页面如图 3-25 所示（彩色截图见“二维码图 3-25”）。

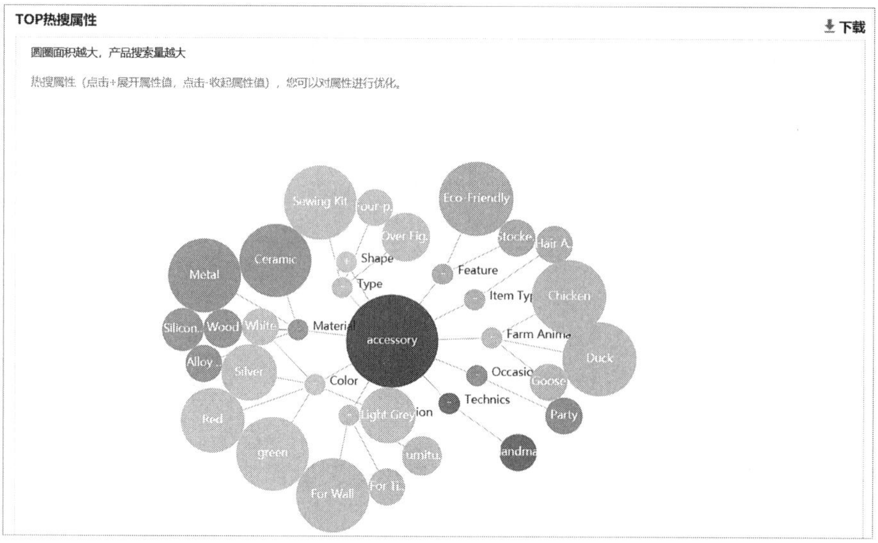


图 3-25 全球速卖通平台“选品专家”—“热搜”板块“TOP 热搜属性”举例

二维码图 3-25

（4）热搜综合指数计算公式

热搜综合指数=搜索指数/支付转化指数/竞争指数

对算出的热搜综合指数进行降序排列，排名靠前的这些产品关键词对应的产品是卖家要找的产品，这些产品相对来说更具市场优势。

## 三、Wish 平台选品

Wish 卖家既可以通过 Wish Top 提供的各种数据分析工具来选品，也可以根据用户的性别、年龄、移动终端的特点来选品，还可以基于某个国家对流行趋势的偏好来选品。

### 1. Wish 平台选品的内在逻辑

（1）Wish 平台的特点及核心竞争力

与其他平台不同的是，Wish 平台是一个基于移动端的购物 App，它最大的一个特点就是能够实现信息的精准推送。Wish 平台弱化了搜索功能，强调个性化推送，不同的人在 Wish 平台上看到的产品是不一样的。这种个性化推送服务可以给用户提供非常愉悦的购物体验。

Wish 平台会根据用户的兴趣特征、社会属性、自然属性，为每个用户贴上不同的用户标签，把用户标签与用户需求标签、产品标签进行匹配。兴趣特征包括个人的兴趣点、爱好及心理特征；社会属性包括用户的教育程度、人生阶段及职业身份；自然属性包括性别、年龄及星座等。

由于 Wish 平台能够通过邮箱账号直接登录，尤其是谷歌邮箱，谷歌用户平时的习惯、个人爱好、使用平台等信息都会被记录，Wish 平台会对这些用户进行详细的分类。

因此，Wish 卖家在推送产品的时候，要求符合 Wish 消费群体的需求；编辑产品的时候，标签要考虑用户需求与产品是否匹配。

（2）根据消费者的喜好进行选品

由于 Wish 平台 80%的订单都来自美国用户，所以下面主要根据美国用户的需求、生活习惯、兴趣爱好来分析如何选品。

① 美国用户喜欢的颜色和图案。

通过调研，Wish 卖家通常会发现，美国用户大多喜欢青蓝色，喜欢带有老鹰的图案。除美国外，欧洲一些发达国家的订单量也比较多。卖家可以根据不同国家用户的喜好等信息，选择产品进行上架。这类产品出单、爆单的机会比较大。所以卖家在选品时，在颜色和图案上要格外注意。

② 美国用户喜欢的运动。

美国用户喜欢的运动包括橄榄球、篮球（NBA）。针对这种喜好，卖家可以选择一些和此类运动相关的产品，如绷带、牙套等。

同时，Wish 平台的卖家大部分是“80 后”“90 后”，喜欢跑步、骑自行车和在家做瑜伽等运动。所以，与运动相关的产品，如臂袋、自行车上发光的 LED 灯等，也会受到消费者的喜爱。

③ 美国用户的生活。

美国用户节假日喜欢家庭聚会、野营，平时下班也喜欢去夜店等场所。这样的生活方式也给卖家带来更多的机会。比如，与家庭聚会相关的产品有家庭装饰品、厨房小工具等；与野营相关的产品有硅胶红酒杯、充气沙发、防水手电筒等。

④ 美国用户的文化娱乐。

通过美国电视剧和美国影片衍生出的产品有很多，如玩偶、桌摆等，一般这类产品的销量都不错，也很容易成为爆款。

（3）根据节日选品

无论是在国外还是国内，每个季节的特定的节日都有一些特定的产品会热销。Wish 平台节假日热销品类目表，如表 3-10 所示。

表 3-10 Wish 平台节假日热销品类目表

| 节 日 | 热销品类目 |
|---|---|
| 情人节 | 手表、箱包、巧克力、饰品、珠宝等 |
| 复活节 | 服装、美容化妆品、装饰品、园艺产品、户外用品等 |
| 母亲节/父亲节 | 时尚饰品、水上运动产品、珠宝、食品、手表、箱包、礼品、贺卡、电子产品等 |
| 劳动节 | 服装、装饰品、美容美妆产品等 |
| 万圣节 | 特色服装、Cosplay 饰品、毛绒玩具、体育用品、南瓜灯等 |
| 感恩节 | 毛绒玩具、礼品、装饰品、家用电器、美容化妆品、厨房小工具等 |
| 圣诞节 | 鞋、服装、取暖工具、饰品、珠宝、滑雪设备、电子设备等 |

### 2. Wish 站内数据选品

（1）Wish Top 主要市场分析

自 2019 年一季度至今，美国、法国、德国、英国、巴西继续作为 Wish 平台最大的 5 个市场持续发展。根据对数据的持续追踪可以发现，在 Wish 平台上，巴西、意大利、澳大利亚等市场近年来增长迅猛，俨然已是备受商家瞩目的新兴战略市场。其中尤其值得关注的是巴西市场。它作为发展中国家市场，其销售额能够与众多发达国家市场相比，这暗示着其比其他地区更具备市场开发的潜力。因为相比发达国家成熟的零售网络体系和消费者稳定的消费习惯，发展中国家的消费者，无论是品牌升级还是品质提升，都能给卖家提供更广阔的选品空间。如果卖家了解这个机会，了解巴西人喜欢和需要的产品有哪些，则其能够更快地占领这个具备巨大开发潜力的市场。

但无论如何，美国和法国市场所占的比例相对稳定并且占比较大，这意味着如果商店要保持稳定的销售业绩，就不能无视这两国的市场，必须继续巩固。下面将以拥有最大市场份额的美国为例讲述如何选品。

（2）Wish Top 类别销售分析

Wish 买家端 App 上的品类导航栏可以显示目前的热销品类（见图 3-26）。这个导航栏是动态变化的，系统每增加一个品类，即代表该品类处于上升趋势，且是用户需要的品类。

在 Wish 热销产品分类占比中，排在前三名的分别为 Fashion、Gadgets、Home Decor。这意味着这 3 类产品都是消费者的最爱，从某种意义上讲，选择这些产品可以保证店铺的销量。当然，随着市场的变化，肯定有一些品类在减少，有一些品类在增加。

图 3-26 Wish 买家端 App 上品类导航栏页面举例截图

那么，如何知道哪些品类在 Wish 上卖得好呢？建议卖家下载 Wish 买家端 App 应用程序。该应用程序的顶部有一栏显示了每个类别的销售状态，仔细研究各品类的增长速度，将有助于卖家更好地在 Wish 平台上选品。

（3）Wish 平台买家年龄分析

Wish 平台的主要消费群体的年龄为 20～40 岁，各年龄段的女性用户均多于男性用户。

Wish 平台男女使用比例及年龄分布如图 3-27 所示。从图中可以看出，主要消费群体为年轻女性。年轻女性更喜欢精美的产品，因此选择的产品必须符合女性的审美要求。

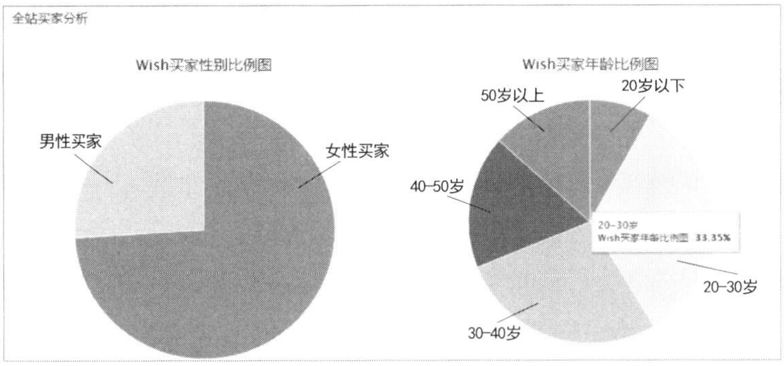


图 3-27 Wish 平台男女使用比例及年龄分布

卖家要站在用户的角度思考问题，建议卖家多花时间研究 15～34 岁的用户喜欢什么样的生活圈子、热衷于什么样的文娱活动、向往什么样的生活方式、看重什么样的购物体验、具备什么样的消费能力、愿意为什么样的产品花钱等。

鉴于女性用户多于男性用户，且女性用户热衷于“逛”的特点，卖家除要多开发女性喜欢的产品外，还需要以女性的审美标准优化某些产品图片，吸引女性在“闲逛”时冲动下单。此外，虽然男性用户数量少于女性用户，但男性用户的消费能力也不容忽视，卖家可以开发更多男性喜欢的高客单价产品。

当然，卖家还需要分析不同年龄段的用户需求，为不同年龄的用户推荐他们需要的产品。例如，14～20 岁的学生没有经济来源或收入较低，可以为他们推荐低价格的新奇产品；20～24 岁初入职场的人或年轻父母喜欢时装、母婴产品等；24～34 岁的用户有一定的经济基础，也有自己的消费理念，他们更注重产品的质量，更加喜欢正装及 3C 类产品；超过 34 岁的用户往往拥有多重身份，并且有着广泛的需求，他们会对与户外运动、家庭花园相关的优质产品更感兴趣。

（4）Wish 垂直类 App

卖家既要关注用户的偏好和销售数据，也要关注 Wish 平台的开发和运营思路。除 Wish App 外，Wish 平台还相继推出了 Geek、Mama、Cute、Home 4 款垂直类购物 App。这 4 款垂直类购物 App 包括的类目产品能满足用户的需要，深受用户的喜爱。通过观察垂直类 App 的产品，卖家也可以对平台的发展趋势有所了解。当卖家在后台发布 3C 类产品时，产品会同时出现在 Wish App 和 Geck App 上，从而实现两次曝光。因此，这几款垂直类购物 App 也是卖家需要关注的对象。Wish 平台开发的垂直类购物 App 如图 3-28 所示。

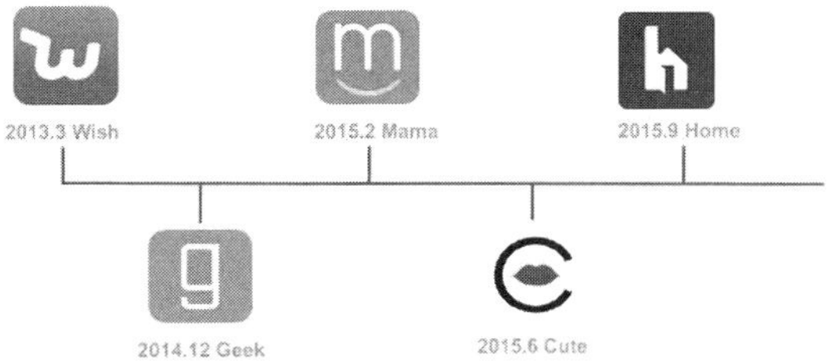


图 3-28 Wish 平台开发的垂直类购物 App

## 四、Shopee 平台选品

Shopee 是一个针对东南亚地区与中国台湾地区市场的电子商务平台，目前覆盖新加坡、马来西亚、菲律宾、中国台湾、印度尼西亚、泰国、巴西及越南八大市场。Shopee 不是靠单款产品爆单就能带动整个店铺销量的平台，需要在一个爆款生命周期内培养出下一个爆款，不断接替更换，所以选品对于爆款的打造就尤为重要。Shopee 卖家如果要熟悉这八大站点的选品，则可以从选品类型及选品的有效来源入手，同时利用一些选品工具和数据分析来做好平台的选品。

### 1. Shopee 选品类型

Shopee 店铺完整的选类型应该包括低价款、引流款、常规款、利润款。Shopee 平台选品四大类型、特征及其价格区间如图 3-29 所示。

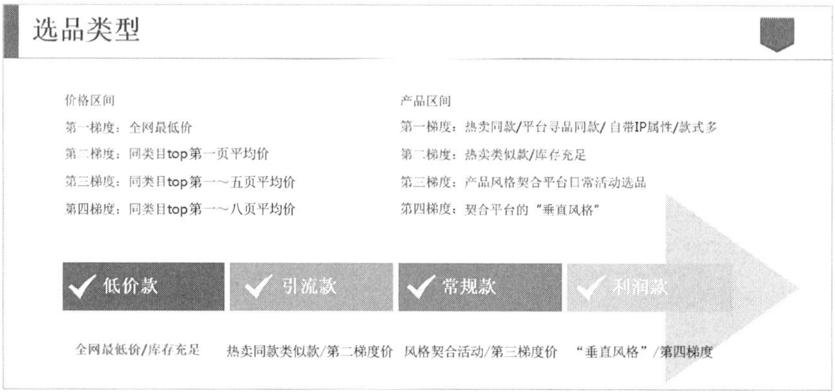


图 3-29 Shopee 平台选品四大类型、特征及其价格区间

图中的产品区间梯度还提醒 Shopee 卖家，在选品时既要考虑主流需求，即符合市场产品需求、满足消费者的需求，也要保持产品差异，即与市场热销款差异化、避免产品同质化和价格战。

### 2. Shopee 选品的有效来源

（1）Shopee 选品常用网站

在选品网站中，阿里巴巴和淘宝是普及度比较高的网站，但是针对不同地区、不同品类的货源网站也有很多。例如，深圳中国好东西网、杭州丝路云仓、上海越域网、上海越域网、17 做网店、包牛网等都是比较稳定的供货网站。

（2）Shopee 平台内选品

查看每个分类前十页的销量，判断类目整体热度；查看头部卖家（销量评价优）店内月销较高的产品风格；查看“分类”区域所推荐产品/Feature Sellers 推荐产品风格特点，如图 3-30 所示。

在 Shopee 平台可以查看趋势搜索热门品牌和热销品，如图 3-31 所示。“热门关键字”页面会根据买家需求、平台活动、买家搜索量等及时更新，可以根据 Shopee“热门关键字”“热门商品”确定基本的选品方向和风格，如图 3-32 所示。查看热销品，发掘共同的产品特点、热销价格区间，加深对不同站点不同分类产品的风格定位及选品价格区间的把握。

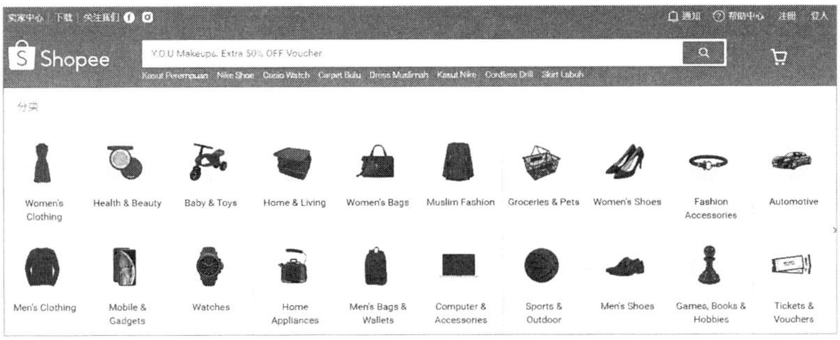


图 3-30 Shopee “分类” 区域所推荐产品品类截图

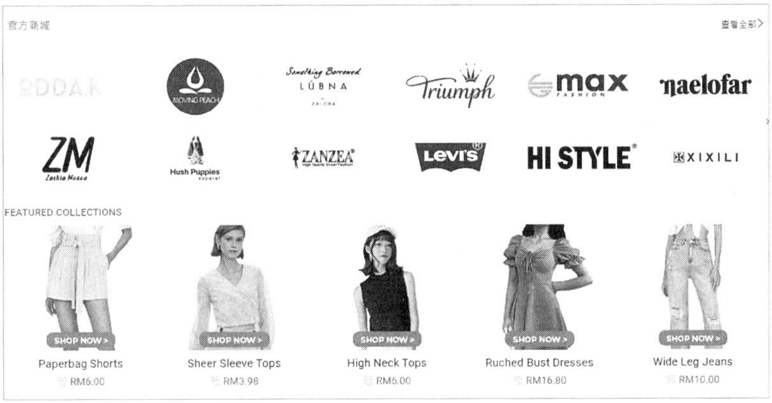


图 3-31 Shopee 平台热搜品牌和热销品推荐举例页面

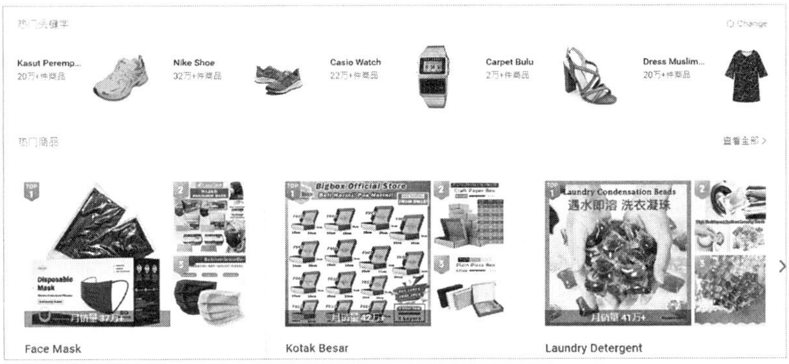


图 3-32 Shopee 平台 “热门关键字” “热门商品” 举例页面

在 Shopee 平台上还可以查看“闪购”（Shocking Sale）、各大主题活动的主要品类，如图 3-33 所示；查看秒杀/活动中的价格区间；查看活动产品的风格特点（例如，偏向套装还是单品、饱和度高低、动漫形象、产品受众年龄段等）；查看秒杀效果，分析热销原因。

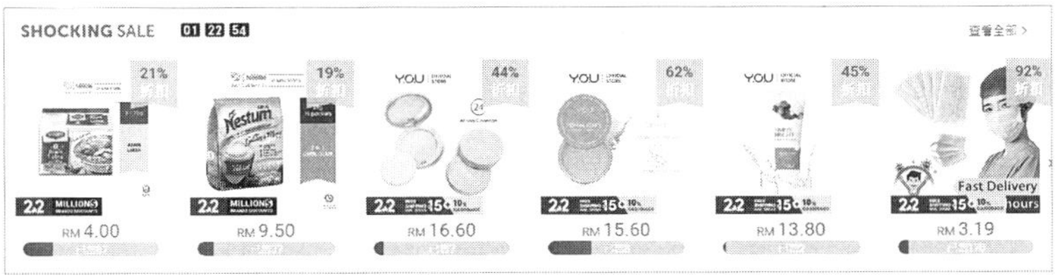


图 3-33 Shopee 平台 “闪购” 板块举例页面

（3）Shopee 平台外选品

东南亚地区也受韩风影响，国内电子商务平台淘宝、天猫、抖音的热销品也可以作为参考。其他东南亚电子商务平台市场与 Shopee 市场一致，热销品也代表了部分当地客户的需求，如图 3-34 所示的同样根植于东南亚市场的 Lazada。此外，不同批发网站的跨境板块集合跨境爆品货源，也往往是 Shopee 卖家进行选品时的灵感来源，如图 3-35 所示。

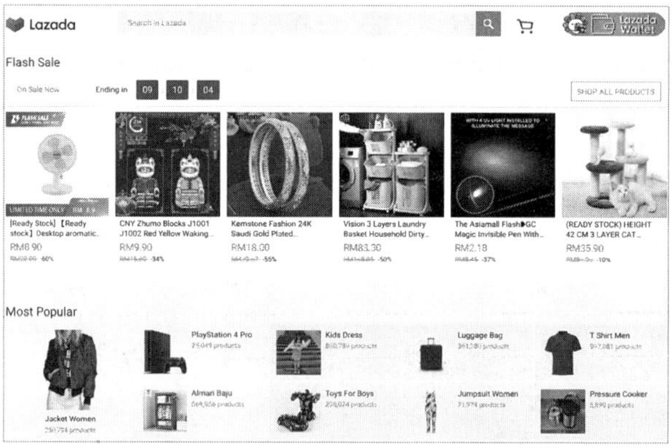


图 3-34　Lazada 平台首页“热销”和“最受欢迎品类”举例页面

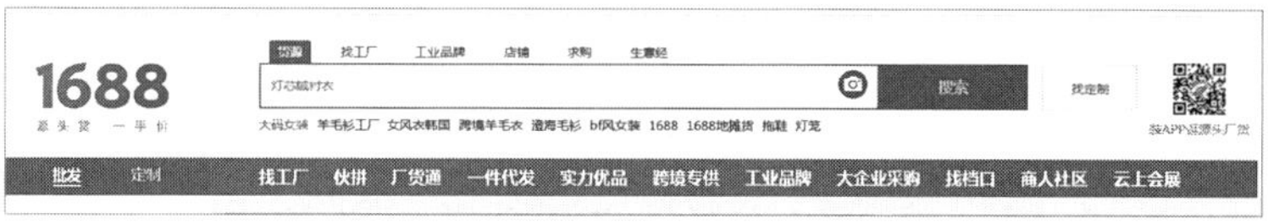


图 3-35　货源 1688 网页首页导航栏截图

## 3. Shopee 选品的数据分析

（1）Shopee 平台关于品类的站内数据分析

Shopee 卖家可以在后台通过站内数据及时查看到过去 7～30 天的站内品类分类排名。分类排名中显示所选时间区域内产品分类名称、产品分类排名，以及产品分类的销售额。根据分类名称搜索店内的产品，分品类精细化选品。“分类结构”板块会将销售总额排在前几名的产品分类展示出来（见图 3-36），且提供这几个类目的详细子分类数据。

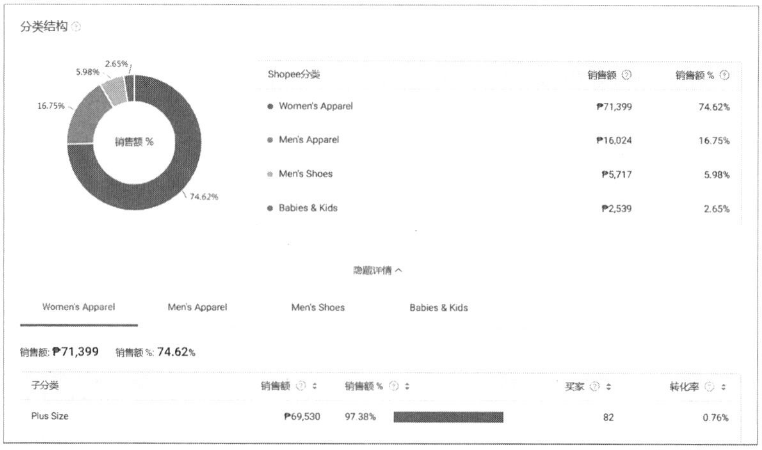


图 3-36　Shopee 后台“分类结构”板块举例截图

（2）Shopee 平台外数据分析

在使用数据软件时，可参考 Shopee 的热卖产品，当前热卖产品是其他卖家已经证实好卖的款，减少试验时反复上架更换选品的时间。对于这个板块可以着重分析产品的上架时间、成长周期、当地文化或气候等客观因素，如果是节日爆品则要考虑节后热度会下降。还可以参考上新产品和上架以来的出单情况，新上架的产品相比爆款上升空间更大，如果上架短期内便有不错的销量，未来销量持续升期概率比较大，可以作为卖家选品时的潜力产品备选。如图 3-37 中给出的海鹰数据提供的马来西亚市场选品数据、图 3-38 中电霸平台提供的 Shopee 台湾站产品综合数据等，均可成为 Shopee 卖家选品时重要的参考与辅助。

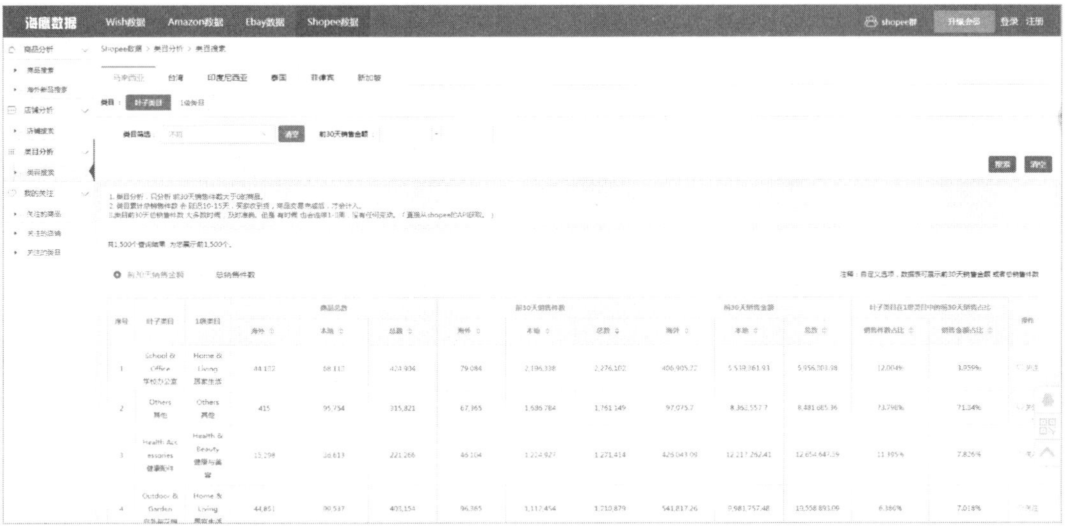

图 3-37 海鹰数据提供的马来西亚市场选品数据参考截图

图 3-38 电霸提供的 Shopee 台湾站产品综合数据参考截图

## 任务评价

### 1. 学生自评

跨境电子商务平台选品学习的学生自评表，如表 3-11 所示。

表 3-11 跨境电子商务平台选品学习的学生自评表

| 班 级 | | 学 号 | | 对 应 平 台 | ○ 亚马逊 ○ 全球速卖通<br>○ Wish ○ Shopee |
|---|---|---|---|---|---|
| 角色 | ○ 组长 ○ 组员 | | 完成时间 | | |
| 任务 | | 完成情况记录 | | | |
| 理论学习情况 | | | | | |
| 技能训练情况 | | | | | |
| 任务完成情况 | | | | | |
| 任务创新情况 | | | | | |
| 完成任务后的收获 | | | | | |

## 2. 生生互评

跨境电子商务平台选品学习的生生互评表，如表 3-12 所示。

表 3-12 跨境电子商务平台选品学习的生生互评表

| 班 级 | | 被评人学号 | | 被评人姓名 | |
|---|---|---|---|---|---|
| 评价者角色 | | 评价者学号 | | 评价者姓名 | |
| 对应平台 | ○ 亚马逊 | ○ 全球速卖通 | ○ Wish | ○ Shopee | |
| 任务 | | 完成情况记录 | | | |
| 理论学习情况 | | | | | |
| 技能训练情况 | | | | | |
| 任务完成情况 | | | | | |
| 任务创新情况 | | | | | |
| 完成任务后的收获 | | | | | |

## 3. 教师评价

跨境电子商务平台选品学习的教师评价表，如表 3-13 所示。

表 3-13 跨境电子商务平台选品学习的教师评价表

| 班 级 | | 被评人学号 | | 被评人姓名 | |
|---|---|---|---|---|---|
| 对应平台 | ○ 亚马逊 | ○ 全球速卖通 | ○ Wish | ○ Shopee | |
| 任务 | | 完成情况记录 | | | |
| 理论学习情况 | | | | | |
| 技能训练情况 | | | | | |
| 任务完成情况 | | | | | |
| 任务创新情况 | | | | | |
| 完成任务后的收获 | | | | | |

## 拓展练习

以亚马逊教学实训平台为例，在清晰理解亚马逊新品选品思路的情况下，能够合作完成亚马逊平台某一品类的新品调研并利用站内数据进行选品。每个组员负责大类下的一个子类目，然后将调研和选品的结果交给组长进行汇总，并在全班进行分享。

# 项目四
# 跨境电子商务多平台运营工具的使用

古语云："工欲善其事，必先利其器。"在进行跨境电子商务平台运营的过程中，想做出较好的成绩、取得较快的进步、节省人力成本，必然需要借助跨境电子商务平台运营工具及第三方工具。通过对众多跨境电子商务平台运营工具的筛选和比较，本项目主要以跨境电子商务主流平台自带的或特定的实用运营工具及跨境电子商务店铺管理的典型企业资源计划（Enterprise Resource Planning，ERP）系统为例，来进行跨境电子商务多平台运营工具使用方法的讲解和说明。

## 任务一　亚马逊平台运营工具的使用

### 任务描述

店铺管理涉及方方面面，亚马逊卖家在选品和运营时需要借助一些工具来寻找参考依据，这样不仅可以帮助亚马逊卖家节省大量的时间，在分析竞争对手的同时，也能帮助卖家优化产品 Listing，有效提升产品的销量。

### 学习目标

1. 了解亚马逊平台运营工具中的选品分析工具 Jungle Scout 及其基本使用方法；
2. 学会使用亚马逊平台运营工具中的两个常用的关键词工具。

### 任务分配

本任务分两组进行，每组由一位组长和若干组员构成。组员在组长的带领下，根据【任务准备】的引导问题进行任务分工，了解亚马逊平台运营工具中的选品分析工具 Jungle Scout 及其基本使用方法后，学会使用 Scientific Seller 和 SurTime 这两大亚马逊平台常用关键词工具。亚马逊平台运营工具的学习任务分配表，如表 4-1 所示。

表 4-1 亚马逊平台运营工具的学习任务分配表

| 班　级 | | 组　号 | | 工　具 | ○ Scientific Seller<br>○ SurTime |
|---|---|---|---|---|---|
| | | | | | |
| 角色 | 姓名 | 学号 | 任务分工 | | |
| 组长 | | | | | |
| 组员 | | | | | |
| | | | | | |
| | | | | | |
| | | | | | |
| | | | | | |

## 任务准备

引导问题 1：各个跨境电子商务主流平台都有其专门的配套运营工具吗？请举例。

引导问题 2：针对亚马逊平台运营有哪些常用的选品分析工具和关键词工具？请举例。

## 任务实施

### 一、亚马逊选品分析工具的产生和使用

亚马逊自 2016 年 10 月开始不再允许卖家通过提供免费或折扣产品换取评论。这项严禁刷评价的新政策对于很多卖家产生了很大的影响，因为这是以往很多卖家为提升自己的搜索排序而惯常采用的做法。禁刷评价政策的出台旨在促进卖家提供好的产品和服务、回归商业的本质。

不能刷评价，亚马逊卖家就更需要学习专业的运营技术，并使用相关工具进行关键词选择和优化，从而获得更多的曝光量和流量，进而提高销量。在这种情况下，Jungle Scout 就成为许多亚马逊卖家进行选品分析时的首选。

#### 1. 认识 Jungle Scout

Jungle Scout 是 Greg Mercer 在 2015 年成立的一家公司，公司总部位于美国得克萨斯州的奥斯汀市。Jungle Scout 于 2018 年在中国深圳创办了分公司，为亚马逊的中国卖家提供服务，包括提供卖家选品、竞品跟踪、市场趋势分析、关键词搜索及反查、Listing 优化、站外引流、邮件营销、店铺利润分析、PPC 广告优化、供应商搜索及管理等全解决方案。

Jungle Scout 倡导数据化智能选品、打造精品店铺，以及通过运营技巧和策略来获得中国品牌跨境出海，是亚马逊跨境电子商务行业的领军品牌，影响全球超过 100 万名亚马逊从业者。其中文官网首页如图 4-1 所示。

图 4-1 Jungle Scout 中文官网首页截图

## 2. Jungle Scout 的应用

Jungle Scout 的数据是大多数卖家在选品过程中重要的参考数据之一。Jungle Scout 的数据由系统每天采集和对比。当产品销量相对稳定时，数据每周或每两周更新一次，新品的数据一般会在 12 小时内采集和更新。当产品销量波动较大时，系统会自动调整频率，每天进行更新。

Jungle Scout 的产品数据库中收集了业界最大的亚马逊产品目录，卖家只需要按照需求设置过滤器，便可以找到符合要求的产品列表。其中所有的预估销售数据都是 Jungle Scout 基于其独创的系统算法 AccuSales，经过全方位的数据收集、分析和整合计算出的。

过滤搜索结果可以选择：亚马逊站点，产品品类，关键字，预估销量，产品价格，产品品类排名，评价数量，评级，产品尺寸、重量，产品质量列表等。

Jungle Scout 分为 JS 插件版、网页版和混合版，其各版本所包含的功能不同，具体如表 4-2 所示。

表 4-2 Jungle Scout 不同版本功能列表

| 选品功能 | JS 插件版 | 推荐<br>JS 插件+网页版 | 网页版 |
|---|---|---|---|
| 选品数据库 | 20 次试用 | 1 个账号：1000 次/月<br>3 个账号：3000 次/月<br>6 个账号：6000 次/月 | 1 个账号：1000 次/月<br>3 个账号：3000 次/月<br>6 个账号：6000 次/月 |
| 竞品跟踪器 | 3 次试用 | 1 个账号：80 个<br>3 个账号：150 个<br>6 个账号：300 个 | 1 个账号：80 个<br>3 个账号：150 个<br>6 个账号：300 个 |
| 潜力市场搜索器 | 20 次试用 | 1 个账号：1000 次/月<br>3 个账号：3000 次/月<br>6 个账号：6000 次/月 | 1 个账号：1000 次/月<br>3 个账号：3000 次/月<br>6 个账号：6000 次/月 |

续表

| 选品功能 | JS 插件版 | 推荐<br>JS 插件+网页版 | 网页版 |
|---|---|---|---|
| 自定义筛选条件 | √ | √ | √ |
| 产品上架时间 | √ | √ | √ |
| 市场机会分数（独家专利算法） | √ | √ | √ |
| 支持十大亚马逊站点 | √ | √ | √ |
| FBA 费用和利润计算器 | √ | √ | √ |
| 数据支持 CSV 格式导出 | √ | √ | √ |
| **竞品跟踪和销量分析** | | | |
| 一键点击，获取销量等最新数据 | √ | √ | × |
| 一键跳转谷歌趋势 | √ | √ | × |
| 查看竞品日/月销量变化 | 预估 | 准确 | 准确 |
| 跟踪竞品历史销量、价格和排名 | × | 最长 6 个月 | 最长 6 个月 |
| 竞品 Listing 质量分析（独家专利算法） | √ | √ | √ |
| **关键词搜索** | | | |
| 关键词搜索和 ASIN[①]反查 | 20 次试用 | 不限次数 | 不限次数 |
| 关键词排名跟踪 | × | 1 个账号：3500 个<br>3/6 个账号：5000 个 | 1 个账号：3500 个<br>3/6 个账号：5000 个 |
| 查看关键词搜索量及变化趋势 | × | 24 个月 | 24 个月 |
| 新品出单量参考和广告出价建议 | × | √ | √ |
| 关键词排名难度指数 | × | √ | √ |
| Listing 生成器 | × | √ | √ |
| **供应商数据库** | | | |
| 查找供应商（由美国海关提供，支持导出） | 20 次试用 | √ | √ |
| ASIN 反查供应商 | × | √ | √ |
| **其他福利** | | | |
| JS 课堂（亚马逊卖家成长必备） | √ | √ | √ |
| 高级运营工具 | | | |
| 智能邮件营销，自动邀评（增加留言和减少差评） | √ | 绑定亚马逊店铺方可使用 | 绑定亚马逊店铺方可使用 |
| 站外促销（提升销量和排名） | × | | |
| 店铺销售分析 | × | | |
| 库存预测及管理 | × | | |
| Listing 测试优化 | × | | |
| **基本配置** | | | |
| 使用人数 | 1 | 可选 1/3/6 个账号套餐<br>一台设备同一时段只允许一个账号登录 | |
| 增加 JS 子账号 | × | √ | √ |
| 支持绑定几个亚马逊店铺 | 1 | 1～5 个 | 1～5 个 |

注：本表中“√”表示该版本能提供该项内容，“×”表示不能提供

① ASIN：全称是 Amazon Standard Identification Number，中文名称是亚马逊标准标识号。它是亚马逊产品的特殊编码标识，由亚马逊系统自动生成，不需要卖家自行添加。

其中可供新用户试用的JS插件版在Chrome浏览器上的使用步骤如下。

（1）在Chrome浏览器扩展程序栏里选择选品插件，页面出现插件添加提示，单击“添加扩展程序”按钮。

（2）添加好之后，浏览器界面会出现“JS”图标，之后我们在亚马逊页面就可以直接点击使用了，如图4-2所示。

图4-2 Jungle Scout插件安装后的亚马逊页面截图

（3）直接单击右上角的“JS”图标，可以查询相关产品的数据（见图4-3）。

图4-3 Jungle Scout插件安装后的亚马逊相关产品的数据页面截图

以图4-3中卖家的数据为例，可看到其平均月销量、平均排名、平均价格、平均评论数、机会分数，以及列表中不同产品的具体销售数据信息。单击每款产品还可查看其历史数据。此外，想更多了解这款产品的信息、近段时间的情况，可以单击左侧的“⊕”按钮，这样就可以将产品信息添加到竞品跟踪器留存了。添加了若干款竞品后，我们对比上述几个数据指标，自然就能够筛选出数据表现更好的产品，从而直接确定选品目标。

还有更多关于 Jungle Scout 工具的使用方法，其官网提供了实时更新的免费在线课程供用户学习使用，如图 4-4 所示。

图 4-4 Jungle Scout 平台在线直播培训课程二维码

## ▶▶ 二、亚马逊关键词工具的使用

目前，市场上可供亚马逊卖家选用的营销工具多种多样，如 Jungle Scout、Helium10、Seller.Tools 等。这些综合性工具可以帮助卖家进行选品、关键词分析、关键词排名监控、市场销量数据分析，以及新品推广。而对于一个产品 Listing，关键词永远是最重要的影响因素，其直接决定买家搜索流量的来源，因此本节给大家介绍两个专门为亚马逊卖家开发的关键词工具。

1. Scientific Seller

Scientific Seller（科学卖家）是一款只显示亚马逊买家关键词的应用程序，在进行跨境电子商务平台（亚马逊）运营时需要卖家掌握的相关内容包含下列几个方面。

① Scientific Seller 的搜索来源：亚马逊。

② Scientific Seller 费用：免费。

③ Scientific Seller 支持的站点：美国、日本、英国、德国、法国、意大利、西班牙、巴西、加拿大、墨西哥、澳大利亚、印度、荷兰和中国。

④ Scientific Seller 与其他同类工具相比较：大部分的亚马逊关键词工具是快速有效的，而 Scientific Seller 却被称作“世界上最慢的亚马逊关键词搜索工具”。该应用的确很慢，通常要几个小时或通宵（甚至更长时间）运行，但它往往能提供意料之外的实用的长尾关键词。

⑤ Scientific Seller 的搜索原理：从包括潜在语义索引（LSI）的各种来源中搜集关键词，但是如果它们最终不被证明是亚马逊的关键词，则将被筛掉。当它离开种子关键词进一步搜索时，发现相关的新关键词的可能性就越来越小。这就是它搜索得很缓慢的主要原因。然而，通过运行这么多不同的创意搜索，这一关键词工具能比其他工具找到多出几倍的结果。

⑥ Scientific Seller 的使用方法：在图 4-5 右侧的“开始一个关键词搜索”框中输入关键词，选择特定的国家，单击“开始我的关键词搜索”按钮即可使用。

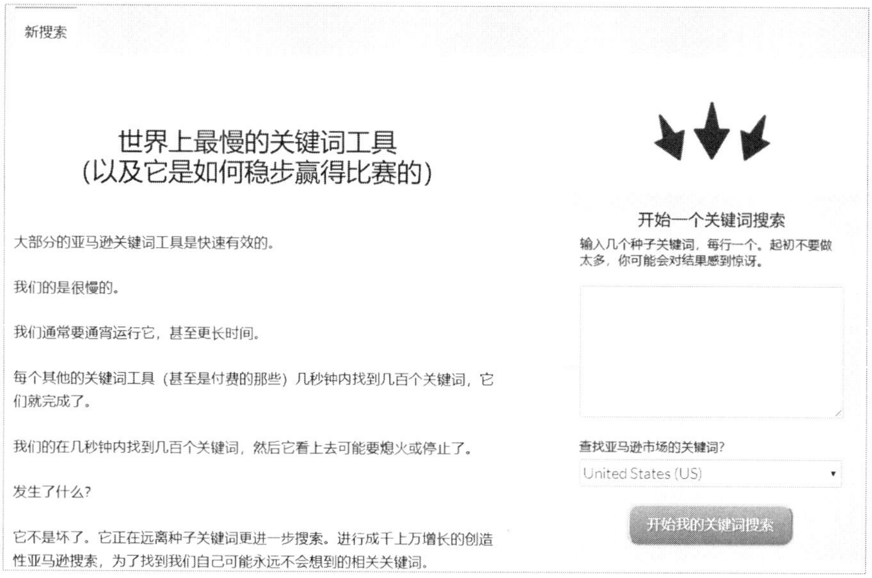


图 4-5　Scientific Seller 关键词检索页面

为了获得更为准确的结果，可以保留页面的漫长等待。例如，图 4-6 所示为在亚马逊美国市场中以“earrings”为关键词，等待约 40 秒后产生的“排序列表”搜索结果截图。

图 4-6　在亚马逊美国市场中以“earrings”为关键词，等待约 40 秒后产生的“排序列表”搜索结果截图

当上面的搜索等待达到约 4 分钟后，产生的搜索结果则如图 4-7 所示。可以发现，随着搜索时间的延长，Scientific Seller 可以找出越来越多的买家关键词。如果要把这些关键词全部搜索出来，有时需要若干小时才能完成。但是，在实际生活中，很少需要进行过长时间的等待，因为在亚马逊平台上传产品时，卖家可填写的关键词是有限的，一般填写排在前 200 名以内的关键词是比较合理的。

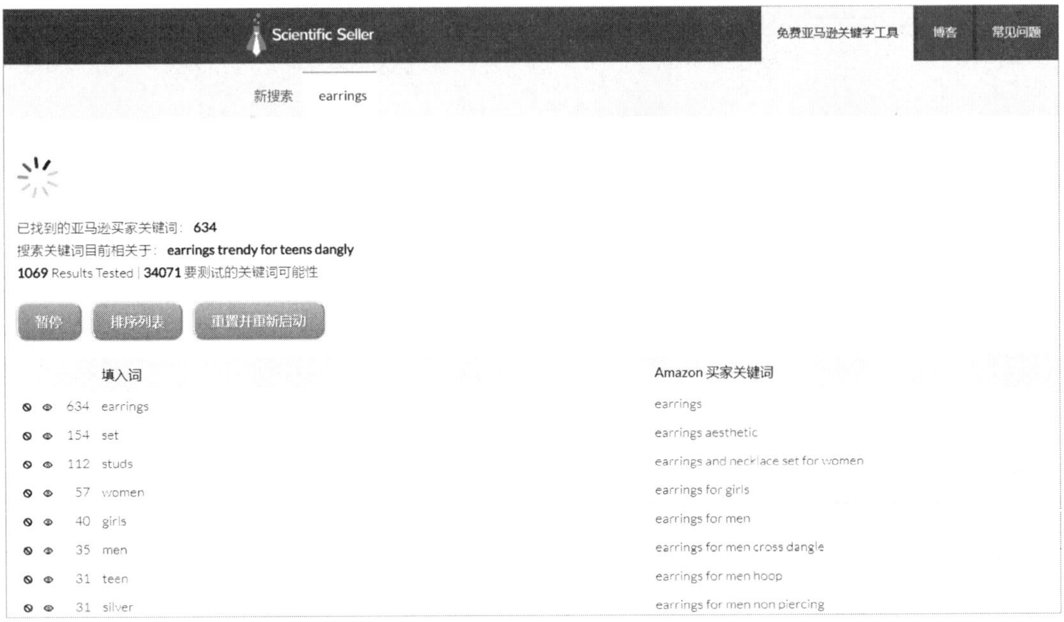


图 4-7 在亚马逊美国市场中以“earrings”为关键词，等待约 4 分钟后产生的“排序列表”搜索结果截图

⑦ Scientific Seller 关键词反查：不支持。

⑧ Scientific Seller 注意事项：为获取更多搜索结果需要创建账户，即在图 4-8 所示的入口处输入电子邮箱地址，如果不想要，则单击“No Thanks，I’ll stick with 100 Results”那一行，同样可以得到一些初步的结果。

图 4-8 Scientific Seller 账户创建页面

### 2. SurTime

SurTime 也是一款针对亚马逊平台开发的检索工具。

SurTime 的起名灵感来源于 Save Your Time，该工具开发团队希望 SurTime 可以立足于关键词这一模块，成为亚马逊卖家运营的得力助手，从而提高工作效率、节省时间。

作为索诺环球旗下的跨境电子商务卖家生态系统，SurTime 的功能十分强大，号称能提供“亚马逊全套解决方案”，多用于亚马逊关键词检索，其官网首页截图如图 4-9 所示。

图 4-9 SurTime 官网首页截图

（1）SurTime 的服务项目

① 开店准备阶段：公司注册；商标注册；商标周边；VAT 注册；EORI 注册；外观设计专利；其他。

② 账户注册审核：自注册；全球开店；全球开店加强版；审核。

③ 上架运营阶段：选品工具；关键词；服务；其他。

④ 内部渠道资源：任意数据；类目数据；原因查询；过审账户转让；绿色通道。

⑤ 索诺·申诉救号：侵权申诉；产品申诉；绩效申诉；账户申诉。

⑥ 亚马逊关键词规划师：A9 工具；关键词优选（A9 算法）；查询人数上升最快 TOP 关键词；必备关键词工具；中差评挽救。

（2）SurTime 的主要功能

进入 SurTime 首页，可以很清晰地看到 SurTime 分为五大板块：开店运营阶段、索诺·申诉救号、SurTime 功能列表、加入 SurTime 卖家圈、客服团队（真假客服验证），各板块包含的具体内容如表 4-3 所示。

表 4-3 SurTime 五大板块包含内容列表

| 板 块 | 包 含 内 容 |
|---|---|
| 开店运营阶段 | 账号注册、VAT 注册、国际商标注册、其他 |
| 索诺·申诉救号 | 涉及申诉救号的防疫用品定价问题、销量激增、变体违规、账户侵权被封、操纵评论/排名申诉、账户真实性申诉、账户销售违禁品被封 |
| SurTime 功能列表 | 必备关键词工具（含反查 Search Terms 关键词工具和长尾关键词挖掘/扩展工具）、SurTime 工具箱（任意 ASIN+页面自助设计/升级工具、1 小时极速建站工具、亚马逊专用图片空间工具、关键词 PPC 匹配测试大师、关键词聚合筛选大师） |
| 加入 SurTime 卖家圈 | 亚马逊卖家交流群-索诺环球 |
| 客服团队（验证真假客服） | 该页面截图如图 4-10 所示 |

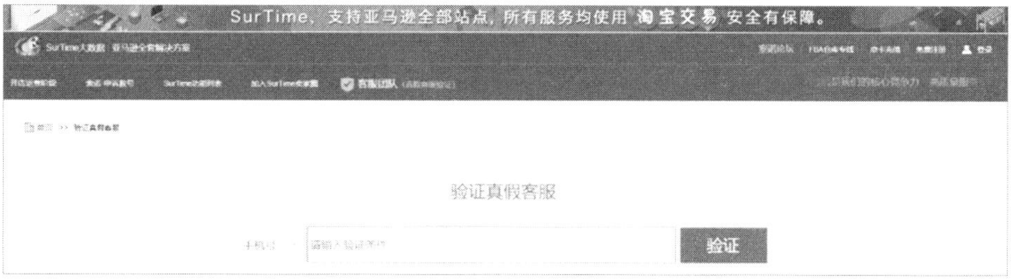


图 4-10 SurTime 客服团队（验证真假客服）页面截图

（3）SurTime 支持的站点

亚马逊美国、加拿大、墨西哥、巴西、英国、德国、法国、意大利、西班牙、日本、印度、荷兰、澳洲站。

（4）SurTime 收费标准

SurTime 的收费标准分为两大类。

① 按量付费套餐。

此类套餐的特点是 T 点入账、永不过期、不指定功能、不限制查询次数、随用随查、适合灵活场景。SurTime 按量付费套餐包括 6 个等级，如图 4-11 所示。

图 4-11 SurTime 按量付费套餐

② 包年包月套餐。

此类套餐的特点是指定功能、指定使用次数、适合每月或每年有固定查询数量需求的场景、性价比超高、查询单价低至 1 角。其中免费版可免费使用一个月。SurTime 包年包月套餐如图 4-12 所示。

图 4-12 SurTime 包年包月套餐

与前面介绍的 Scientific Seller 工具不同的是，SurTime 是一款亚马逊关键词反查工具，它可以查询任意站点的 ASIN 真实销量和订单转化关键词数据。

此外，SurTime 也支持关键词一键筛选重组，可以快速复制符合亚马逊规定的精确 Search Terms，并提供亚马逊全套解决方案。

## 任务评价

### 1. 学生自评

亚马逊平台运营工具学习的学生自评表，如表 4-4 所示。

表 4-4 亚马逊平台运营工具学习的学生自评表

| 班　　级 | | 学　　号 | | 姓　　名 | |
|---|---|---|---|---|---|
| 角色 | O 组长　　O 组员 | | 工具 | O Scientific Seller　　O SurTime | |
| 任务 | | 完成情况记录 | | | |
| 理论学习情况 | | | | | |
| 技能训练情况 | | | | | |
| 任务完成情况 | | | | | |
| 任务创新情况 | | | | | |
| 完成任务后的收获 | | | | | |

### 2. 生生互评

亚马逊平台运营工具学习的生生互评表，如表 4-5 所示。

表 4-5 亚马逊平台运营工具学习的生生互评表

| 班　　级 | | 被评人学号 | | 被评人姓名 | |
|---|---|---|---|---|---|
| 评价者角色 | | 评价者学号 | | 评价者姓名 | |
| 被评人学习和使用的工具 | | O Scientific Seller　　O SurTime | | | |
| 任务 | | 完成情况记录 | | | |
| 理论学习情况 | | | | | |
| 技能训练情况 | | | | | |
| 任务完成情况 | | | | | |
| 任务创新情况 | | | | | |
| 完成任务后的收获 | | | | | |

### 3. 教师评价

亚马逊平台运营工具学习的教师评价表，如表 4-6 所示。

表 4-6 亚马逊平台运营工具学习的教师评价表

| 班　　级 | | 被评人学号 | | 被评人姓名 | |
|---|---|---|---|---|---|
| 被评人学习和使用的工具 | | O Scientific Seller　　O SurTime | | | |
| 任务 | | 完成情况记录 | | | |
| 理论学习情况 | | | | | |
| 技能训练情况 | | | | | |
| 任务完成情况 | | | | | |
| 任务创新情况 | | | | | |
| 完成任务后的收获 | | | | | |

## 拓展练习

利用关键词检索工具 Scientific Seller 在亚马逊美国市场中搜索关键词“watch”，等待 3～5 分钟后，检索出的排序前 20 位的关键词分别是哪些？请说明该检索工具的使用步骤。

# 任务二　全球速卖通平台运营工具的使用

## 任务描述

全球速卖通自带阿里巴巴旗下的数据板块，之前是卖家后台的“数据纵横”，到 2019 年升级为“生意参谋”，具备强大的数据分析功能。“生意参谋”结合全球速卖通自动催付工具，可为全球速卖通卖家提供其所需要的店铺运营数据。

## 学习目标

1. 理解并掌握全球速卖通“生意参谋”的基本数据搜集和解读方法；
2. 基本掌握全球速卖通配套运营工具的使用方法。

## 任务分配

本任务分两组进行，每组由一位组长和若干组员构成。组员在组长的带领下，根据【任务准备】的引导问题进行任务分工，理解和掌握全球速卖通“生意参谋”的数据搜集和解读方法，并基本掌握使用全球速卖通配套运营工具的方法。全球速卖通“生意参谋”工具的学习任务分配表，如表 4-7 所示。

表 4-7　全球速卖通“生意参谋”工具的学习任务分配表

<table>
<tr><td rowspan="2">班　　级</td><td rowspan="2"></td><td rowspan="2">组　　号</td><td rowspan="2"></td><td>组　　名</td><td></td></tr>
<tr><td></td><td></td></tr>
<tr><td>角色</td><td>姓名</td><td>学号</td><td colspan="3">任务分工</td></tr>
<tr><td>组长</td><td></td><td></td><td colspan="3"></td></tr>
<tr><td rowspan="5">组员</td><td></td><td></td><td colspan="3"></td></tr>
<tr><td></td><td></td><td colspan="3"></td></tr>
<tr><td></td><td></td><td colspan="3"></td></tr>
<tr><td></td><td></td><td colspan="3"></td></tr>
<tr><td></td><td></td><td colspan="3"></td></tr>
</table>

## 任务准备

引导问题 1：跨境电子商务平台账号有哪些可以辅助运营的数据需要了解？请举例。
引导问题 2：你知道全球速卖通“生意参谋”吗？它分为哪几个基本板块？

## 任务实施

### 一、“生意参谋”的认知与使用

“生意参谋”是阿里巴巴“重兵”打造的首个商家统一数据平台，面向全体商家提供一站式、个性化、可定制的商务决策体验，集成了海量数据及店铺经营思路，不仅可以更好为商家提供流量、产品、交易等店铺经营全链路的数据披露、分析、解读、预测等功能，还可以更好地指导商家的数据化运营。

“生意参谋”是“数据纵横”的升级版，“生意参谋”正逐步迭代、替换“数据纵横”，将“生意参谋”在数据领域的实践经验赋能给全球速卖通商家，为商家提供更好的数据服务。“数据纵横”的买家数是 App 买家数与非 App 买家数的直接累加，而“生意参谋”的买家数是 App 买家数和非 App 买家数的去重统计，统计逻辑不一致。“生意参谋”更能反映店铺真实的买家数和客单价。

“生意参谋”目前为 2.0 版本，其宣传页如图 4-13 所示，其新版内容重点图文讲解如下。

图 4-13　“生意参谋”宣传页截图

#### 1. 菜单融合

（1）“生意参谋”新版上线后，会取代“数据纵横”的一级菜单位置。商家进入商家后台后会直接看到“生意参谋”，与旧版会有所区别。“生意参谋”新版与旧版的区别：整个商家后台的菜单结构保持统一。

（2）“数据纵横”并没有完全下线，在“生意参谋”的“市场”板块中的“市场大盘”页面的右上角，仍然有“返回数据纵横”的入口，如图 4-14 所示。全球速卖通平台会不断优化“生意参谋”的板块和功能，待“生意参谋”的功能较为全面和完善后便会下线“数据纵横”，具体替换时间需要视项目开发进度而定。

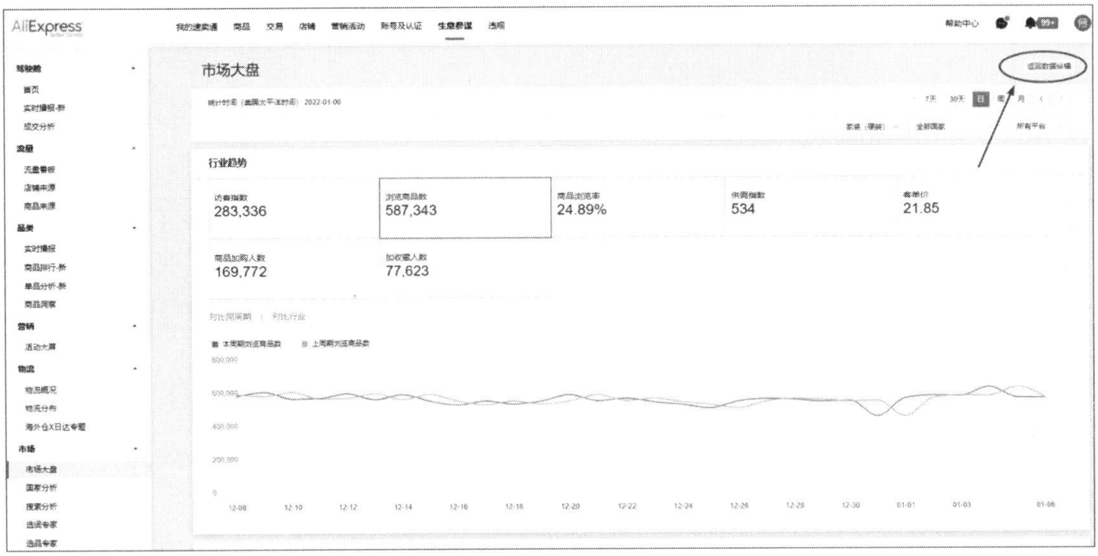

图 4-14 “生意参谋”—“市场大盘”页面截图

## 2. 首页

（1）关于排名的说明

① 支付金额、访客数、支付买家数这 3 个指标下面的数据分别代表指标的数值、主营二级行业排名、App 占比、昨日全天的数据。

② 支付主订单数、浏览量这两个指标下面的数据分别代表：指标的数值、App 占比、昨日全天的数据。

（2）整体看板

① “日”“周”“月”切换后，趋势图分别是“日”“周”“月”的趋势图。这一点与“数据纵横”不同，“数据纵横”中只有“日”的趋势图。

② 取消“同行同层”复选框的勾选后，下方指标可以多选。

③ 切换到表格，趋势图会变成表格，方便商家查看数据。

④ 提供“Download”（下载）功能。

⑤ 指标可以切换，共提供了 20 个核心指标。

⑥ 数据保存时长：会保留最近 13 个月的数据，建议商家每个月定期下载历史数据保存。

（3）流量看板

单击“流量看板”按钮，可以跳转到“流量看板”页面，如图 4-15 所示。

必须切换 App 和非 App 才能进行流量来源分析，因为 App 和非 App 的来源是不同的，无法直接加和。

（4）物流看板

① 常用服务商选取的是商家发货量最大的前五名，然后按照不同的考核指标分别给出排名。

② 在首页单击“物流看板”按钮，可以跳转到“物流看板”页面，如图 4-16 所示。

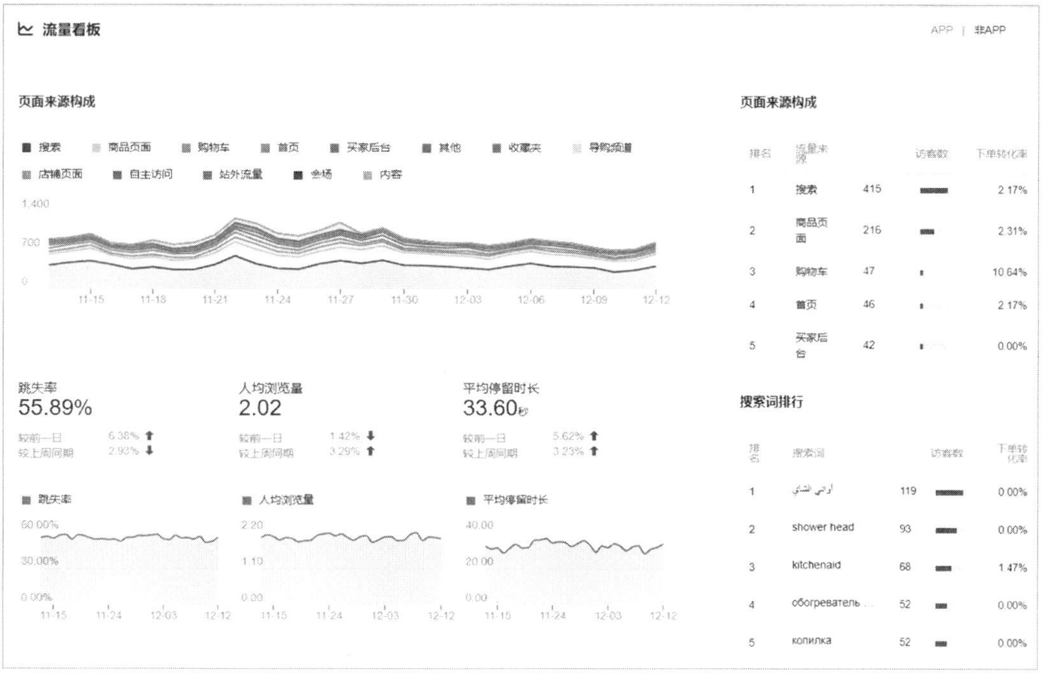


图 4-15 “生意参谋”—“流量看板”页面截图

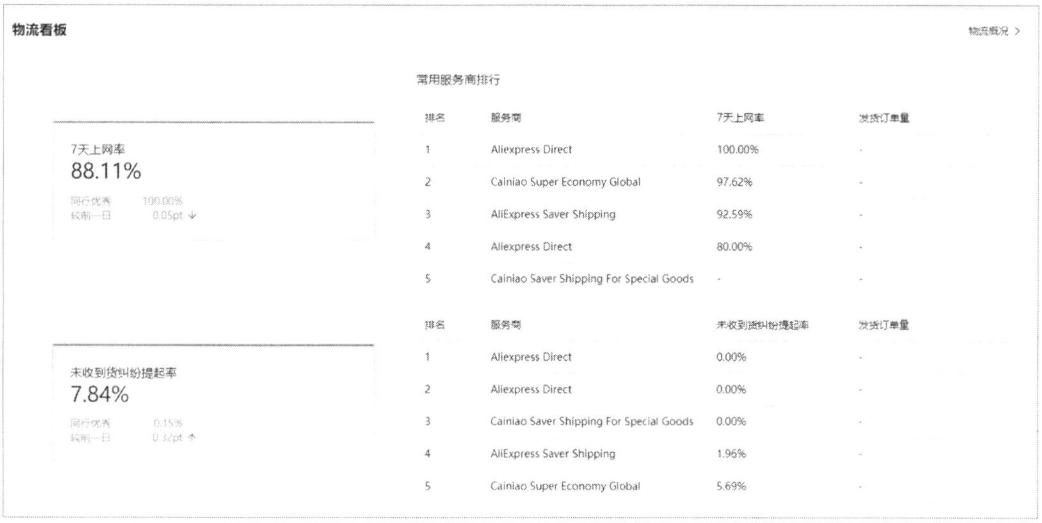


图 4-16 “生意参谋”—“物流看板”页面截图

## 3. 流量

（1）流量看板

与前面“首页”中显示的“流量看板”不同的是，“流量”板块中的“流量看板”能更具象化地提供不同维度的实时数据，还可以在右上角切换“日/周/月”时间维度。其中“访问店铺”“访问商品”“转化”三大流量数据可以通过单击一键切换。图 4-17 中显示的是该店铺当日“访问店铺”的“访客数”“浏览量”“跳失率”“人均浏览量”“平均停留时长”等数据信息。

图 4-17 “生意参谋”—“流量看板”之“流量总览”页面截图

实时流量数据下面的折线图还反映了该店铺与同行相比较的情况，当鼠标在折线图上停留时，还会显示出对应时间的具体数据值。此外，此板块还提供“国家排行”功能，含有核心指标，如图 4-18 所示。

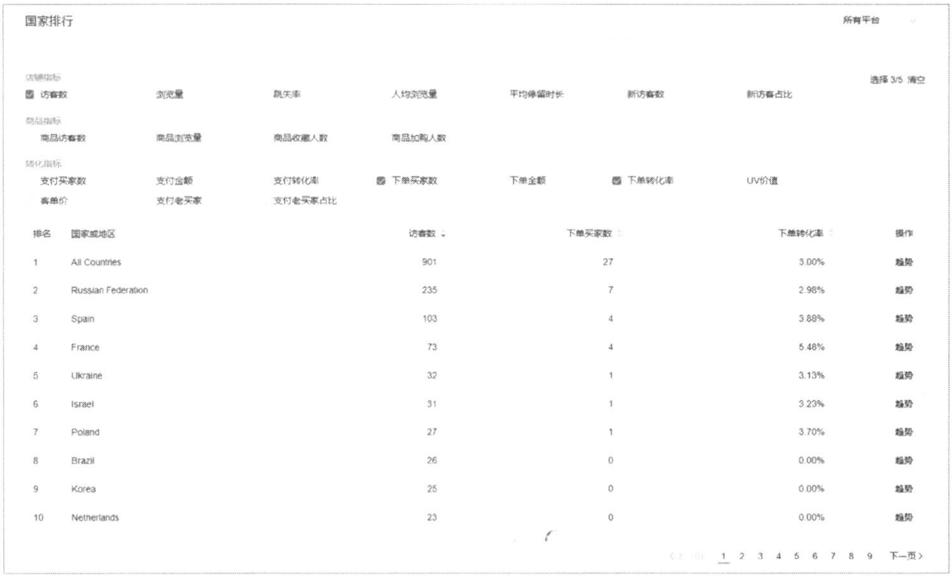


| 排名 | 国家或地区 | 访客数 | 下单买家数 | 下单转化率 | 操作 |
| --- | --- | --- | --- | --- | --- |
| 1 | All Countries | 901 | 27 | 3.00% | 趋势 |
| 2 | Russian Federation | 235 | 7 | 2.98% | 趋势 |
| 3 | Spain | 103 | 4 | 3.88% | 趋势 |
| 4 | France | 73 | 4 | 5.48% | 趋势 |
| 5 | Ukraine | 32 | 1 | 3.13% | 趋势 |
| 6 | Israel | 31 | 1 | 3.23% | 趋势 |
| 7 | Poland | 27 | 1 | 3.70% | 趋势 |
| 8 | Brazil | 26 | 0 | 0.00% | 趋势 |
| 9 | Korea | 25 | 0 | 0.00% | 趋势 |
| 10 | Netherlands | 23 | 0 | 0.00% | 趋势 |

图 4-18 “生意参谋”—“流量看板”之“国家排行”页面截图

（2）店铺来源

“店铺来源”板块提供实时维度，可以查看某个来源的详情，如图 4-19 所示。当鼠标在折线图上停留时，会显示出对应时间的具体数据值。

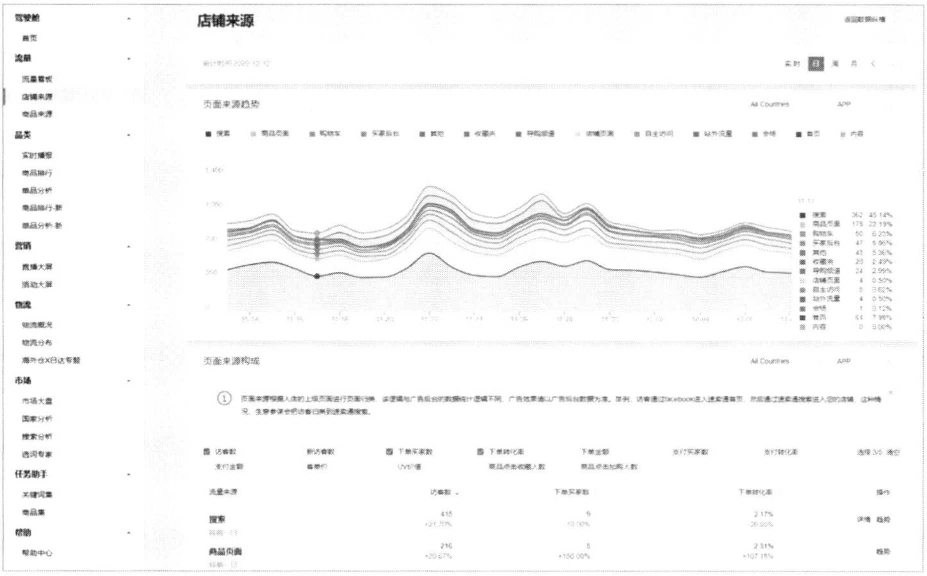


图 4-19　“生意参谋”—“店铺来源”页面截图

（3）商品来源

单击“商品来源”按钮，可以查看单个商品的流量来源。同时满足有流量和有订单两个条件的商品才会出现在“商品来源”页面的排行榜里面。

## 4. 品类

（1）实时播报

“生意参谋”在“实时播报”板块中延续了之前“数据纵横”的板块功能，继续提供实时数据与历史数据对比的功能，但是历史数据只保存近 90 天的。如果要查看更多历史数据，则要到“生意参谋”首页进行全店“日/周/月”时间维度的数据板块查看。“实时播报”页面如图 4-20 所示。

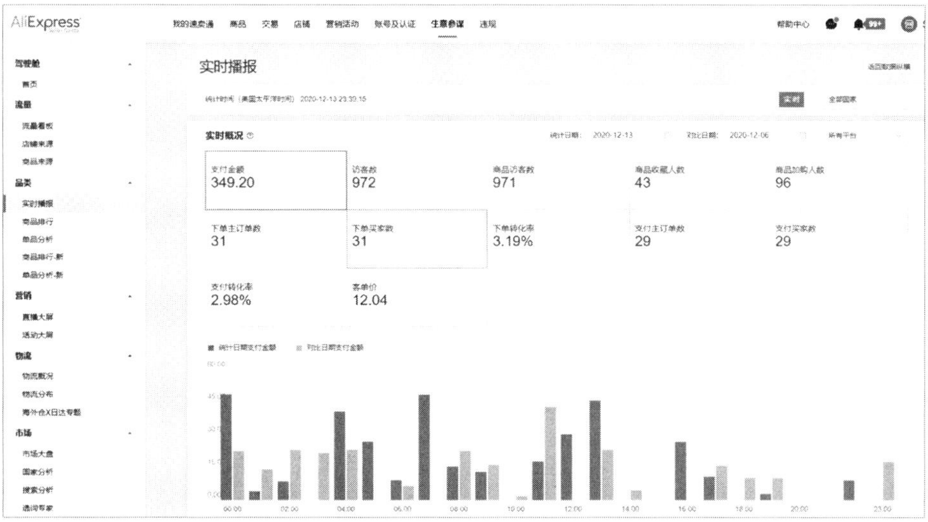


图 4-20　“生意参谋”—“实时播报”页面截图

特别说明：由于汇率问题，实时数据会与离线数据存在误差，核对精准数据时，建议以离线数据为准。

与“数据纵横”相比，“生意参谋”中增加了“实时国家&地区排行”功能，如图 4-21 所示。

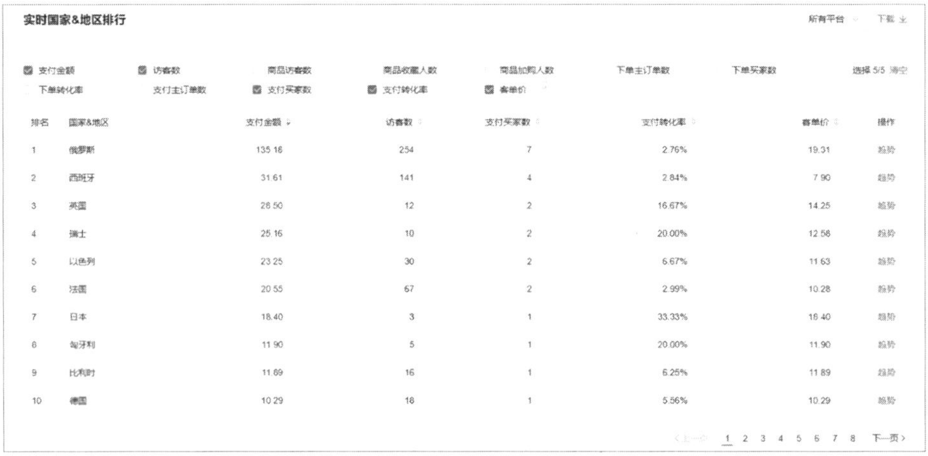
实时国家&地区排行 所有平台 下载

支付金额 访客数 商品访客数 商品收藏人数 商品加购人数 下单主订单数 下单买家数 选择 5/5 清空
下单转化率 支付主订单数 支付买家数 支付转化率 客单价

| 排名 | 国家&地区 | 支付金额 | 访客数 | 支付买家数 | 支付转化率 | 客单价 | 操作 |
|---|---|---|---|---|---|---|---|
| 1 | 俄罗斯 | 135.18 | 254 | 7 | 2.76% | 19.31 | 趋势 |
| 2 | 西班牙 | 31.61 | 141 | 4 | 2.84% | 7.90 | 趋势 |
| 3 | 英国 | 28.50 | 12 | 2 | 16.67% | 14.25 | 趋势 |
| 4 | 瑞士 | 25.16 | 10 | 2 | 20.00% | 12.58 | 趋势 |
| 5 | 以色列 | 23.25 | 30 | 2 | 6.67% | 11.63 | 趋势 |
| 6 | 法国 | 20.55 | 67 | 2 | 2.99% | 10.28 | 趋势 |
| 7 | 日本 | 18.40 | 3 | 1 | 33.33% | 18.40 | 趋势 |
| 8 | 匈牙利 | 11.90 | 5 | 1 | 20.00% | 11.90 | 趋势 |
| 9 | 比利时 | 11.69 | 16 | 1 | 6.25% | 11.89 | 趋势 |
| 10 | 德国 | 10.29 | 18 | 1 | 5.56% | 10.29 | 趋势 |

< 上一页 1 2 3 4 5 6 7 8 下一页 >

图 4-21 “生意参谋”—“实时播报”—“实时国家&地区排行”页面截图

为了提供更稳定的实时数据，“生意参谋”提供“支付榜”“访客榜”TOP100 两个维度的实时数据。而要查看实时的其他商品分析时，卖家可以到“品类”—“单品分析”中搜索查看。在“单品分析”中可以看到实时的商品核心指标与趋势图，如图 4-22 所示。

实时商品排行 支付榜 访客榜 查看历史数据 下载

此处展示TOP100商品，非榜单商品，请在「单品分析」中搜索查看

访客数 商品收藏人数 商品加购人数 下单主订单数 下单买家数 下单转化率 支付主订单数 选择 4/4 清空
支付买家数 支付转化率 客单价

| 排名 | 商品名称 | 支付金额 | 访客数 | 支付买家数 | 支付转化率 | 客单价 | 操作 |
|---|---|---|---|---|---|---|---|
| 1 | Home Bedroom Living Room Rechargeable Bedside Music Clock | 60.16 | 86 | 4 | 4.65% | 15.04 | 单品分析 |
| 2 | LED Bed Reading Wall Lamp Home Focus LED Reading Swing Arm Wa | 36.16 | 1 | 1 | 100.00% | 36.16 | 单品分析 |
| 3 | Modern Wall Lamp Crystal Wall Hanging Crystal Lamp wall light | 30.96 | 1 | 1 | 100.00% | 30.96 | 单品分析 |
| 4 | Bathroom SPA Shower Head Color Changing LED Temperature Contro | 26.16 | 56 | 1 | 1.79% | 26.16 | 单品分析 |
| 5 | 3 In 1 Matcha Ceramic Tea Bowl Bamboo Tea Scoop Matcha Whisk | 22.97 | 14 | 2 | 14.29% | 11.48 | 单品分析 |
| 6 | EU Plug Rechargeable Electric Automatic Cigarette Rolling Machin | 22.42 | 19 | 2 | 10.53% | 11.21 | 单品分析 |
| 7 | Bamboo High-Grade Tableware And Tableware Spoon Tableware | 20.79 | 12 | 1 | 8.33% | 20.79 | 单品分析 |
| 8 | Photo Frame Piggy Bank Money Coin Bank For Children Picture Frame | 18.4 | 51 | 1 | 1.96% | 18.40 | 单品分析 |
| 9 | Hot New Countdown Timer Home Kitchen Bedroom Multi-Function | 12.48 | 28 | 1 | 3.57% | 12.48 | 单品分析 |
| 10 | Fish Food Feeder Automatic Fish Feeder Food Timer Feeding Timer | 11.98 | 3 | 1 | 33.33% | 11.98 | 单品分析 |

< 上一页 1 2 3 下一页 >

图 4-22 “生意参谋”—“实时商品排行”TOP100 举例页面截图

（2）商品排行

“商品排行”板块展示离线商品排行（实时商品排行在“实时播报”板块），提供所选时间范围内有销量或访客的所有商品，有下载功能。在这点上，“生意参谋”与“数据纵横”有区别：“数据纵横”只能展示搜索曝光量TOP1000的商品，且“国家”下拉框中只有5个国家，而“生意参谋”展示有销量或交易的所有商品，且“国家”下拉框中有30个国家。但是，由于“生意参谋”—“商品+国家维度”的数据量比“数据纵横”大，“生意参谋”的指标不能手动排序，所以做成了“支付榜”“访客榜”这两个榜单。

通过此板块中列出的每个商品末尾的“操作”可以跳转进入“单品分析”板块查看单品的趋势图、SKU分析（见图4-23）。

图4-23　“生意参谋”—“商品排行”举例页面截图

（3）单品分析

通过搜索商品ID或通过“商品排行”菜单进入“单品分析”页面，这里提供“实时”“日”“周”“月”时间维度的数据和趋势图。此板块还提供商品的SKU分析，如图4-24所示。

说明：“周”“月”的数据在补充过程中，目前只能看到近期的数据。

图4-24　“生意参谋”—“单品分析”举例页面截图

## 5. 营销

（1）直播大屏

目前只对部分商家随机开通了“直播大屏”权限，当商家成交量达到一定程度，会进入直播开通的队列。

（2）活动大屏

“活动大屏”对报名最近一次大促（328、828、11.11）成功的商家开放，其所包含的数据板块如图 4-25 所示。卖家应积极参与大促活动。

图 4-25 “生意参谋”—“活动大屏”页面截图

## 6. 物流

（1）物流概况

“物流概况”页面会根据商家选择的日期，给出对应订单最近的物流履行情况，包括 4 个主要环节：支付量、发货量、上网量和签收量，同时提供“日”“周”“月”时间维度的数据筛选和趋势图，如图 4-26 所示。

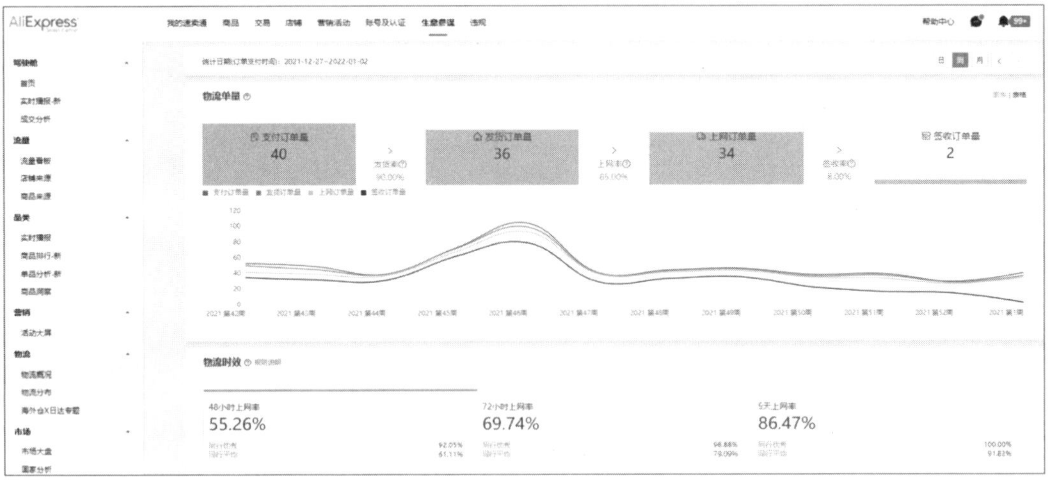


图 4-26 “生意参谋”—“物流概况”页面截图

根据前台考核指标，给出店铺的表现和“同行业优秀”“平均水平”（主营二级类目相同的店铺）。此页面中的“物流时效”主要包括 3 个上网率指标，即 48 小时/72 小时/5 天上网率。

（2）物流分布

“物流分布”板块不仅提供“日”“周”“月”时间维度的数据筛选，还提供 30 个主要收货地国家/地区维度的数据筛选。可以从“物流服务商”“商品类目”“收货地国家/地区”3 个维度来看每个指标、各个维度的表现，如图 4-27 所示。由于维度丰富、数据量较大，目前“日”数据仅开放最近 2 周的，但“周”“月”数据开放最近 6 个月的。

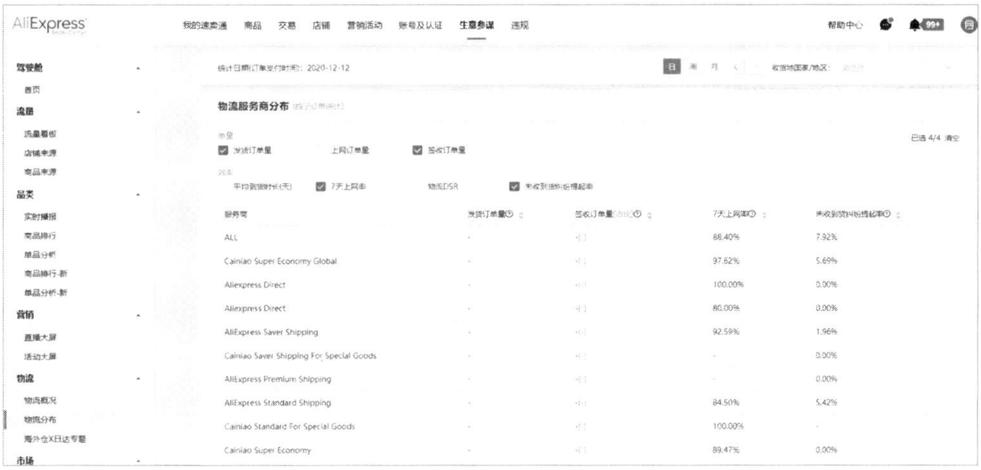

图 4-27 “生意参谋”—“物流分布”页面截图

（3）海外仓×日达专题

新版上线的“海外仓×日达专题”能提供“销量&流量分析”“海外仓×日达商品排行”“菜鸟官方仓货品分析”3 个部分的数据和趋势图。

### 7. 市场

“市场”板块包括 4 个部分的数据，分别是“市场大盘”“国家分析”“搜索分析”“选词专家”。

图 4-28 “生意参谋”—“市场大盘”页面截图

（1）市场大盘

“市场大盘”板块（见图 4-28）主要包括“行业趋势”“行业构成”“国家构成”这 3 个

子板块的数据。

（2）国家分析

“国家分析”板块包括“机会国家 GMV 增速分析”“单国家分析中的买家属性/节日等因素的分析”“商品研究中的买家行为分析”等不同时间维度的数据信息。

（3）搜索分析

“搜索分析”板块包括“热搜词”“飙升词”“零少词”3 方面的数据，如图 4-29 所示。

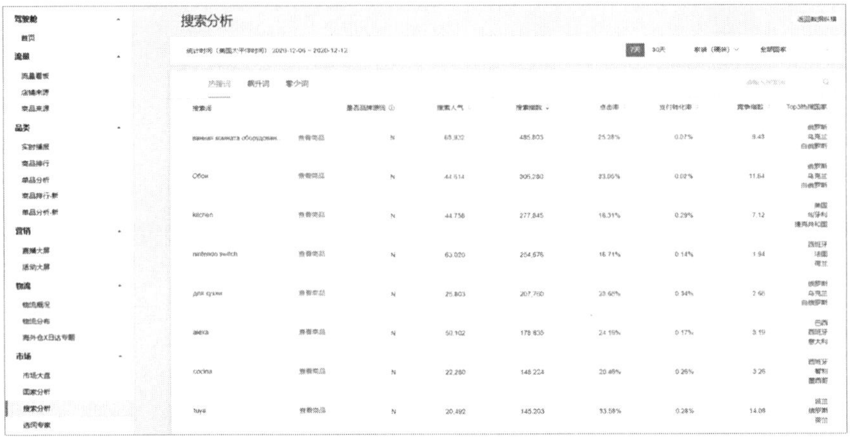


图 4-29 “生意参谋”—“搜索分析”页面截图

在“数据纵横”的“国家”下拉框中只有 11 个国家，而“生意参谋”中则提供了 30 个重点国家的搜索分析数据。由于增加了 19 个国家的数据，数据量太大，所以每个搜索出来的搜索词条后的“查看商品”页面中只包含有 3 个飙升词、3 个高曝光的商品。

注意：类目下拉框默认选中了第一个类目的子类目，当查看商品无数据或默认类目数据太少时，切换类目查看即可。

（4）选词专家

“选词专家”是以往“数据纵横”中就包含的板块，主要通过“关键词分析”来辅助卖家选品和进行关键词的优化。

### 8. 帮助

“帮助中心”板块中有详细的“指标注释”“来源注释”“常见问题”，大家可以自助查询。

以上就是全球速卖通“生意参谋”的主要功能，可以说这一强大的平台自带数据支持系统已基本上提供了运营全球速卖通平台所需要的各种数据。（“生意参谋”的新版解析视频见“生意参谋新版解析.mp4”。）

## 二、全球速卖通配套运营工具的使用

“无忧店长”是一家专业服务跨境电子商务店铺运营（以全球速卖通平台为主）的管理软件，是很多全球速卖通卖家的好帮手。新版“无忧店长”现已正式切换至全球速卖通新服务市场。

生意参谋新版解析.mp4

### 1. 无忧店长的注册及服务

（1）单击“订购地址”按钮登录全球速卖通新服务市场，登录成功后跳转到“无忧店长”的购买页面，选择“7 天免费试用”选项并单击“立即购买”按钮。登录时，请务必使用全球速卖通账号登录，如图 4-30 所示。

图 4-30　“无忧店长”的注册页面截图

（2）购买成功后在“我的服务”—“最近购买”页面，找到“无忧店长”图标并单击“使用”按钮，之后系统将会跳转到“无忧店长”首页。

“无忧店长”包含的服务在其新版首页如图 4-31 所示。

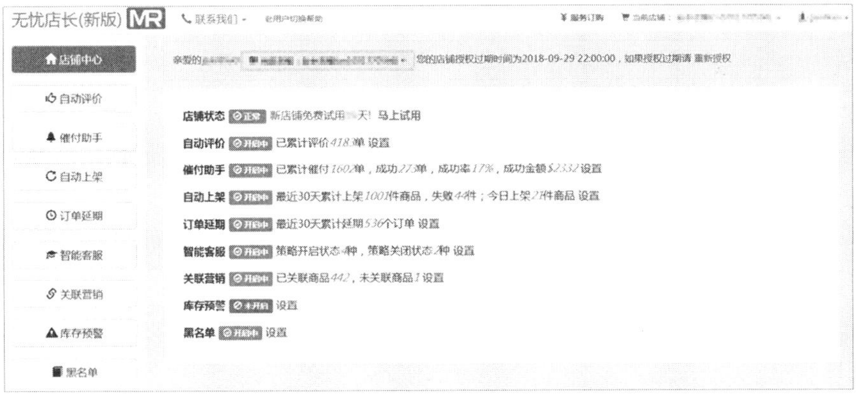


图 4-31　“无忧店长”（新版）首页截图

### 2. “无忧店长”重点功能介绍

（1）自动评价

“无忧店长”的“自动评价”功能会自动回评那些已经对卖家做出评价的买家订单，同时它还可以按照买家所在地区自动匹配语言，能够大量节省全球速卖通卖家进行售后客服的时间。

（2）催付助手

有很多买家拍下产品后不付款。在全球速卖通平台上造成这个现象的主要原因在于全球速卖通的付款工具是国际版支付宝，而很多国外的买家不了解如何使用国际版支付宝，这样就导致客户当时无法付款，过后有可能遗忘这个订单的情况。在这种情况下，催付就显得十分必要。利用好“无忧店长”的催付功能，可帮助全球速卖通卖家大幅提升未付款订单转为已付款订单的成功率。其具体操作需要设置3方面的内容。

① 催付策略：一般选择“全部自动催付”。

② 催付语言：建议选择“按买家所在国家自动匹配”，因为使用本地化的语言更容易取得催付成功，这也是人工催付所不容易做到的，是利用工具进行催付的优势所在。

③ 催付时间：软件一共提供了5次催付，建议设置3～4次催付即可，以防太频繁发送邮件引起买家反感。

（3）自动上架

全球速卖通店铺中的产品默认14天有效期，在上架达到14天时会被自动下架。“无忧店长”的“自动上架”功能可解放卖家的双手，免去盯着下架的商品再手动上架这个过程，大量节省人力。所有到期下架的商品在通过软件设置好后会自动上架。

（4）智能客服

“智能客服”可以根据软件预设的策略模板自动对买家进行智能催签收、催评价、付款后提示、发货后提示和优惠活动通知等。

（5）关联营销

“关联营销”也是非常重要的一个功能。“关联营销”是指买家通过某个关键词或某个促销活动进入一个产品页面，即使他对这个产品不感兴趣、没有购买欲望，他也可能通过产品页面的店铺关联产品的展示而购买店铺的其他产品。这样做可以最大限度地利用好进入店铺的流量，显著提高店铺的销售额。

关联营销的使用方法如下。

① 通过“模板管理”设置自定义模板的名称，选择好模板样式，安装位置，然后选择相应数量的店内热销品，单击“提交”按钮即可。

② 在建立好模板以后，选择“一键关联”选项，然后选择不同的模板来关联店铺不同种类的产品，即可成功设置关联产品。

## 任务评价

### 1. 学生自评

全球速卖通“生意参谋”工具学习的学生自评表，如表4-8所示。

表4-8 全球速卖通“生意参谋”工具学习的学生自评表

| 班　级 | | 学　号 | | 姓　名 | |
|---|---|---|---|---|---|
| 角色 | ○ 组长　○ 组员 | | 完成时间 | | |
| 任务 | | 完成情况记录 | | | |
| 理论学习情况 | | | | | |
| 技能训练情况 | | | | | |
| 任务完成情况 | | | | | |
| 任务创新情况 | | | | | |
| 完成任务后的收获 | | | | | |

### 2. 生生互评

全球速卖通“生意参谋”工具学习的生生互评表，如表 4-9 所示。

表 4-9 全球速卖通“生意参谋”工具学习的生生互评表

| 班 级 | | 被评人学号 | | 被评人姓名 | |
|---|---|---|---|---|---|
| 评价者角色 | | 评价者学号 | | 评价者姓名 | |
| 任务 | | 完成情况记录 | | | |
| 理论学习情况 | | | | | |
| 技能训练情况 | | | | | |
| 任务完成情况 | | | | | |
| 任务创新情况 | | | | | |
| 完成任务后的收获 | | | | | |

### 3. 教师评价

全球速卖通“生意参谋”工具学习的教师评价表，如表 4-10 所示。

表 4-10 全球速卖通“生意参谋”工具学习的教师评价表

| 班 级 | | 被评人学号 | | 被评人姓名 | |
|---|---|---|---|---|---|
| 任务 | | 完成情况记录 | | | |
| 理论学习情况 | | | | | |
| 技能训练情况 | | | | | |
| 任务完成情况 | | | | | |
| 任务创新情况 | | | | | |
| 完成任务后的收获 | | | | | |

## 拓展练习

利用全球速卖通模拟教学平台，进入全球速卖通后台“数据纵横”的“行业概况”板块，搜索服装大类中最近 30 天的 3 个二级类目的数据，对比分析它们的访客数占比、浏览量占比、支付金额占比、支付订单数占比、供需指数，判断哪一类最适合选品入驻，并说明理由。

# 任务三 Wish 平台运营工具的使用

## 任务描述

本任务主要介绍 Wish 卖家常用的两款工具软件，一款是热销品分析工具海鹰数据，另一款是 Wish 标签工具卖家网。掌握它们的使用方法，能帮助 Wish 卖家优化产品 Listing，有效提升产品的销量。

## 学习目标

1．学会运用 Wish 热销品分析工具；

2．熟练运用 Wish 标签工具。

## 任务分配

本任务分两组进行，每组由一位组长和若干组员构成。组员在组长的带领下，根据【任务准备】的引导问题进行任务分工，分别完成热销品分析工具海鹰数据和标签工具卖家网这两大 Wish 平台运营工具的认知和基本应用。Wish 平台运营工具的学习任务分配表，如表 4-11 所示。

表 4-11　Wish 平台运营工具的学习任务分配表

| 班　级 |  | 组　号 |  | 组　名 |  |
|---|---|---|---|---|---|
| 工具 | ○ 热销品分析工具：海鹰数据 |  | ○ 标签工具：卖家网 |  |  |
|  |  |  |  |  |  |
| 角色 | 姓名 | 学号 | 任务分工 |  |  |
| 组长 |  |  |  |  |  |
| 组员 |  |  |  |  |  |
|  |  |  |  |  |  |
|  |  |  |  |  |  |
|  |  |  |  |  |  |
|  |  |  |  |  |  |

## 任务准备

**引导问题 1：** Wish 平台相对于其他跨境电子商务平台最大的特点是什么？

**引导问题 2：** 针对 Wish 平台的运营实践，有哪些常用的平台运营工具？请举例。

## 任务实施

### 一、Wish 热销品分析工具的使用

Wish 平台卖家常用的热销品分析工具之一是海鹰数据（见图 4-32）。该工具的主要功能包括查询 Wish 平台上的历史热销商品、飙升商品和新品热销商品等，能很好地辅助 Wish 卖家进行店铺运营。

**1．热销商品**

在“热销商品”板块中可以查看到 Wish 平台历史热销商品排行榜，可以了解什么类型、什么价位的商品在 Wish 平台上更热销。此外，还能查看具体商品的总购买人数、总收藏人数、评论总数和前 7 天的相关数据，以及商品的上架日期和店铺成立日期等非常详细

的数据。单击搜索出的具体商品，还可以看到更详细的商品数据、货源信息等。

图 4-32　海鹰数据

### 2. 潜力新品

“潜力新品”板块展示 Wish 平台最近 60 天内上架的新品中的热销商品，这类商品对于 Wish 卖家选品更有参考意义。因为历史热销商品已经积累了很高的搜索权重及搜索排名，老客户和商品评价数量会非常多。如果新手卖家选择这些商品，即使商品价格很低也很难获得订单。新品则不一样，它们是最近 60 天刚刚上架的商品，正处于上升趋势，商品的搜索排名和评论数并不是太高，所以可以作为卖家选品的重点参考。

此板块的使用方式与操作步骤与前面“热销商品”板块相似。

## 二、Wish 标签工具的使用

卖家网是一款可为 Wish 卖家提供标签主词的免费工具。打开卖家网，进入“Wish 数据”界面，选择“标签”选项，用产品词“jackets”搜索出的推荐标签的“标签名称”“标签热度”“近 7 天产品数增幅”等数据列表，如图 4-33 所示。

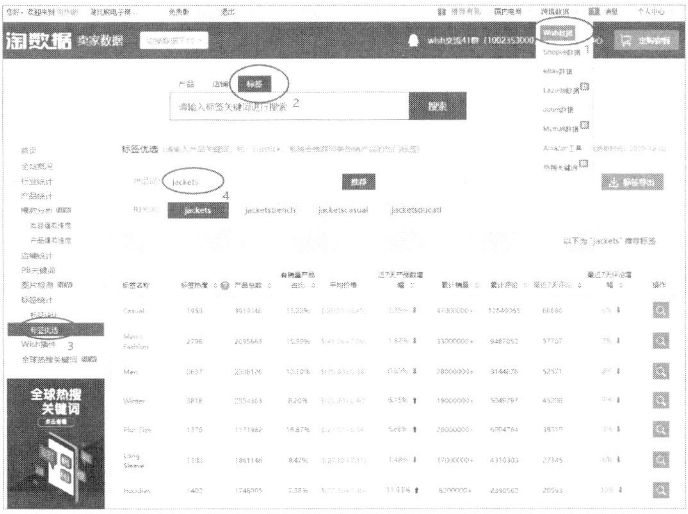


图 4-33　卖家网“Wish 数据”—“标签优选”举例说明图

卖家网标签推荐的搜索结果可最多显示 5000 条，付费用户还可进行“标签导出”，然后根据标签的各种数据综合判断，挑选与自己的产品最为匹配的 10 个优质标签。这样有助于 Wish 卖家提升自己产品的搜索排序和精准流量获取。

## 任务评价

### 1. 学生自评

Wish 平台运营工具学习的学生自评表，如表 4-12 所示。

表 4-12 Wish 平台运营工具学习的学生自评表

| 班　　级 | | 学　　号 | | 姓　　名 | |
|---|---|---|---|---|---|
| 角色 | ○ 组长　　○ 组员 | | 完成时间 | | |
| 工具 | ○ 热销品分析工具：海鹰数据 | | ○ 标签工具：卖家网 | | |
| 任务 | | 完成情况记录 | | | |
| 理论学习情况 | | | | | |
| 技能训练情况 | | | | | |
| 任务完成情况 | | | | | |
| 任务创新情况 | | | | | |
| 完成任务后的收获 | | | | | |

### 2. 生生互评

Wish 平台运营工具学习的生生互评表，如表 4-13 所示。

表 4-13 Wish 平台运营工具学习的生生互评表

| 班　　级 | | 被评人学号 | | 被评人姓名 | |
|---|---|---|---|---|---|
| 评价者角色 | | 评价者学号 | | 评价者姓名 | |
| 被评人学习和使用的工具 | | ○ 热销品分析工具：海鹰数据　　○ 标签工具：卖家网 | | | |
| 任务 | | 完成情况记录 | | | |
| 理论学习情况 | | | | | |
| 技能训练情况 | | | | | |
| 任务完成情况 | | | | | |
| 任务创新情况 | | | | | |
| 完成任务后的收获 | | | | | |

### 3. 教师评价

Wish 平台运营工具学习的教师评价表，如表 4-14 所示。

表 4-14 Wish 平台运营工具学习的教师评价表

| 班　　级 | | 被评人学号 | | 被评人姓名 | |
|---|---|---|---|---|---|
| 被评人学习和使用的工具 | | ○ 热销品分析工具：海鹰数据　　○ 标签工具：卖家网 | | | |
| 任务 | | 完成情况记录 | | | |
| 理论学习情况 | | | | | |
| 技能训练情况 | | | | | |
| 任务完成情况 | | | | | |
| 任务创新情况 | | | | | |
| 完成任务后的收获 | | | | | |

## 拓展练习

注册一个免费版卖家网账号，登录“Wish 数据”板块，对产品词“cup”进行标签搜索，从搜索结果的前两页中找出综合数据较优的 10 个标签。

# 任务四　第三方工具 ERP 系统的应用：以店小秘为例

## 任务描述

店小秘这一类 ERP 管理软件是做跨境电子商务的必备工具，在跨境电子商务运营过程中发挥着十分重要的作用。其以帮助跨境电子商务卖家提高工作效率为目标，持续优化、迭代新功能；除了为跨境电子商务卖家提供产品刊登、订单处理、库存管理、客户管理等一系列功能，还提供自动补库存、智能客服、订单规则、运费试算、物流追踪等一系列特色功能。

## 学习目标

1．认识 ERP 系统（以店小秘为例）的基本功能和优势；
2．掌握店小秘的基本使用方法。

## 任务分配

本任务分组任务，每组由一位组长和若干组员构成。组员在组长的带领下，根据【任务准备】的引导问题进行任务分工，学习和应用店小秘的基本功能。店小秘的学习任务分配表，如表 4-15 所示。

表 4-15　店小秘的学习任务分配表

| 班　级 | | 组　号 | | 组　名 | |
|---|---|---|---|---|---|
| | | | | | |
| 角色 | 姓名 | 学号 | 任务分工 | | |
| 组长 | | | | | |
| 组员 | | | | | |
| | | | | | |
| | | | | | |
| | | | | | |
| | | | | | |

## 任务准备

**引导问题 1：**你听说过的跨境电子商务 ERP 系统有哪些？

**引导问题 2：**你了解的店小秘的特点和优势是什么？请举例说明。

## 任务实施

### 一、店小秘的认知和优势分析

店小秘是美云集网络科技有限公司旗下一款为全球电子商务卖家提供一站式服务的 SaaS 系统，深度连接了电子商务平台端、物流端和商家端。店小秘是网页版的跨境电子商务专业 ERP 管理软件，无须下载，可以通过海量电子商务交易大数据提供行业趋势、优质货源、资金供应和买家营销等多维度服务，为全球电子商务卖家保驾护航，最终连接全球上千万的电子商务卖家和制造工厂，让“买全球、卖全球”变得更简单。

截至 2020 年 11 月，店小秘已与全球 31 家顶级电子商务平台、600 家优质物流商及 50 家海外仓实现技术对接，年处理的订单交易金额超 1000 亿元人民币。

#### 1. 店小秘的重要功能

店小秘能够极大地提高跨境电子商务运营人员的工作效率，更为重要的是，店小秘大部分的基础功能是永久免费使用的。

店小秘的功能分为特色功能、智能与自动、定时与提醒三大板块，如图 4-34 和图 4-35 所示。

图 4-34　店小秘特色功能展示截图

图 4-35　店小秘“智能与自动”板块及“定时与提醒”板块展示截图

其中，作为需要新手卖家着重理解和掌握的几个重要功能如下。

① 数据采集：将其他电子商务平台站点的产品信息一键采集到店小秘，然后认领到自己的平台店铺采集箱，再编辑、优化、发布到 Wish、全球速卖通、eBay、亚马逊、敦煌网、Lazada、Shopee、Joom、Shopify 等平台。

② 仿品检测：检测违禁词，避免商品发布之后出现侵权、被下架、被罚款等情况。

③ 物流服务：提供各大平台运费模板及其他对接物流服务。

④ 纠纷管理：可在系统中同步查看纠纷订单，方便处理订单纠纷。

⑤ 议价管理：可在系统中添加议价规则，店小秘将符合议价条件的产品提交给 eBay 平台，然后 eBay 平台会发送给买家。

⑥ 自动刊登：当刊登到期并满足所选条件时，系统将自动重新刊登原产品。

⑦ 智能采购：根据店铺情况给出备货建议、缺货建议、无库存建议、1688 采购建议等。

⑧ 定时跟卖：对于亚马逊卖家而言，可通过输入产品的 ASIN 或标题等找到要跟卖的产品，点击添加到草稿箱设置时间开始跟卖。

### 2. 店小秘的优势分析

通过上述对店小秘重要功能的介绍，可以发现店小秘的优点主要包括下面 4 个方面。

（1）安全性高

① 系统安全性高。店小秘采用国内领先的腾讯云服务，有效保证系统稳定性和数据安全。内部严格的数据隔离制度，保证卖家数据隐私不受侵犯。全天候五星级客服，实时响应卖家需求。

② 账号安全性高。店小秘通过平台官方的数据接口与平台进行数据交互，可以规避多账号管理的关联问题。一个店小秘账号可同时授权多个平台的多个店铺，且在任何一台电

脑使用任何一个 IP 登录店小秘同时管理多店铺都不会发生账号关联。

（2）性价比高

店小秘基础功能永久免费，对于大多数新手卖家而言，基础功能就已够用，尤其适合还处于学习摸索阶段的卖家。店小秘 VIP 收费分 3 个等级，第一等级（168 元/月，可按月支付）往往就能满足众多中小企业的需求，是很多跨境电子商务新卖家的首选。

（3）功能强大

① 一站式管理多个店铺，支持多个跨境电子商务平台，防止关联，且不会错失订单。

② 上传产品和编辑产品操作简单、快速，极大地提高了工作效率。

③ 数据采集功能可以帮助卖家在多平台快速上传产品，增加了选品及上传产品的方式。

④ 数据统计功能可以提供店铺的各项详细数据，用以对店铺的经营状况做出整体分析。

⑤ 客服、采购和仓库功能非常强大、好用，卖家可以多多利用。

⑥ 店小秘一直在持续改进原有功能，并开发新功能。

（4）操作便捷

① 操作页面全中文，不存在语言障碍。

② 网页打开速度快，大多数国外跨境电子商务平台在中国的打开速度较慢。

③ 拥有多个好用的小工具插件，如一键翻译、在线美图和一键首字母大写等。

## 二、店小秘的基本使用方法

根据跨境电子商务平台运营的基本流程，现将店小秘的基本使用方法分为产品管理、订单管理、客服和数据管理 4 部分来介绍。

### 1. 产品管理

（1）产品的数据采集

产品的数据采集指的是将其他电子商务平台站点的产品信息一键采集到店小秘，然后认领到卖家自己的平台店铺采集箱，再编辑、优化、发布到自己的平台店铺。这其中包含的过程/步骤为采集产品—认领到采集箱—编辑—发布。

（2）产品采集的类型

店小秘产品的数据采集类型分为 3 类，包括单品采集、分类采集和关键词采集。

① 单品采集：将单个产品的信息采集到店小秘，然后认领到自己的平台店铺采集箱，再编辑发布即可。单品采集的步骤内容如图 4-36 所示。

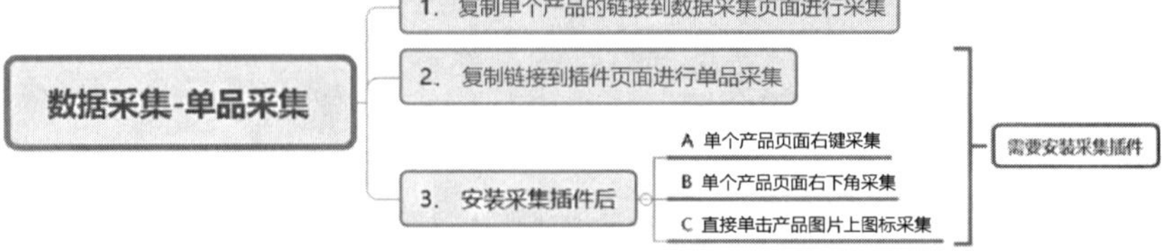


图 4-36　单品采集的步骤内容分解图

② 分类采集：将某个店铺的最小分类链接采集到店小秘，然后认领到自己的平台店铺采集箱，再编辑发布即可。分类采集的步骤内容如图 4-37 所示。

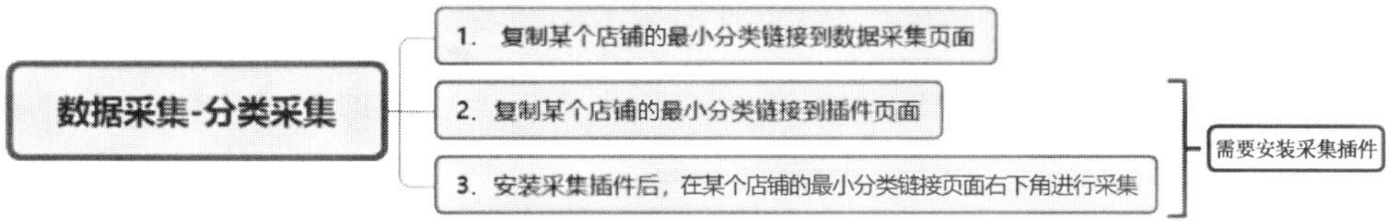


图 4-37　分类采集的步骤内容分解图

③ 关键词采集：输入关键词，将 1688 平台的产品信息采集到店小秘，然后认领到自己的平台店铺采集箱，再编辑发布即可。关键词采集的步骤内容如图 4-38 所示。

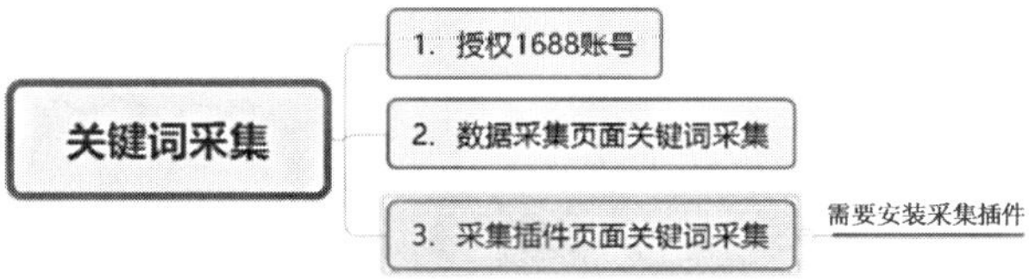


图 4-38　关键词采集的步骤内容分解图

（3）支持采集的平台站点

① 单品采集支持平台：Wish、淘宝、全球速卖通、1688、阿里巴巴国际站、天猫、京东、eBay（各国站点）、Lazada（各国站点）、亚马逊（各国站点）、敦煌网、Joom、etsy、莱卡尼、易选品、海鹰数据、拼多多、Shopee 站点、拼多多、拼多多批发。

② 分类采集支持平台：淘宝、天猫、1688、全球速卖通、eBay 美国站、亚马逊美国站。亚马逊美国站仅支持此格式的店铺链接分类采集。

③ 关键词采集支持平台：1688。

（4）数据采集的方式分类及操作说明

利用店小秘数据采集功能采集产品信息时，有复制链接采集和采集插件采集两类形式，具体使用方式如图 4-39 所示。

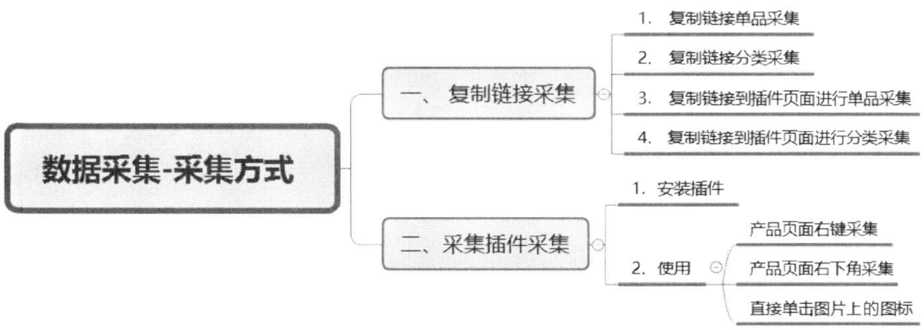


图 4-39　数据采集的方式分类及操作说明图

### 2. 订单管理

在店小秘中，“订单处理”页面左边就是订单完整的处理流程，总共有五大步骤：待审核—待处理—运单号申请—待打单—已交运，各步骤入口如图 4-40 所示。处理订单前，必须先完成物流的授权设置，设置后处理订单时才可以选择该物流方式，自动获取运单号和面单，完成打印、发货。

图 4-40　店小秘“订单处理”各步骤入口截图

在店小秘上“订单处理”的操作流程如下。

第一步：“待审核”。同步订单并完成审核，下列操作页面如图 4-41 所示。

① 单击“订单”—“订单处理”，将默认进入“待审核”页面。

② 店小秘对接的大部分平台支持自动同步订单，但不是实时返回，所以处理订单前，建议先手动单击“同步订单”按钮。

③ 可根据订单规则分类查看订单，如有备注、留言的，或者批量修改收件人信息等。

④ 确认订单可以正常发货后可选择“批量审核”选项，审核后订单变为“待处理”状态，可进行下一步操作。

图 4-41　店小秘“订单处理”—“待审核”操作页面截图

第二步：“待处理”。填写报关信息、选择物流方式，并申请运单号，下列操作页面如图 4-42 所示。

① 选择“批量操作”—“批量报关信息”选项，报关信息根据订单产品信息填写即可。填写报关信息后，可开启“永久生效”，开启后对之后所有相同 SKU 都应用此报关信息。

② 手动选择物流方式：单个选择或批量操作下批量选择物流方式。

③ 自动分配物流方式：设置物流规则，系统自动按规则分配物流方式。

④ 勾选订单，单击“申请运单号”按钮，订单变为“运单号申请”状态。

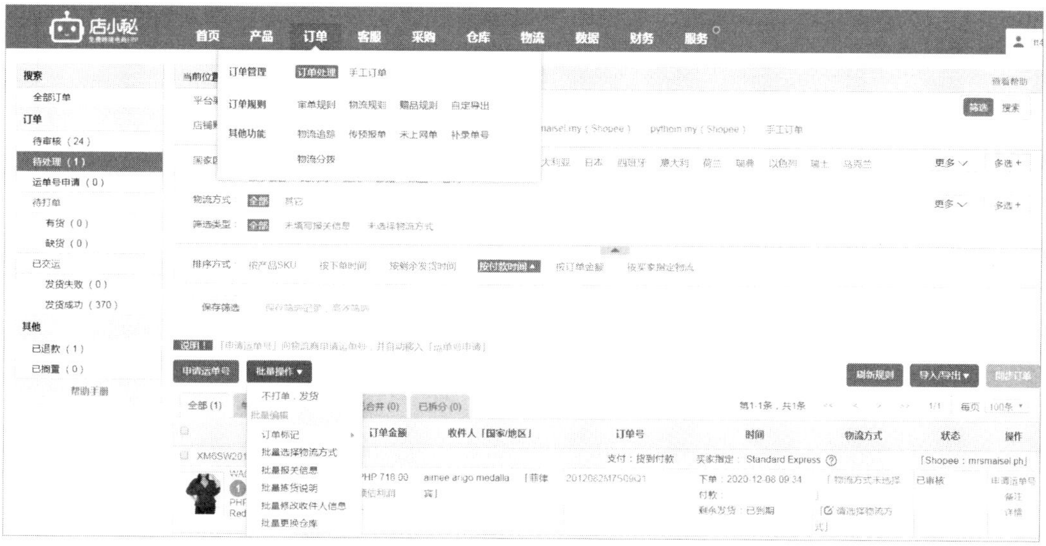

图 4-42 店小秘“订单处理”—“待处理”操作页面截图

第三步：“运单号申请”。运单号获取成功后订单“移入待打单”，操作页面如图 4-43 所示。

① 订单变为“运单号申请”状态，也就是向物流商系统提交订单信息和报关信息申请运单号。

② 运单号申请成功，订单即可“移入待打单”。

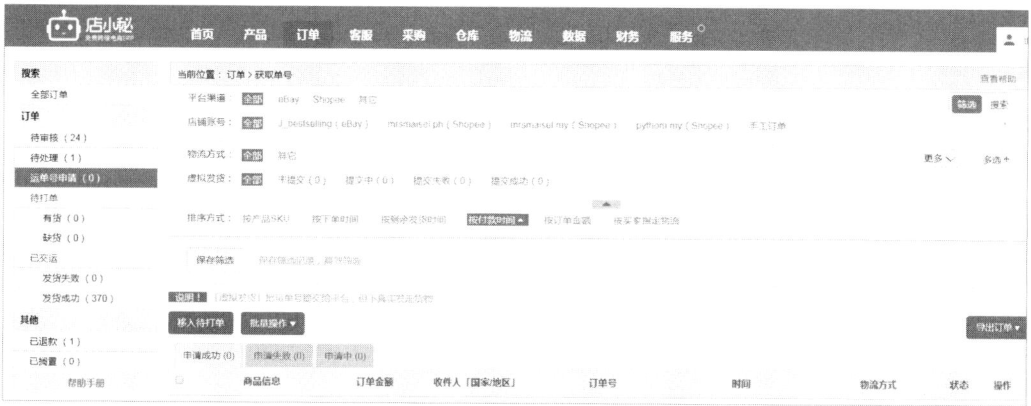

图 4-43 店小秘“订单处理”—“运单号申请”操作页面截图

第四步：在“待打单”状态下完成打单、发货操作。下列操作页面如图 4-44 所示。

① 订单移入待打单后，在没有使用店小秘仓库的情况下，默认进入“有货”状态（订单进入“缺货”状态的条件：需要使用店小秘仓库，订单配对的商品库存不足）。

② 选择一个物流渠道，勾选订单，批量打印面单，部分物流商支持同一个物流商账号里多个渠道批量打印。

③ 打印完成之后，可选择“批量操作”—“发货”选项，即把运单号提交到平台。

图 4-44　店小秘“订单处理”—“待打单”操作页面截图

第五步：“已发货”。

订单进入发货成功状态，运单号已提交到平台，即完成发货。

如果发货失败，则说明该订单因种种原因没能将运单号提交到平台、没能进入平台的发货状态，需要根据具体失败原因做调整。

## 3. 客服

店小秘“客服”板块中客户常用的板块主要是“客户管理”和“常用回复”两大板块。

（1）客户管理

“客户管理”板块目前仅支持 Wish、全球速卖通、eBay、亚马逊等跨境电子商务平台，只有店小秘 VIP 用户能够使用，可通过这一板块对客户下单、退款金额及次数进行统计。图 4-45 所示为“客户管理”板块的基本操作页面。

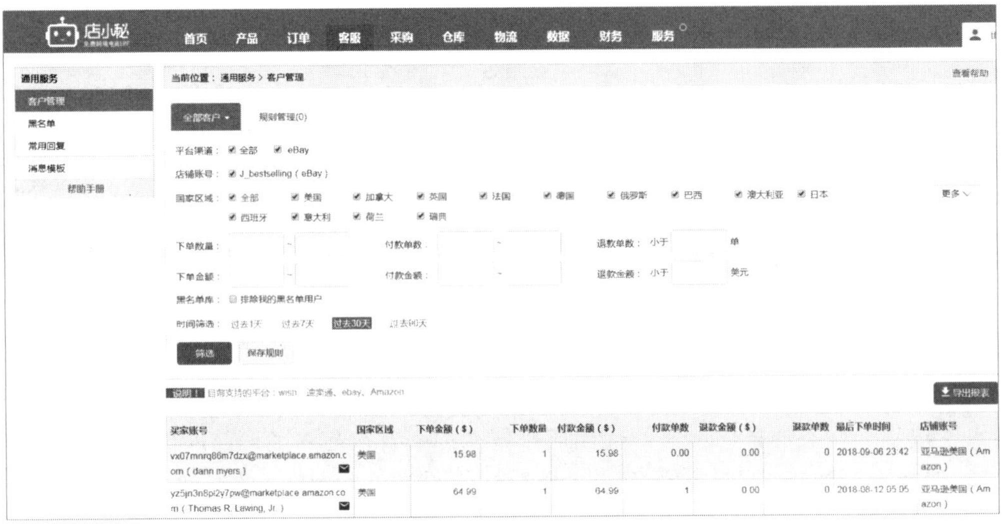


图 4-45　店小秘“客户管理”板块的基本操作页面截图

（2）常用回复

设置好常用回复模板，在发送 Wish、全球速卖通、eBay 客服消息时可以直接引用，快速回复。其基本操作流程如下：创建常用回复模板，然后回复消息时引用。店小秘客服模板设置的操作页面如图 4-46 所示。

图 4-46　店小秘客服模板设置的操作页面截图

客服模板创建好后，再回复客户消息时就可以引用该模板了。以 eBay 平台为例，利用客服模板进行回复的操作页面如图 4-47 所示。

图 4-47　利用客服模板进行回复的操作页面截图

## 4. 数据管理

店小秘“数据”板块中最常用的几个板块分别是“店铺业绩”“销量统计”“利润核算”“数据汇总”。

（1）店铺业绩

目前，“店铺业绩”支持统计对接店小秘上的所有平台，只要跨境电子商务平台上的客户下单了就算一笔业绩，统计同步到店小秘的所有订单的总金额（包含未付款和已退款）。其包含内容举例如图 4-48 所示。

图 4-48　店小秘“店铺业绩”板块包含内容举例截图

（2）销量统计

按付款的北京时间统计单个店铺单个在线产品 SKU 的销量，当日下单的数据不统计，隔日才能计算。其包含内容和操作页面如图 4-49 所示。

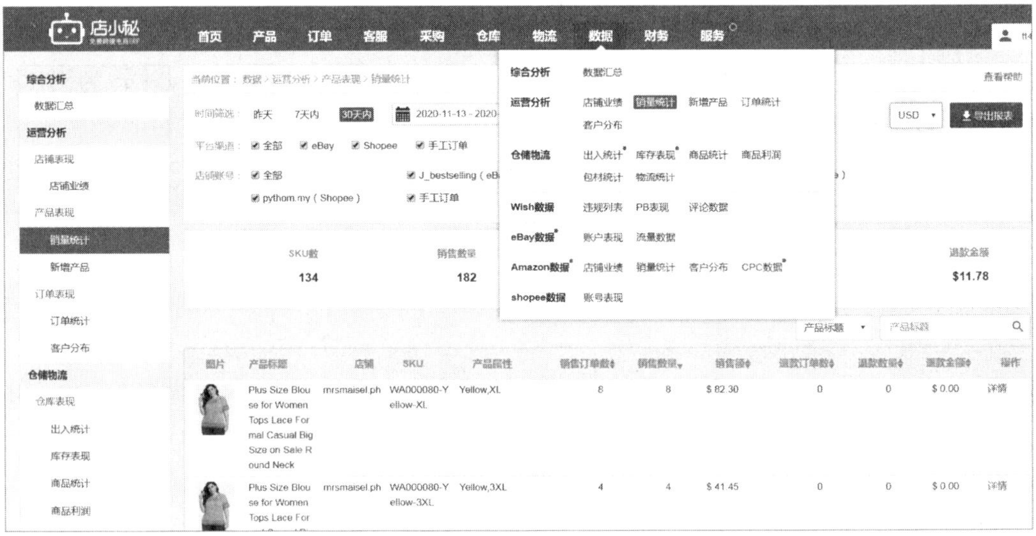


图 4-49　店小秘“销量统计”板块包含内容和操作页面截图

（3）商品利润

- 主要功能：统计进入已发货状态的每个包裹的利润。
- 统计维度：“发货时间”（北京时间）。
- 支持平台：除了 WooCommerce、Magento、Mymall、FBL、FBC 等平台海外仓没有统计，其他平台都支持。
- 使用“商品利润”板块可详细查看每件商品的销售量、销售额、平台手续费、营销费用、出库价、物流费用、总成本、平均利润、平均销售额、平均成本、销售利润率、成本利润率等数据信息。

（4）数据汇总

该功能可汇总新增产品、销售业绩、订单、利润计算这 4 个维度的数据，如图 4-50 所示。

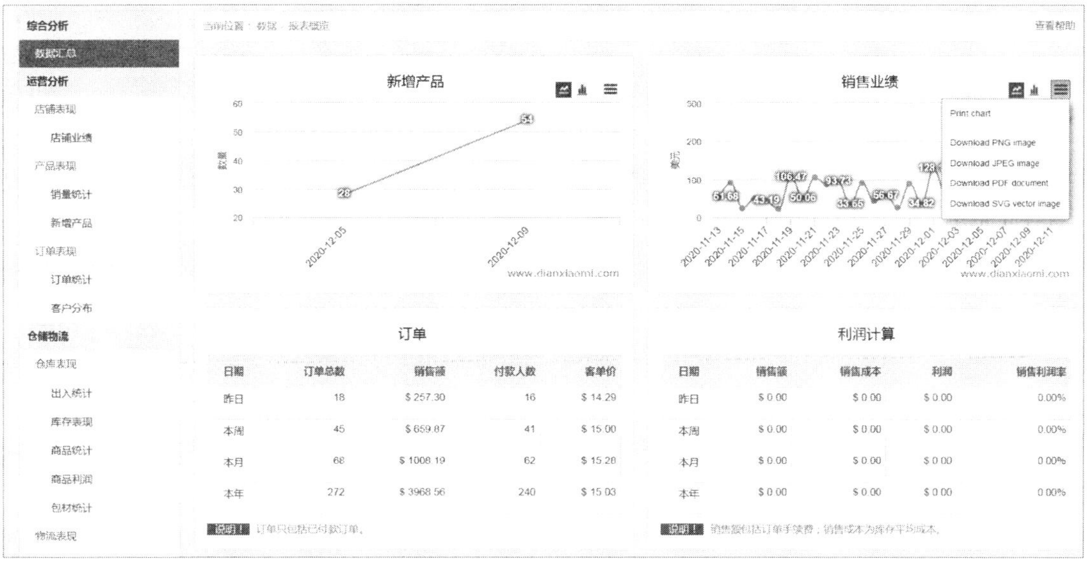


图 4-50　店小秘“数据汇总”板块包含内容和店铺数据举例截图

在“数据汇总”板块中，通过单击“数据”—“报表概览”可看到上述 4 个板块的内容。但需要注意以下几方面。

① 点击数据显示为线状图或切换为柱状图。

② 可下载、打印不同类型的文件。

③ “订单”板块中只包括已付款订单的数据。

④ 在“利润计算”板块的数据中，销售额包括订单手续费，销售成本为库存平均成本。

## 任务评价

### 1. 学生自评

Wish 平台运营工具学习的学生自评表，如表 4-16 所示。

表 4-16　Wish 平台运营工具学习的学生自评表

| 班　级 | | 学　号 | | 姓　名 | |
|---|---|---|---|---|---|
| 角色 | O 组长　O 组员 | | 完成时间 | | |
| 任务 | | 完成情况记录 | | | |
| 理论学习情况 | | | | | |
| 技能训练情况 | | | | | |
| 任务完成情况 | | | | | |
| 任务创新情况 | | | | | |
| 完成任务后的收获 | | | | | |

### 2. 生生互评

Wish 平台运营工具学习的生生互评表，如表 4-17 所示。

表 4-17 Wish 平台运营工具学习的生生互评表

| 班　　级 | | 被评人学号 | | 被评人姓名 | |
|---|---|---|---|---|---|
| 评价者角色 | | 评价者学号 | | 评价者姓名 | |
| 任务 | | 完成情况记录 | | | |
| 理论学习情况 | | | | | |
| 技能训练情况 | | | | | |
| 任务完成情况 | | | | | |
| 任务创新情况 | | | | | |
| 完成任务后的收获 | | | | | |

### 3. 教师评价

Wish 平台运营工具学习的教师评价表，如表 4-18 所示。

表 4-18 Wish 平台运营工具学习的教师评价表

| 班　　级 | | 被评人学号 | | 被评人姓名 | |
|---|---|---|---|---|---|
| 任务 | | 完成情况记录 | | | |
| 理论学习情况 | | | | | |
| 技能训练情况 | | | | | |
| 任务完成情况 | | | | | |
| 任务创新情况 | | | | | |
| 完成任务后的收获 | | | | | |

## 拓展练习

请用自己的真实信息注册一个店小秘的试用账号，熟悉店小秘各板块所包含的内容，并结合本课程能对接到的某跨境电子商务平台教学账号或校企合作账号资源，进行店小秘各基本功能的使用训练。

# 项目五 跨境电子商务营销

流量是店铺的生命线，没有大量的流量就很难提高销量。宣传推广是一个网店兴衰成败的关键。卖家需要通过各种营销推广手段为店铺引流。

跨境电子商务营销推广根据流量来源不同可以分为站内推广和站外推广。以某特定平台为基准，使用该平台提供的营销工具实现的站内引流活动属于站内推广，除此之外的其他站外引流的渠道和方式都属于站外推广。站内推广一般包括平台活动和店铺自主营销。平台活动是指由平台发起和组织的行业或节日促销活动，符合招募条件的卖家可以报名参加此类活动。例如，全球速卖通平台的11.11大促、亚马逊平台的秒杀活动、敦煌网平台的行业促销活动等。店铺自主营销是指卖家在自己店铺内通过打折、满减、优惠券等活动进行促销。例如，全球速卖通的五大店铺自主营销活动、亚马逊平台的店铺促销活动、敦煌网商铺活动等。跨境电子商务卖家不仅需要了解各大跨境电子商务平台站内的营销方法，还要全面、深入地了解各种站外推广平台，最大限度地利用网络提供的各种免费宣传工具为自己的产品增加曝光度、传播自己品牌的价值和提高信誉度，让自己的店铺脱颖而出。

本项目以全球速卖通为例，主要从跨境电子商务平台活动、店铺自主营销及站外引流3方面讲解跨境电子商务营销。

## 任务一　跨境电子商务平台活动

### 任务描述

平台活动是指由平台组织，卖家参与，以促进销售为主要目的的主题营销活动。平台活动通常是在特定的行业、特定主题下实行的，它能快速增加店铺曝光率、点击率和转换率，是一种行之有效的营销手段，并且适用于店铺发展的不同阶段。

### 学习目标

1. 了解全球速卖通平台活动常见的类型；
2. 知晓跨境电子商务平台活动的基本规则，掌握跨境电子商务平台活动的报名流程。

## 任务分配

本任务分两组进行，每组由一位组长和若干组员构成。组员在组长的带领下，根据【任务准备】的引导问题进行任务分工，了解全球速卖通平台活动常见的类型及跨境电子商务平台活动的基本规则后，掌握跨境电子商务平台活动的报名流程。跨境电子商务平台活动的学习任务分配表，如表 5-1 所示。

表 5-1　跨境电子商务平台活动的学习任务分配表

| 班　级 | | 组　号 | | 学 习 内 容 | ○平台活动的类型<br>○平台活动的报名流程 |
|---|---|---|---|---|---|
| | | | | | |
| 角色 | 姓名 | 学号 | 任务分工 | | |
| 组长 | | | | | |
| 组员 | | | | | |
| | | | | | |
| | | | | | |
| | | | | | |
| | | | | | |

## 任务准备

**引导问题 1：**跨境电子商务平台大促活动都有哪些类型？请举例。

**引导问题 2：**跨境电子商务平台活动如何报名？

## 任务实施

### 一、参加跨境电子商务平台大促活动

以全球速卖通为例，“平台活动”就是全球速卖通平台在某个时段或特定节假日，整合相关资源，利用专门设立的特定频道，或者给予特殊的推广渠道资源，快速为店铺带来大量的流量和曝光，而且转化率较高，是店铺营销的利器之一。

#### 1. 平台活动的常见类型

目前，全球速卖通平台活动一般分为国家站团购、秒杀、行业热销品和新品、应季主题活动、大型促销活动等。活动的名称和方式会随时变化，每期活动都有其不同的消费客户群及活动特色，所促销的商品和要求不同，所实现的效果也会有所不同。

（1）国家站团购

针对主要国家市场，全球速卖通平台开放单独的国家团购页面，目前其所对应的国家（地区）并不多，主要有俄罗斯、巴西、印度尼西亚和西班牙 4 个国家。

俄罗斯团购比较有代表性，整个活动的流量也非常大。其报名条件要求较高，还要求卖家尽快发货，尽可能使买家获得最优的购物体验。严禁提价销售，团购商品要求一口价。

如果商品折扣力度大、库存多，在审核的时候，平台会优先考虑。

参加俄罗斯团购，选品要体现出商品的优势，主要表现在商品的历史成交量、好评率、日均销量等方面，可以参考以下几个标准。

① 选择爆款品类且近期俄语系销量多的商品。

② 商品热销价格定为 1.5～20 美元为宜。

③ 选择的商品一定要有品牌。

④ 尽量选择单属性的库存量单位（SKU）。

⑤ 商品的折扣力度大，从报名至活动结束前都不能出现价格低于或等于报名活动价格的情况。

⑥ 最好不要选择首页评价中有两个差评的商品。

⑦ 平台对商品有疲劳度控制，不要重复报名。

卖家可以通过俄罗斯团购官网进入对应的品类查看每期活动都有哪些商品，了解平台会选什么样的商品参加俄罗斯团购，帮助自己选品。

印度尼西亚和西班牙团购招商的条件要求较低，比较适合中小卖家和刚开张不久的新店铺。针对单一国家的团购活动是卖家打开这些国家市场的敲门砖。

（2）秒杀

为了更好地提升活动流量、提高商品曝光率，全球速卖通平台将“无线抢购”和“Super Deals”活动合并升级，推出“Flash Deals”。“Flash Deals”在买家版首页的入口非常明显，如图 5-1 所示。

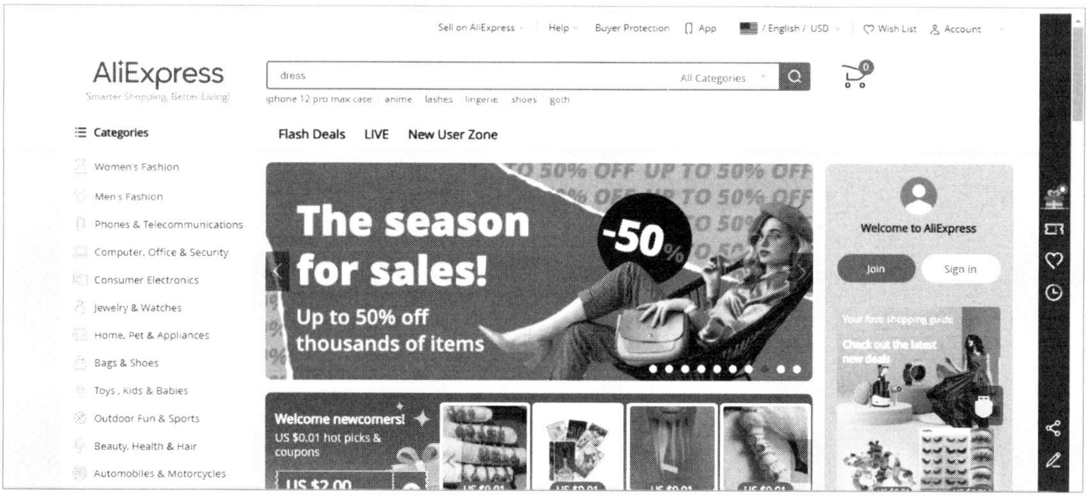


图 5-1　买家版首页的“Flash Deals”位置

（3）行业热销品和新品

针对不同行业的热销品和新品，全球速卖通平台会定期在首页相关类目的推广模块中投放资源。热销品和新品会在搜索结果页面以专辑的形式显示，点开专辑后，将出现热销品集中展示页面。

为了打造多元化、丰富的行业市场，全球速卖通大 FASHION 行业力推卖家上新品，平台对新品给予更多的关注和流量支持。女装、男装、配饰、鞋、包、珠宝、手表、婚纱礼服、扮演服等品类均属于大 FASHION 行业。店铺首次上架的新款（店铺老款重发不算，平台已有老款不算）可受到平台力推，享受更多的资源扶持。新品图片要求主图无水印、无拼图。

（4）应季主题活动

对于周年庆、情人节、万圣节等各类节日和活动庆典，全球速卖通平台都会推出有相应主题的促销活动，且在买家版首页上占据非常明显的推广位置。

（5）大型促销活动

通常平台大型促销活动一年会开展 3 次。根据实际情况，平台会适当地增加或减少活动次数。大型促销活动的促销力度很大，流量也非常大。

目前，全球速卖通平台大型促销活动主要有年初的 Shopping Festival、年中的 Superova Sale 及年底的 Double Eleven Carnival（11.11）。从活动促销的力度来看，Double Eleven Carnival 的促销力度最大，同时流量也是最大的。

每次的大型促销活动都是平台精心策划准备的，吸引了大量的商家和优质的商品，流量也很大，因此促销活动的效果远远高于其他的营销活动。活动中的商品销量会计入商品搜索排名评分当中。活动的大量流量能为单品带来很大的销量，快速提升商品的搜索排名。

**2. 做好平台活动需注意的细节**

对于卖家来说，平台活动是一个绝佳的销售机会。卖家要想抓住活动机会，让店铺营业额实现跨越式的增长，需要做好以下几个方面的工作。

（1）清楚活动要求

对于不同的活动，参加的条件会略有不同。卖家可以登录平台活动报名的详情页查看对应的活动要求，如渠道要求、价格门槛、支付时限、商品销售量、好评度及图片要求等。平台资源是有限的，报名参加活动的卖家众多，竞争十分激烈。在这种情况下，卖家就需要事先做好准备，在平时就要努力提高店铺经营等级，使各个指标符合活动的要求，这样入选的概率就会大很多，而且参加活动后的效果也会较好。

（2）确定活动审核时间

卖家应清楚活动的审核时间，在审核时间截止之前完成报名。建议卖家在招商开始一个星期内完成报名，以方便平台工作人员审核。

（3）做好商品优化

卖家应事先将商品优化好，如商品的主图、标题、价格等。商品图片要清晰、美观，商品详情页的描述要详细，尤其是需要将价格设置好，留有足够的优惠空间。一般活动的力度都比较大，有些折扣甚至会达到 50%以上，在这种情况下就要考虑商品的利润率是否有足够的折扣空间。

（4）准备好商品库存

卖家事先也要准备好库存，因为一旦参与活动，销量相对而言是很大的，防止出现由于库存不足而发生成交不卖的情况，更重要的是避免浪费极好的展示机会。

（5）做好宣传推广

卖家还可以事先利用电子邮件或其他手段通知老客户，或者通过各种手段广而告之，以增加活动效果。活动开始后，要及时催款、及时发货、及时总结，使活动落到实处。

## 二、跨境电子商务平台活动的基本规则与报名流程

全球速卖通的平台活动是专门为卖家提供的一项引流推广服务，是完全免费的，不过有的活动需要满足一定的条件才有资格参加。卖家可以在平台的“营销中心”板块浏览当期的活动内容，自主选择符合条件的活动进行报名。如果平台审核通过，卖家申报的商品就会被平台活动推广，获得大量的免费流量。

### 1. 报名前的准备

一旦报名参加了平台活动，中间就不允许退出，一直到整个促销活动结束。参加活动的商品审核主要分为两个流程。先由系统自动审核，主要审核一些硬性指标，如销量、转化率等。系统筛选出符合报名条件的商品后，再交由人工审核，人工审核主要审核商品的活动主图、详情信息等。因此，做好报名前期的准备工作非常重要。

① 选品。选择需要推广的并且符合平台活动报名要求的商品。如果选择的商品不符合要求，那么活动审核的第一关都过不了。这就需要卖家认真阅读平台活动的相关细则。

② 商品优化。选择好合适的商品后，需要对商品进行优化，如商品的标题创意优化、关键词优化、价格优化、详情页面优化等。总之，要不断地提升商品的信息质量，增加商品入选的可能性。

③ 完善供应链环节。检查商品的实际库存与参报活动的商品数量是否保持一致，一定要做到准确无误。因为活动报名成功后，如果商品的品质较好、深受买家的青睐，那么将会产生大量的订单；若因实际库存不足、补货不及时影响发货时间等，就会产生大量的订单纠纷问题，一环扣一环，这对卖家来说得不偿失。所以，卖家在报名时一定要注意商品数量之类的细节问题，避免带来不必要的麻烦。

### 2. 报名流程

在每一期的平台活动招商中，卖家都可以在卖家后台的“营销活动”板块下的“平台活动”页面中找到报名入口。单击“营销活动”按钮，进入“平台活动”页面，查看是否有适合自己报名的平台活动，如图 5-2 所示。

图 5-2 “平台活动”页面

如果不符合报名条件，平台会给出不符合的原因。一般情况下，参加平台活动的卖家需要准备有一定的销量和评价的商品，同时设置的折扣需要符合平台活动的相关要求，所选的商品和类目也要符合平台活动的要求。

可以通过筛选栏找到符合自己要求的平台活动，查看活动报名要求，找到符合要求的活动进行报名。具体步骤如下。

① 登录“我的速卖通”，进入“营销活动”板块下的“平台活动”页面，仔细阅读活动描述和活动其他信息后，选择感兴趣的活动，单击“立即报名”按钮，如图 5-3 所示。

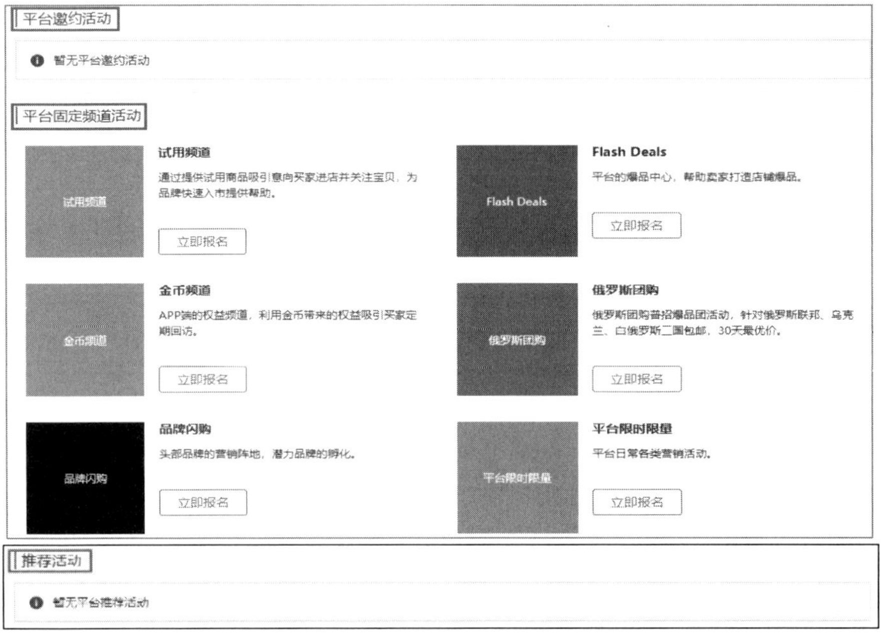


图 5-3 “平台活动”报名页面

② 阅读活动信息后，打开“选择产品”下拉列表，选择要参加该活动的产品。

③ 选择好产品后，单击“确定”按钮。

### 3. 报名时的注意事项

① 活动价格。不同活动的价格也不一样，具体信息可以参考活动相关细则。

② 活动库存。一定要注意参与活动的商品数量，也就是活动商品的库存量。因为活动报名成功后，库存信息是不能修改的，即使订单数量超出了实际的库存数量，活动也会继续。具体情况可以参见不同活动所要求的库存量。

③ 运费模板。注意每个活动对商品包邮情况的要求。比如，在团购活动中，俄罗斯团购要求必须对俄语系国家包邮，巴西团购要求对葡语系国家包邮。因此在活动报名时，一定要仔细检查运费模板是否符合活动要求，如果有遗漏或信息不完善之处一定要尽快调整。活动报名成功后，运费模板是不能修改的，如果不符合要求，则该卖家在审核中将会直接被淘汰。

④ 提前报名。平台活动的报名数额是有限的，为了避免在同一时间段与别的卖家竞争抢机会，应尽量提前报名，从而提升入选的可能性。

### 4. 报名成功后的管理

活动报名成功后，并不代表就可以等着订单出现、等着收钱了。卖家还要对商品、店铺、活动等做好管理，做好充分的接单准备和售后服务等。

首先，需要对店铺进行装修，附上活动的海报，并通过客户的购物车、收藏夹等给予活动的相关提醒，通过优惠券、满立减等营销活动配合平台活动，积极开展促销，实现流量的最大化，提高商品的转化率。

其次，提高客服服务质量，增加客服人数和在线时长，提升客服回复速度，注意不同国家（地区）的时区、时差，知悉客户网络购物的高峰时段，做好准备工作，避免发生“拥堵现象”。

最后，积极做好售后服务工作，及时发货，注意与客户之间的交流沟通，提升客户的购买体验和服务体验，提升好评率，提高客户的回头率。

## 任务评价

### 1. 学生自评

跨境电子商务平台活动学习的学生自评表，如表5-2所示。

表5-2　跨境电子商务平台活动学习的学生自评表

| 班　级 | | 学　号 | | 姓　名 | |
|---|---|---|---|---|---|
| 角色 | ○ 组长　○ 组员 | | 学习内容 | ○平台活动的类型<br>○平台活动的报名流程 | |
| 任务 | | 完成情况记录 | | | |
| 理论学习情况 | | | | | |
| 技能训练情况 | | | | | |
| 任务完成情况 | | | | | |
| 任务创新情况 | | | | | |
| 完成任务后的收获 | | | | | |

### 2. 生生互评

跨境电子商务平台活动学习的生生互评表，如表5-3所示。

表5-3　跨境电子商务平台活动学习的生生互评表

| 班　级 | | 被评人学号 | | 被评人姓名 | |
|---|---|---|---|---|---|
| 评价者角色 | | 评价者学号 | | 评价者姓名 | |
| 被评人学习内容 | | ○平台活动的类型　○平台活动的报名流程 | | | |
| 任务 | | 完成情况记录 | | | |
| 理论学习情况 | | | | | |
| 技能训练情况 | | | | | |
| 任务完成情况 | | | | | |
| 任务创新情况 | | | | | |
| 完成任务后的收获 | | | | | |

### 3. 教师评价

跨境电子商务平台活动学习的教师评价表，如表5-4所示。

表 5-4 跨境电子商务平台活动学习的教师评价表

| 班　　级 | | 被评人学号 | | 被评人姓名 | |
|---|---|---|---|---|---|
| 被评人学习内容 | | O平台活动的类型 | O平台活动的报名流程 | | |
| 任务 | | 完成情况记录 | | | |
| 理论学习情况 | | | | | |
| 技能训练情况 | | | | | |
| 任务完成情况 | | | | | |
| 任务创新情况 | | | | | |
| 完成任务后的收获 | | | | | |

## 拓展练习

以全球速卖通 11.11 大促活动为例，查找卖家要参加活动需要具备哪些条件？并对该活动报名做一个详细的规划。

# 任务二　跨境电子商务店铺自主营销

## 任务描述

许多跨境电子商务平台为卖家提供了多种店铺自主营销手段，如店铺活动、橱窗推荐、关联营销、客户关系营销等。这些营销手段各有优势和不足，卖家合理有效地使用这些手段会明显提高出单量和转化率。

## 学习目标

1. 知晓跨境电子商务店铺自主营销的方式；
2. 掌握跨境电子商务店铺自主营销工具的使用方法。

## 任务分配

本任务分组进行，每组由一位组长和若干组员构成。组员在组长的带领下，根据【任务准备】的引导问题进行任务分工，知晓跨境电子商务店铺自主营销的方式，掌握跨境电子商务店铺自主营销工具的使用方法。跨境电子商务店铺自主营销的学习任务分配表，如表 5-5 所示。

表 5-5 跨境电子商务店铺自主营销的学习任务分配表

| 班　　级 | | 组　　号 | | 组　　名 | |
|---|---|---|---|---|---|
| | | | | | |
| 角色 | 姓名 | 学号 | 任务分工 | | |

续表

| | | | |
|---|---|---|---|
| 组长 | | | |
| 组员 | | | |
| | | | |
| | | | |
| | | | |
| | | | |

## 任务准备

引导问题 1：跨境电子商务店铺自主营销的方式有哪些？请举例。

引导问题 2：如何使用跨境电子商务店铺自主营销工具创建营销活动？

## 任务实施

### 一、跨境电子商务店铺自主营销的方式

#### 1. 店铺活动

店铺活动是指卖家在自己店铺内通过打折、满减、优惠券等活动进行促销的营销工具。例如，全球速卖通的四大店铺自主营销活动、亚马逊平台的店铺促销活动、敦煌网商铺活动等。以全球速卖通为例，四大店铺自主营销工具分别为限时限量折扣、全店铺打折、店铺满立减和店铺优惠券。

（1）限时限量折扣

设立限时限量折扣的主要目的一般是清库存、打造爆款、推新款、优排名。在四大营销工具中，限时限量折扣是卖家的首选，在店铺营销中最常用。它有以下几个优点。

① 通过限时限量折扣工具，可以使平台获得更多的曝光机会。

② 如在大型促销期间使用限时限量折扣工具，能够为产品带来非常多的流量。

③ 若买家购物车和收藏夹里的产品有限时限量折扣消息，系统就会立刻提示买家，吸引买家关注，从而增加购买率。

④ 在设置限时限量折扣信息时，可以为手机渠道设置专属的限时限量折扣活动。

限时限量折扣工具还可以结合其他促销活动配合使用。例如，在做产品推优、推爆的过程中，限时限量折扣搭配直通车会达到出乎意料的效果。

（2）全店铺打折

全店铺打折是指根据店铺内不同类目的产品的利润率，对全店铺的所有产品按照不同的营销折扣进行分组，对不同组别的产品设置不同的促销折扣。在换新、换季和反季清仓时，全店铺打折不仅能快速提升新品的销量，还能对过季产品进行清仓处理，降低其库存。另外，在每年的 11.11 活动中，平台会对全店铺打折给予支持，提供更多的曝光机会、更多的流量。由以上分析可以得出，全店铺打折工具有以下优点：增加曝光和流量、提升店铺人气活跃度、提升转化率、提升销量、提升店铺整体排序评分。

全店铺打折工具的优点多多，我们要正确使用才能发挥它的最大价值。所以卖家在设置的时候要注意以下几点。

① 活动从开始前 24 小时至活动结束期间，产品的所有信息无法修改，但允许商品下架。因此，在报名时一定要细心、谨慎，避免信息填写错误或重要的信息没有填写。

② 店铺内不同类目的产品利润率不同，可以先对全店铺的所有产品按照不同的营销折扣进行分组，再对不同组别的产品设置不同的促销折扣。

（3）店铺满立减

店铺满立减是由卖家在自身客单价基础上设置的，只要达到一定的数量或金额，系统就会自动减价的营销工具。按照活动类型，店铺满立减分为全店铺满立减和产品满立减两种。全店铺满立减，顾名思义就是店铺内的所有产品都参与满减活动；而产品满立减活动是只有部分产品享受这个活动价格，产品满立减订单金额只计算产品价格，不包括运费。如果同一种产品参加了多种促销活动，则以其他活动为先，再以折后价参与产品满立减活动。

满减条件分为多梯度满减和单层级满减，其中多梯度满减选项每次可以设置 3 个梯度，至少需要设置 2 个，并且优惠比例必须大于上一梯度。比如，梯度一为满 100 美元减 10 美元，则梯度二为满 200 美元时减 20 美元以上。单层级满减选项只能设置 1 个梯度，优惠可累加。

如果一个买家购买多件产品刚好符合满减的条件，那么其购买的所有商品必须在同一个订单里，分开下单则不能享受优惠。买家下单后，只要订单金额达到优惠条件，系统就会自动减价，若设置了多梯度满减，则默认为减最大梯度的优惠金额。比如，店铺满 99 美元减 10 美元、满 199 美元减 20 美元，若买家的订单金额为 233 美元，那么系统默认减 20 美元。

使用店铺满立减工具的主要目的是促使买家多买，提高客单价。卖家可以将产品的原价设置得高一些，或者将满减的额度设置得高一些。这样可以通过关联产品营销带动店铺内其他产品的销售。卖家应通过站内信留言、邮件等方式积极将该活动信息通知新老客户。

（4）店铺优惠券

店铺优惠券是由卖家自主设置优惠金额和使用条件，买家领取后在有效期内使用的营销工具。其实质作用与店铺满立减类似，不过优惠券更大的作用是增加二次营销，刺激老客户的回头购买，从而巩固老客户。店铺优惠券分为无门槛优惠券和一般的优惠券。无门槛优惠券是指只要不小于优惠券的优惠金额都可以使用。比如，对于一张 10 美元的无门槛优惠券，只要订单金额达到 10.1 美元即可使用。一般的优惠券是有使用条件的，如订单金额满 99 美元减 10 美元，只有订单金额大于或等于 99 美元时才会优惠 10 美元。

卖家可以将优惠券定向发放给已经购买过产品或将自家产品加入购物车或收藏夹的买家。买家领取优惠券后可以通过买家后台的个人信息查看领取的优惠券及优惠券的使用情况，并在优惠券的有效期内下单使用。如果买家在一个店铺内领取了多张不同金额的优惠券，那么下单时可以自主选择优惠金额最大的一张使用。

需要注意的是，店铺满立减和店铺优惠券两种促销工具可以同时使用，卖家在设置活动的时候一定要根据店铺不同产品的不同利润率错开订单金额和优惠力度。另外，店铺满立减和店铺优惠券两种促销工具的订单金额都是以打折活动（如平台活动、限时限量打折、全店铺打折）的折后价计算的。此外，订单金额的设置必须大于客单价。

店铺满立减和店铺优惠券两种促销工具都是为了使客户多买，提高客单价。活动创建好后，卖家要尽可能地通过各种渠道，如站内信留言、邮件、SNS 等将活动信息快速通知新老客户，还可以与其他的营销活动配合使用，最大限度地增加产品的曝光量，以达到最佳营销效果。

### 2. 橱窗推荐

（1）什么是橱窗推荐

当买家通过搜索某个关键词或通过类目来到搜索结果页面时，会看到自然排序结果，而橱窗推荐位就在自然排序结果下方。卖家可以通过全球速卖通为卖家的产品增加排序权限，从而提高产品在搜索结果排序中的排名。全球速卖通橱窗位通过增加产品的排序分值来提高产品曝光度。在同等条件下，橱窗产品比非橱窗产品排名靠前（设置为橱窗推荐的产品曝光量比普通产品高 8～10 倍）。也就是说，卖家可以通过橱窗推荐来增加产品曝光量，从而达到营销的目的。

全球速卖通的橱窗并没有特定的展示位置，是平台根据卖家店铺等级奖励给卖家的一个增加产品曝光量的资源。目前获得橱窗推荐位有两种方式。

方式一：根据卖家的不同等级，系统会自动分配不同数量的橱窗推荐位作为奖励，如表 5-6 所示。卖家等级越高，店铺获得的橱窗位就越多，从而得到的曝光量也越多。因此，卖家要增加自己的橱窗位，首先就要提高自己的等级，而想要提高自己的等级，就要减少店铺的不良体验订单，增加店铺的好评率。

表 5-6　橱窗推荐与卖家等级的关系

| 橱 窗 推 荐 | 卖 家 等 级 | | | | | |
|---|---|---|---|---|---|---|
| | 1 级 | 2 级 | 3 级 | 4 级 | 5 级 | 6 级 |
| 橱窗数量 | 1 个 | 5 个 | 10 个 | 20 个 | 25 个 | 30 个 |

方式二：通过参加一定的活动，获取额外橱窗推荐位的奖励。

表 5-6 是系统根据卖家等级自动分配的橱窗推荐位的数量，而发布 120 个在线产品获得的 10 个橱窗位就属于通过活动形式额外获得的奖励。卖家可以按自己的营销需要设定/替换自己的橱窗产品，从而保证最热销的产品拥有足够的曝光量。

（2）橱窗推荐的步骤

① 进入“我的速卖通”后台，进入“管理产品”页面，如图 5-4 所示。卖家只要勾选需要推荐的橱窗产品，通过“其他批量操作”—“橱窗推荐”功能就可以对这些产品进行推荐。

图 5-4　“管理产品”页面截图

② 如果推荐的橱窗产品超过了可以使用的橱窗产品数，平台将会提醒卖家减少橱窗产品推荐数量。一旦产品设置了橱窗位，便不能取消。

（3）橱窗推荐的设置技巧

平台发放的所有橱窗（包括服务等级发放、平台活动赠送等）的有效期为 7 天。假设某产品被设置了橱窗推荐，若在橱窗有效期内下架产品，对应的橱窗资源不会释放；若在橱窗有效期内产品下架后又上架了，则不会重新计算。

合理利用橱窗推荐，选择最有竞争力的产品进行橱窗推荐，有目的地开展橱窗营销。为了更好地发挥橱窗的功能，通常情况下，可以将新款、爆款、活动款产品作为橱窗产品，从而使橱窗推荐效果最优。当然，这些新款、爆款、活动款产品并非固定的，卖家需要通过数据观察和分析，对橱窗产品进行不定期的更换，以更好地实现橱窗营销的效果。通过一个月的橱窗营销，对后台数据和店铺订单进行分析，将那些不能为店铺带来曝光量、点击率和订单量的产品及时更换掉，让店铺其他产品有机会享受橱窗推荐，为店铺增加销量。通过不断地更新产品，最终留下来的橱窗产品就是能够带来高曝光量、高点击率、高订单量的产品。

### 3. 关联营销

关联营销是指卖家在一个产品页面同时放置了其他同类、同牌、可搭配等有关联的产品的营销工具。卖家做关联营销的主要的目的是让买家能看到店铺更多的产品，从而提高店铺的客单价。同时，关联营销也是一种新的、低成本的、企业在网站上用来提高收入的营销方法。关联营销有时也称绑缚营销，目前已经在很多店铺中被使用了。关联营销注意事项包括如下几个方面。

（1）位置

在一个产品详情页，应该把关联产品放在产品描述的前面还是后面？其实不管是放在前面还是后面，都不会有太大的影响，重要的是要做好关联营销。如果放在前面，则要控制展示产品的数量，否则直接影响用户体验；如果放在后面，则要加上相关产品、热卖产品或配套产品。

（2）产品

在选择相关联的产品时，既可以按照产品的价格选择，也可以选择同类型产品，还可以选择功能互补性产品。对于潜在关联的产品一般不推荐关联。

（3）价格

在低价格的产品描述中，关联产品的价格应该差不多或更低，向上浮动的幅度小一些；在中等价格的产品描述中，关联产品的价格偏高或偏低的幅度不要太大；在高价格的产品描述中，关联产品的价格应该以偏高的为主。

总之，在制作关联营销模板时，一定要站在客户的角度去考虑，不要直接插入广告；产品的位置、产品的选择和产品的价格都非常重要。关联营销需要不断积累经验，多学习其他做得好的店铺的关联营销经验，从中总结出适合自家店铺的关联营销方法。

（4）客户管理营销

为了帮助卖家更好地管理自己的客户，识别其中诚信并有购买力的优质客户，从而进行有针对性的营销，全球速卖通平台推出了客户管理与营销工具。

单击“营销活动”—“客户管理”—“客户管理与营销”按钮，可以看到“客户管理”

“客户营销”“营销效果”这 3 个管理面板。

卖家通过“客户管理”功能可以管理所有与其有过交易的客户信息，包括客户的采购次数、累计采购金额、最近一次采购时间、客户的国家等信息。同时，卖家也可以根据自己对于客户的了解情况填写客户的购买需求、购买习惯、购买频率、购买类型等采购信息。

卖家通过“客户营销”功能可以给其所选择的客户发送营销邮件。邮件内容可以包括新品上架情况及打折、促销等信息，或者对售后满意度等进行调查，以此来吸引老客户回头下单。

卖家通过“营销效果”功能可以查看邮件营销及定向优惠券营销的效果，包括累计营销人数、累计订单数、客户回访数、累计成交额和退订客户数等。

## 二、跨境电子商务店铺自主营销工具的使用

“限时限量折扣”“全店铺打折”“满立减”和“优惠券”是全球速卖通平台的四大店铺自主营销工具。图 5-5 所示为某产品店铺自主营销活动详情页展示效果。此外，平台还开发了“购物券”和“店铺互动”两种新的营销工具。卖家可在后台学习店铺活动教程，查看每一项活动的个数和时长。图 5-6 所示为全球速卖通自主营销工具设置入口。

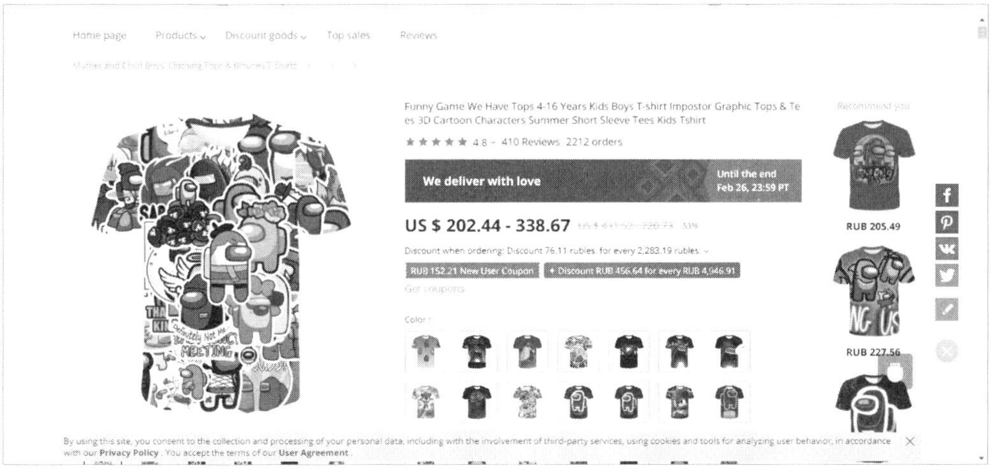


图 5-5 店铺自主营销活动详情页展示效果

图 5-6 全球速卖通自主营销工具设置入口

（1）限时限量折扣

① 什么是限时限量折扣。

限时限量折扣即选定店铺的某些商品在规定的时间区间内享受一定的折扣优惠。在此时间段内，商品以折后价进行销售。

限时限量折扣活动可配合产品满立减、优惠券等活动实现新品快速出单、打造爆款、清理库存、优化商品排名并提升转化率。

平台为了方便卖家和店铺粉丝互动，增加粉丝黏性，还增加了定向人群（店铺粉丝）的限时限量折扣活动，每月限时限量活动数由 40 个增加到 60 个，活动时长额外增加了 960 小时。

② 限时限量折扣的注意事项。

限时限量折扣可跨月设置，但会同时占用 2 个月的活动数量，并扣减各自所占用的时长。比如，一个活动设置时间为 2021 年 1 月 31 日 00:00 到 2 月 3 日 23:59，这样 1 月和 2 月各扣减 1 个活动数，活动时长分别扣减 24 小时和 72 小时。

活动设置时间为美国太平洋时间。卖家可选择“实时发布”（见图 5-7），即无须设置活动开始时间，活动创建后添加商品，可设置发布后 5 分钟内活动生效。卖家也可提前设置活动时间，但必须在活动开始前至少 12 小时完成活动商品创建。在活动开始前 6 小时，商品将进入锁定状态等待展示，处“等待展示”和“展示中”状态的产品只可编辑部分字段，如有错误，活动不能停止，只能下架商品。

图 5-7　限时限量折扣实时发布设置

活动折扣包括全站折扣和手机专享折扣，手机专享折扣可以不设置，如果设置，则必须比全站折扣至少低 1%。设置折扣要注意，参与限时限量折扣的商品价格会计入 30 天最低价，而在报名平台大促时需要达到“30 天最低价”和“各行业最低类目折扣要求”的门槛，因此要注意控制商品的折扣力度。

参与限时限量折扣活动前可单独或批量设置活动折扣和库存，活动开始后也可增加活动库存，如图 5-8 所示。

限时限量折扣活动与平台常规活动的优先级相同，同一商品不能同时参加这两个活动。限时限量折扣活动的优先级高于全店铺打折活动，当两个活动重叠时，优先展示限时限量折扣活动。限时限量折扣活动可与店铺满立减活动、店铺优惠券活动同时进行，产生叠加优惠，促使买家下单。

③ 限时限量折扣的设置技巧。

限时限量折扣包括“限时”和“限量”两个方面，因此，活动应当设置少量多次，时间不宜过长，活动库存不宜过多。时间短、活动库存少，可以营造紧张的促销氛围，促使买家下单。但卖家同时应时刻关注活动库存，若在活动期内商品活动库存售完则应及时补充。

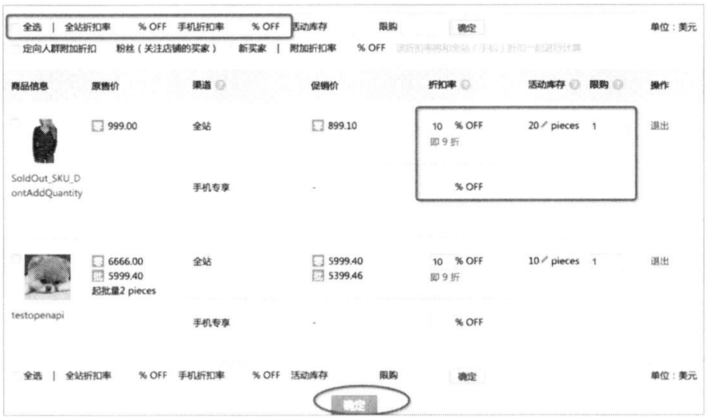


图 5-8 限时限量折扣设置

由于活动资源有限，因此要选择表现较好的商品及时加入限时限量折扣，并做好跟踪。应根据店铺的流量规律和主推市场来确定商品的流量高峰时段，以此作为活动的起始时间。

（2）全店铺打折

① 什么是全店铺打折。

全店铺打折是以“营销分组”为依据，不同组别设置不同的折扣率，可覆盖店铺所有商品的营销活动。卖家要注意“营销分组”与“商品分组”的区别。“营销分组”是以商品折扣为依据的分组，同一组别的商品设置相同的全店铺折扣率；“商品分组”是以商品类别、名称为依据的分组，既方便卖家进行分类管理，也方便买家进行商品查找。没有进行“营销分组”的商品会被系统自动分配到 Other 组内。

全店铺打折的展示效果和限时限量折扣一样，但优先级比限时限量折扣低。

② 全店铺打折的注意事项。

全店铺打折需要在活动开始前至少 24 小时设置，活动开始前 12 小时进入锁定状态。全店铺打折活动每月有 20 个，30 天的月份活动时长为 720 小时（30×24），31 天的月份活动时长为 744 小时（31×24）。全店铺打折可跨月设置，但会同时占用 2 个月的活动数，并扣减各自所占用的时长。

全店铺打折与限时限量活动不同，不设置独立的活动库存，售卖时直接扣减商品库存。除了平台大促活动，全店铺打折不要求所有营销分组（包括 Other 组）必须打折，但要求至少设置一个组别才可成功提交。图 5-9 所示为全店铺打折折扣设置页面截图。

为了避免卖家提高原价、虚假打折的情况，更好地提升买家的购物体验，平台针对各行业设置了适合行业情况的全店铺活动打折上限。例如，一级类目“服装/服饰配件”（Apparel Accessories）的折扣上限为 50%，即无线端和全站折扣都不能低于 5 折。因为每个行业的折扣上限都不一样，所以应尽量按照类目进行营销分组，以免活动设置失败。

（3）满立减

① 什么是满立减。

满立减活动针对的是店铺的全部或部分商品，在买家订单中，若订单中商品的总额超过了其设置的优惠条件（满 *X* 元），则在买家支付时系统会自动减去优惠金额（减 *Y* 元）。

图 5-9　全店铺打折折扣设置页面截图

② 满立减的作用。

设置满立减可以刺激买家为了达到优惠条件多买，从而提升销售额，拉高平均订单金额和客单价。因此卖家应计算店铺的客单价，设置合理的促销规则。例如，某店铺的客单价是 80 美元，可设置成满 100～120 美元的满减条件，但如果满减条件设置过高就形同虚设、无人买账了。

满立减可以对指定商品实施优惠，且其最终成交价格不计入最低价，可用于促进新品快速出单。

③ 满立减的注意事项。

满立减活动不仅可以支持全店商品维度进行创建，也可以针对部分商品进行设置。每月满减活动总数为 10 个，总时长为 720 小时（30 天）。满立减活动与前两种店铺自主活动不同，不可跨越设置。满立减活动须至少提前 24 小时进行设置。

满立减条件可设置为单层级或多梯度满减，如图 5-10 所示。单层级满立减支持优惠累加的功能，如图 5-11 所示。例如，当促销规则为满 100 美元减 10 美元时，则满 200 美元可减 20 美元、满 300 美元可减 30 美元，依次类推，上不封顶。选择“多梯度满减”，则需要至少设置 2 个梯度、最多可以设置 3 个梯度的满立减优惠条件。多梯度满立减设置时需要满足以下两个条件：第一，后一梯度的订单金额必须大于前一梯度的订单金额；第二，后一梯度的优惠力度必须大于前一梯度的优惠力度。例如，满减第一梯度设置为满 100 美元立减 10 美元（9 折），则满立减第二梯度设置的单笔订单金额必须大于 100 美元，假设设置为 200 美元时，则设置对应的满立减金额必须大于或等于 21 美元（8.95 折）。

图 5-10　满立减活动商品及促销规则设置

图 5-11　满立减单层级设置

满立减活动的订单金额包括商品的折后价和运费。由于满立减可以和任意活动叠加使用，卖家要注意核算利润率，可优化店铺的商品价格和品类，设置不同的搭配组合。比如，某店铺的满减规则是满 100 美元减 10 美元，而店铺大部分商品的价格为 80 美元左右，可以巧妙地插入价格为 20～40 美元的关联产品让客户凑单。

（4）店铺优惠券

店铺优惠券主要包括领取型优惠券、定向发放型优惠券、金币兑换优惠券、秒抢优惠券和聚人气优惠券 5 种。

① 领取型优惠券。

领取型优惠券须至少提前 1 小时创建活动。活动开始和结束时间表示买家可领取优惠券的时间。

领取型优惠券的展示位置为产品详情页主图右边（见图 5-12）、店铺的 Sale Items 页面，以及平台优惠券页面。

图 5-12　领取型优惠券详情页的展示位置

领取型优惠券可根据会员级别进行区别设置，使用范围可选店铺全部或部分商品。领取型优惠券的面额代表优惠券金额，金额范围为 1～200 美元（正整数）；每人限领数为 1～5 张；总发放数量为 50～9999 张（正整数）；使用条件可以不限，但订单金额必须大于优惠券金额，也可根据客单价设置满 $X$ 减 $Y$（单位为美元）优惠券。

② 定向发放型优惠券。

定向发放型优惠券有“选择客户线上发放”和“二维码发放”两种形式。“选择客户线上发放”定向优惠券需要添加客户，可以查看所有交易记录、加购物车或加收藏夹的客户，并进行筛选，给这些老客户或潜在客户发放店铺优惠券，建议卖家给客户发送优惠券营销邮件，从而刺激买家下单。

“二维码发放”定向优惠券要保存并下载二维码，建议卖家将二维码放在客户的包裹中，买家下载全球速卖通的手机客户端时就可以扫码领取优惠券了，如图 5-13 所示。

图 5-13 “二维码发放”定向优惠券举例

定向发放型优惠券在活动设置后即时生效，可设置限制条件或不限条件。与领取型优惠券不同，定向发放型优惠券是不会在店铺中展示的。

③ 金币兑换优惠券。

金币兑换优惠券活动的创建与领取型优惠券相似，可设置限制条件或不限条件；不同的是，金币兑换优惠券是增加店铺流量的一种手段。在活动开始后，卖家设置的优惠券信息将在无线端的金币频道（Coins& Coupons）向买家展示，买家可通过“金币兑换”领取优惠券，如 50 个金币可兑换 1 美元。

④ 秒抢优惠券。

秒抢优惠券的活动时间可选择 2:00/8:00/14:00/20:00，结束时间为活动开始后的 2 小时。秒抢优惠券不能设置限制条件，通过无门槛的大额店铺优惠券吸引买家到店，可有效维持店铺的买家活跃度。秒抢优惠券设置后不会在店铺内呈现，只有报名相应的平台活动才会出现在平台活动的场景内。因此，单独设置秒抢优惠券没有曝光渠道，需要结合平台活动才能获得曝光场景。

⑤ 聚人气优惠券。

聚人气优惠券和秒抢优惠券一样，既不能设置限制条件，也不会主动在店铺内呈现，但会在一些平台活动中不定时获得相应曝光。买家需要请其他买家帮其领取才能获得聚人气优惠券，因此可通过买家人传人的形式快速给店铺带来新流量。

## 任务评价

### 1. 学生自评

跨境电子商务店铺自主营销学习的学生自评表，如表 5-7 所示。

表 5-7　跨境电子商务店铺自主营销学习的学生自评表

| 班　　级 | | 学　　号 | | 姓　　名 | |
|---|---|---|---|---|---|
| 角色 | ○ 组长　　○ 组员 | | 完成时间 | | |
| 任务 | | 完成情况记录 | | | |
| 理论学习情况 | | | | | |
| 技能训练情况 | | | | | |
| 任务完成情况 | | | | | |
| 任务创新情况 | | | | | |
| 完成任务后的收获 | | | | | |

## 2. 生生互评

跨境电子商务店铺自主营销学习的生生互评表，如表 5-8 所示。

表 5-8　跨境电子商务店铺自主营销学习的生生互评表

| 班　　级 | | 被评人学号 | | 被评人姓名 | |
|---|---|---|---|---|---|
| 评价者角色 | | 评价者学号 | | 评价者姓名 | |
| 任务 | | 完成情况记录 | | | |
| 理论学习情况 | | | | | |
| 技能训练情况 | | | | | |
| 任务完成情况 | | | | | |
| 任务创新情况 | | | | | |
| 完成任务后的收获 | | | | | |

## 3. 教师评价

跨境电子商务店铺自主营销学习的教师评价表，如表 5-9 所示。

表 5-9　跨境电子商务店铺自主营销学习的教师评价表

| 班　　级 | | 被评人学号 | | 被评人姓名 | |
|---|---|---|---|---|---|
| 任务 | | 完成情况记录 | | | |
| 理论学习情况 | | | | | |
| 技能训练情况 | | | | | |
| 任务完成情况 | | | | | |
| 任务创新情况 | | | | | |
| 完成任务后的收获 | | | | | |

## 拓展练习

利用全球速卖通模拟教学平台，选择合适的商品，进入全球速卖通后台，分别对店铺设置限时限量折扣、满立减、优惠券等店铺自主营销活动，并进行橱窗推荐、关联营销、客户管理营销。

# 任务三　跨境电子商务站外引流

## 任务描述

站外推广是指应用站外推广渠道，将站外流量吸引到平台内的推广方式。跨境电子商务站外引流常见的方式有搜索引擎营销、社交媒体营销等。搜索引擎营销包括竞价排名、购买关键词广告和搜索引擎优化，其中搜索引擎优化因其低成本和高效率而备受广大卖家重视。社交媒体营销的形式丰富，其是依托各社交媒体网站或网络红人而进行的内容营销，是当下流行的网络营销方式。

## 学习目标

1. 学会运用搜索引擎工具如谷歌进行引流；
2. 学会运用社交网站进行引流的方法。

## 任务分配

本任务分两组进行，每组由一位组长和若干组员构成。组员在组长的带领下，根据【任务准备】的引导问题进行任务分工，分别完成运用搜索引擎工具如谷歌进行引流及运用社交网站进行引流的认知和基本应用。跨境电子商务站外引流的学习任务分配表，如表5-10所示。

表5-10　跨境电子商务站外引流的学习任务分配表

| 班　级 | | 组　号 | | 组　名 | |
|---|---|---|---|---|---|
| 学习内容 | O搜索引擎工具谷歌引流　　O 社交网站引流 | | | | |
| | | | | | |
| 角色 | 姓名 | 学号 | 任务分工 | | |
| 组长 | | | | | |
| 组员 | | | | | |
| | | | | | |
| | | | | | |
| | | | | | |
| | | | | | |

## 任务准备

**引导问题1：**跨境电子商务站外引流的方法有哪些？请举例。

**引导问题2：**如何运用搜索引擎工具进行引流？以谷歌为例说明。

引导问题 3：国外比较流行的社交网站有哪些？请举例。

## 任务实施

### 一、运用谷歌进行引流

#### 1. 搜索引擎营销介绍

搜索引擎是近二十年来互联网行业发展迅速的领域之一。互联网就像一个巨型的网络图书馆，在这个网络图书馆里存在着并且时时刻刻都在产生着大量的信息。数以亿计的信息远超出了人类的想象与掌控。如果没有搜索引擎，那么人们将难以找到想要的目标信息。

搜索引擎营销（Search Engine Marketing，SEM）是一种网络营销形式，即全面而有效地利用搜索引擎来进行网络营销和推广。搜索引擎营销追求最高的性价比，即以最小的投入获得最大的来自搜索引擎的访问量，并产生商业价值。

搜索引擎营销一般包括竞价排名、购买关键词广告和搜索引擎优化。

（1）竞价排名

竞价排名顾名思义就是网站付费后才能被搜索引擎收录，付费越高者排名越靠前。竞价排名服务，是由用户为自己的网页购买关键词排名，按点击计费的一种服务。用户可以通过调整每次点击付费价格，控制自己在特定关键字搜索结果中的排名，并可以通过设定不同的关键词捕捉到不同类型的目标访问者。

（2）购买关键词广告

购买关键词广告即在搜索结果页面中显示广告内容，实现高级定位投放，用户可以根据需要更换关键词，相当于在不同页面轮换投放广告。

（3）搜索引擎优化

搜索引擎优化就是通过对网站优化设计，使得网站排名在搜索结果中靠前。搜索引擎优化包括网站内容优化、关键词优化、外部链接优化、内部链接优化、代码优化、图片优化、搜索引擎登录等。

#### 2. 谷歌的运用

Google 搜索引擎是世界上最大的搜索引擎之一。谷歌广告 Google AdWords 因为广告流量巨大，很多跨境电子商务卖家将其作为海外营销推广的手段之一。Google AdWords 是一种通过 Google 关键词广告或 Google 遍布全球的内容联盟网络进行推广的付费网购推广方式，它可以选择文字、图片和视频广告等多种广告形式。

Google AdWords 可以投放 5 种类型的广告，分别是搜索广告、展示广告、购物广告、视频广告、应用推广广告。

（1）搜索广告

搜索广告是有人搜索才展示的广告。当用户对某些关键词进行搜索时，相应的文字广告会出现在用户的搜索结果中（可设置仅限谷歌搜索引擎或包括谷歌的合作伙伴）。

其工作原理是根据用户搜索的字词或词组与广告设置的关键词进行匹配，相匹配且质量较高的广告可能会在用户搜索结果中得到展示。

（2）展示广告

展示广告是向广告投放者定位的特定群体或网站展示的广告，出现在众多网站、移动应用和视频内容中。Google 展示广告网络包含约 200 万家网站，覆盖全球 90%以上的互联网用户。展示广告可以设置自适应广告、图片广告、互动广告、Gmail 广告等。

投放者可以按照特定受众群体来有针对性地展示广告。例如，曾经访问过网站的用户、将产品加入购物车但未下单的用户、可能有意向购买特定产品的用户，以及具有明显受众特征的用户等。

投放者也可以通过定位内容来使广告展示在特定类别内容的网页或网站上。例如，对于卖瑜伽袜的广告，投放者可以定位广告内容从而将广告展示在瑜伽博客上。

（3）购物广告

购物广告是将包含产品照片、名称、价格、商店名称等的广告展示在用户的搜索结果中的广告。

购物广告的投放需要投放者设置 Google Merchant Center 账户，并将其与 Google AdWords 账号绑定。

（4）视频广告

视频广告是可以在 YouTube 上或整个 Google 展示广告网络上展示视频的广告。视频广告分为 3 种：True View in-stream Ads、True View video discovery Ads 和 Bumper Ads。

① True View in-stream Ads。

True View in-stream Ads 即插播广告，既可以在其他 YouTube 视频播放前、播放中或播放后投放，也可以在整个 Google 展示广告网络的网站、游戏或应用中投放，还可以在嵌入其他网站的 YouTube 视频中投放。视频播放一定时间之后，观看者可以选择跳过广告。

② True View video discovery Ads。

这种广告只限于在 YouTube 内投放。当用户点击广告的缩略图时，广告视频会在 YouTube 或频道主页上播放。由于此种广告的外观取决于具体视频所支持的广告尺寸和广告格式，所以此种广告的外观会有所区别。

③ Bumper Ads。

这是一种短视频广告，可利用它来吸引客户、提升品牌认知度。此类广告的时长为 6 秒或更短，且观看者无法选择跳过广告。

（5）应用推广广告

这种广告主要用来推广 App，吸引用户下载。与其他广告不同的是，这种广告不需要投放者设置具体的广告，只需要提供一些文字、设置起始出价和预算、定位语言和地理位置，然后系统会对不同的广告组合进行测试，选择投放效果最佳的广告并频繁投放。应用推广广告的展示位置包括 Google Search、Google Play、YouTube 和 Google Display Network 等。

## 二、利用社交网站引流

### 1. 什么是社交媒体营销

社交媒体营销（Social Media Marketing）是指利用消费者在博客、论坛、在线社区、百科和其他社交媒体平台上发布的内容来进行营销推广和客户服务维护/开拓的一种营销方式。与搜索引擎、电子邮件等网络营销方式相比，社交媒体营销以信任为基础的传播机制和用户的高主动参与性，更能影响网民的消费决策，并且为品牌提供了大量被传播和被放大的机会。社交媒体用户黏性和稳定性高、定位明确，可以为品牌提供更细分的目标群体。目前，社交媒体营销的市场仍在不断扩大，成为一种全新的商业竞争模式。

在国际上具有代表性的社交媒体平台有推特（Twitter）、照片墙（Instagram）、拼趣（Pinterest）、VKontakte（VK）、领英（LinkedIn）、YouTube 等。全球速卖通平台在产品详情页为用户提供了一键分享到各大社交平台的功能，如图 5-14 所示。

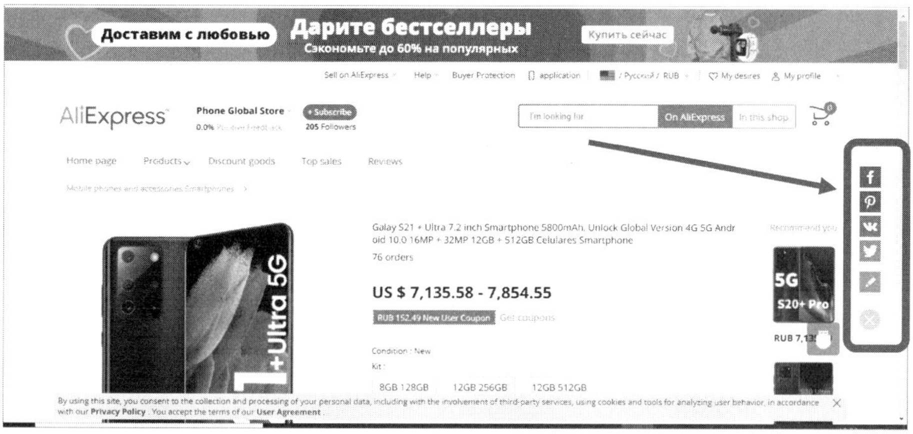


图 5-14 全球速卖通产品详情页提供一键分享到各大社交平台的功能

## 2. 主要社交媒体平台介绍

（1）Twitter

Twitter 是由 Jack Dorsey 在 2006 年 3 月创办，并于当年 7 月启动的一家美国的社交网站，是全球互联网上访问量最大的十个网站之一。Twitter 是微博的鼻祖，最初它为突出“微”，讲究言简意赅，限制用户发送不超过 140 个字符的消息，称作“推文”（Tweet），现此限制已被取消。

Twitter 有自己的优势：在 Twitter 上，广告会显示在时间线上，即屏幕中心位置，能吸引更多的用户；与其他社交软件复杂的广告界面相比，Twitter 的广告界面体现了很高的用户友好性，通过信息中心和广告界面可以轻松创建广告。

（2）Instagram

Instagram 由 Kevin Systrom 和 Mike Krieger 于美国旧金山联合创办，2010 年 10 月正式上线，随后其用户数迅速增长。Instagram 以一种快速、美妙和有趣的方式让用户彼此分享抓拍的图片。Instagram 的使用群体非常广泛，演艺圈艺人、时尚博主、网络红人都在使用 Instagram 发布自己的生活照、街拍照等，是时尚类品牌的良好营销渠道。

（3）Pinterest

Pinterest 由美国一个名为 Cold Brew Labs 的团队创建，于 2010 年正式上线，是世界上最大的图片社交分享网站之一。Pinterest 采用瀑布流的形式展示图片，无须用户翻页，页面底端会不断加载新图片。Pinterest 允许用户创建和管理主题图片集合，如按照事件、兴趣和爱好等分类的图片集合。

（4）VK

VK 是俄罗斯最大的社交网站。除俄罗斯外，VK 还是乌克兰、白俄罗斯、哈萨克斯坦等俄语系国家的主流社交媒体平台。此外，VK 还推出了多语言版本，让其他国家或地区的用户也可以在平台与俄语系市场的客户进行互动。俄罗斯是中国跨境电子商务的重要市场之一，因此 VK 也成为跨境电子商务营销人员的必争之地。

（5）LinkedIn

LinkedIn 于 2002 年 12 月在美国成立，2003 年启动上线，是大型职业社交网站，其全球会员已超过 5 亿名。LinkedIn 致力于向全球职场人士提供沟通平台，并协助他们发挥所长，打造专属人脉。2016 年 6 月，LinkedIn 被微软全资收购。

LinkedIn 不仅是跨国求职的重要利器，还为品牌与产品推广提供了优质曝光的精准渠道。LinkedIn 有公司专页，公司专页可以完整地呈现公司及产品介绍，定期更新公司动态，让感兴趣的用户追踪、评价和推荐，还可以链接公司员工的简历，增加公司的曝光度与影响力。

LinkedIn 广告主要有动态赞助（Sponsored Updates）和文字广告（Text Ads）两种：前者是付费让自己公司的动态消息让更多人看到；后者是以简单的图文广告形式展示在网站的右侧，或者以纯文字的形式出现在网站搜寻列下方，并通过广告将用户导入公司专页或公司网站。收费方式有按点击收费和按曝光次数收费两种。

（6）YouTube

YouTube 是由美籍华人陈士骏等人于 2005 年创立的视频网站。2006 年 11 月，Google 公司收购了 YouTube，并把它当作一家子公司来经营。作为当前行业内领先的在线视频服务提供商，YouTube 拥有 10 亿名活跃用户，接近全球人口的 1/7，YouTube 的系统每天要处理上千万个视频片段，为全球用户提供高水平的视频上传、下载、分发、展示和浏览服务。

### 3. 社交媒体营销技巧

社交媒体营销的三大技巧主要包括事件营销、红人营销、信息流与瀑布流营销。

（1）事件营销

卖家可以通过 Instagram、Twitter 等社交媒体渠道制造营销型事件，引起用户关注，并通过引发持续关注、发酵事件增加用户的兴趣。卖家可以输入品牌故事，以品牌价值渲染提升影响力；也可以通过各种不同渠道的“再营销”（Remarketing）模式去促进销售，分享已购买用户的体验及心得，引爆商品卖点。

（2）红人营销（KOL Marketing）

有调查显示，不同地区、不同领域的红人/达人（KOL）在精准触达目标消费者方面有明显优势。94%的广告主肯定 KOL 的推广效果，足以证明其影响力；近一半（49%）的 Twitter 和 Instagram 用户会参考 KOL 的推荐。

（3）信息流与瀑布流营销

信息流是以信息为内容排列展示的模块，广义上指在空间和时间上向同一方向运动的一组信息，它们有共同的信息源和信息的接收者。瀑布流就像瀑布一样，源源不断地向用户展示信息，视觉表现为参差不齐的多栏布局，随着页面滚动条向下滚动，典型例子是将推广的产品直接发布到 Pinterest 上进行分享。

## 任务评价

### 1. 学生自评

跨境电子商务站外引流学习的学生自评表，如表 5-11 所示。

表 5-11 跨境电子商务站外引流学习的学生自评表

| 班　　级 | | 学　　号 | | 姓　　名 | |
|---|---|---|---|---|---|
| 角色 | ○ 组长　　○ 组员 | | 完成时间 | | |
| 学习内容 | ○ 热销品分析工具：海鹰数据　　○ 标签工具：卖家网 | | | | |
| 任务 | | 完成情况记录 | | | |
| 理论学习情况 | | | | | |
| 技能训练情况 | | | | | |
| 任务完成情况 | | | | | |
| 任务创新情况 | | | | | |
| 完成任务后的收获 | | | | | |

### 2. 生生互评

跨境电子商务站外引流学习的生生互评表，如表 5-12 所示。

表 5-12 跨境电子商务站外引流学习的生生互评表

| 班　　级 | | 被评人学号 | | 被评人姓名 | |
|---|---|---|---|---|---|
| 评价者角色 | | 评价者学号 | | 评价者姓名 | |
| 被评人学习内容 | | ○搜索引擎工具谷歌引流　　○ 社交网站引流 | | | |
| 任务 | | 完成情况记录 | | | |
| 理论学习情况 | | | | | |
| 技能训练情况 | | | | | |
| 任务完成情况 | | | | | |
| 任务创新情况 | | | | | |
| 完成任务后的收获 | | | | | |

### 3. 教师评价

跨境电子商务站外引流学习的教师评价表，如表 5-13 所示。

表 5-13 跨境电子商务站外引流学习的教师评价表

| 班　　级 | | 被评人学号 | | 被评人姓名 | |
|---|---|---|---|---|---|
| 被评人学习内容 | | ○搜索引擎工具谷歌引流　　○ 社交网站引流 | | | |
| 任务 | | 完成情况记录 | | | |
| 理论学习情况 | | | | | |
| 技能训练情况 | | | | | |

续表

| | |
|---|---|
| 任务完成情况 | |
| 任务创新情况 | |
| 完成任务后的收获 | |

## 拓展练习

1. 选择一家跨境电子商务店铺，为其撰写搜索引擎营销方案。

2. 创建一个主流社交媒体网站的账号并发布营销信息，对跨境电子商务店铺进行站外推广。

# 项目六 跨境电子商务视觉美工

“电商就是卖图”这一说法得到了很多卖家的认可。可以说在电子商务行业中，一图胜千言。跨境电子商务视觉内容的重要性不言而喻，视觉美工可以通过图片、小视频等的处理来刺激消费者的感官来提高商品认同感，从而激发其购买欲，可以在短时间内产生较大的影响力，增进商品或服务与消费者之间的联系，促成最终的交易行为，达到营销目的。因此，跨境电子商务视觉美工作为可视化的在线业务是至关重要的，堪称卖家的“必杀技”。

本项目介绍如何进行跨境网店店铺装修、商品图片的拍摄与处理、商品视频的拍摄与处理等技能，从而起到辅助商品销售的目的。

## 任务一　跨境网店店铺装修

### 任务描述

网店店铺装修与实体店店铺装修的目的都是让店铺变得更美，更能吸引消费者。对于网店来说，好的店铺设计至关重要，因为网络消费者只能通过图文形式来了解商品和商家。优秀的店铺装修设计可以增加网店的附加值，给人正规、大气、专业的感觉，给消费者留下深刻的印象且促进销售。本任务对现有的图形元素进行合理的组织和安排，介绍店铺装修模板设置、店招设置的操作，以及如何进行店铺海报的制作。

### 学习目标

1. 懂得确定店铺首页风格和模板设置；
2. 熟悉店招所包含的常规内容及其设置的基本操作；
3. 掌握海报的功能、尺寸要求、制作小技巧与后台设置。

### 任务分配

本任务为分组任务：每组组员在组长的带领下，根据【任务准备】的引导问题进行任务分工，合力完成某跨境电子商务店铺首页的设计与制作。跨境网店店铺装修任务分配表，如表 6-1 所示。

表 6-1　跨境网店店铺装修任务分配表

| 班　级 | | 组　号 | | 组　名 | |
|---|---|---|---|---|---|
| | | | | | |
| 角色 | 姓名 | 学号 | 任务分工 | | |
| 组长 | | | | | |
| 组员 | | | | | |
| | | | | | |
| | | | | | |
| | | | | | |
| | | | | | |

## 任务准备

**引导问题 1：**跨境网店店铺装修通常包括哪些内容？

**引导问题 2：**什么是店招？店招一般有哪些作用？

## 任务实施

### ▶▶ 一、跨境网店店铺装修模板设置

进行店铺装修首先需要做的就是结合店铺自身的风格定位、活动、商品和客户圈层等信息，在跨境电子商务平台允许的结构范围内进行合理组合与布局，以达到让人能从店铺中更便捷、更清晰、更享受地获取店铺信息和商品信息的目的。

#### 1. 店铺装修注意事项

在进行跨境网店店铺装修时，需要注意如下几点。

① 店铺风格是店铺布局的前提，要充分考虑品牌、商品信息、目标客户、市场环境及季节等因素的影响。

② 店铺活动和主推信息模块要放在非常重要和显眼的位置，让人一目了然。

③ 商品推荐模块中所推荐的商品一定要经过精心筛选，数量不宜过多。

④ 模块结构和商品系列要清晰明了。

#### 2. 店铺装修后台操作

很多跨境电子商务平台系统配置了相应的店铺装修模板，掌握店铺装修模板的使用方法是进行店铺装修的前提。下面以全球速卖通平台的店铺装修为例，讲解店铺装修的后台操作步骤。

步骤 1：在全球速卖通卖家中心，在“店铺”菜单中单击“店铺装修”按钮，然后选择“无线端模板”或“PC 端模板”，即可在“官方模板”内选择全球速卖通店铺装修页面的基

本版式，也可使用购买的“第三方设计师模板”，如图 6-1 所示。

图 6-1 全球速卖通后台店铺装修入口页面截图

步骤 2：选好“模板”后，切换到“页面”板块，可切换无线端和 PC 端，分别查看“首页”命令，此时可对店铺进行“一键智能装修”，如图 6-2 所示。智能化首页会通过智能化模块对店铺的“满减折”营销活动进行推广，按照宝贝分类及是否为新品在用户浏览时进行引导。模块均为系统算法，自动实现实时更新，无须编辑。同时，卖家还可以在智能化首页的基础上进行编辑添加其所需的装修模块。

图 6-2 全球速卖通店铺装修“首页”入口截图

步骤 3：若需要增加页面，可打开“新增页面”窗口，在弹出的窗口中填写新增页面的名称（见图 6-3），然后单击“下一步”按钮，打开“选择页面模板”窗口（见图 6-4），选择所需模板后，单击“确定，开始编辑”按钮。

步骤 4：在“自定义页”和“新品页面”查看自己店铺已发布的页面，并进行预览和编辑。图 6-5 所示为全球速卖通店铺无线端“新品页面”，在“预览”状态下单击“装修页面”按钮，便可对该店铺无线端的页面进行再装修。

图 6-3　全球速卖通店铺装修“新增页面”弹窗截图

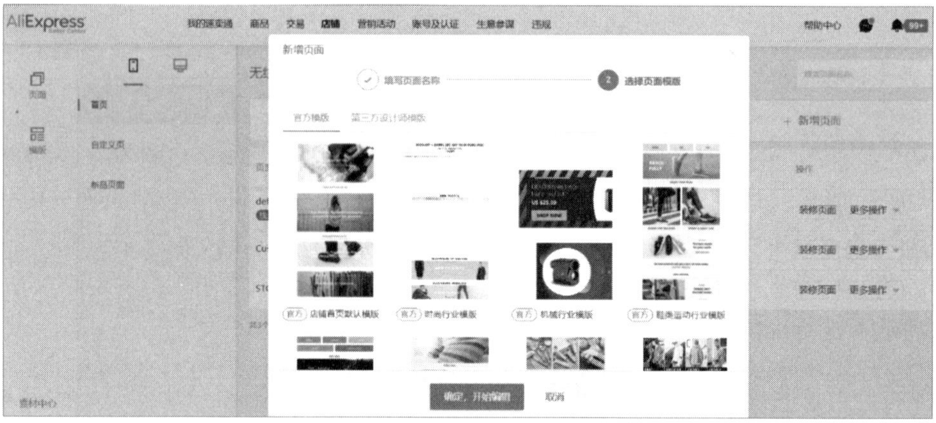


图 6-4　全球速卖通店铺装修“新增页面”—“选择页面模板”窗口截图

图 6-5　全球速卖通店铺装修无线端“新品页面”—“装修页面”举例

## 二、跨境网店店招设置

### 1. 店招的常规内容

店招，即一个店铺的招牌，通常由店铺 Logo、主打商品图、导航栏、搜索框、优惠信息或关注礼等信息共同构成。店招代表了一个店铺的品牌定位和商品定位，一般位于店铺首页的顶端，是店铺的展示窗口，也是买家对店铺生成第一印象的主要来源，应当结构清晰和便于记忆，如图 6-6 所示。

图 6-6 跨境网店店招举例

店招内容的设计可根据店铺的实际情况进行安排，其中最主要的功能项是导航栏。导航栏也称导航条，店铺中的导航栏类似于实体店的环境导视，能迅速指引买家找到其想要购买的商品。也有人认为导航栏是独立于店招下方的一个板块。这两种不同的说法可视作对店招这一概念的广义和狭义之分，均是可以理解的。

## 2. 跨境网店店招设置操作

全球速卖通平台是较为注重店铺打造的一大跨境电子商务平台，此处仍以全球速卖通平台为例，介绍跨境网店店招制作的步骤和注意事项。

步骤 1：全球速卖通平台对店铺店招的尺寸有严格规定，PC 端店铺装修时可直接用店铺名称或店铺 Logo 来作为店招。若是用自定义背景图作为店招，则图片的宽度应为 1920px，高度为 90px（导航栏另设）；无线端自定义背景图店招尺寸为 750px×300px。两个端口的店招均只支持 JPG 或 PNG 图片格式，图片大小均不得超过 2MB，如图 6-7 所示。

图 6-7 全球速卖通“PC 店招”设置页面

步骤 2：根据店招的内容安排，利用 Photoshop 软件工具，按照步骤 1 中的图片尺寸大小制作好店招。

步骤 3：在全球速卖通后台“店铺”图标“店铺装修”页面中单击“装修”图标，查看“使用中模块”，可切换选择 PC 店招和无线店招，如图 6-8 所示。单击“无线店招”按钮，中间店铺首页预览图的右侧就会出现“设置无线端店招”窗口，可随时上传新的自定义背景图，或用默认背景（一般为纯色）作为店招。

图 6-8 全球速卖通“无线店招”设置举例

## 三、跨境网店海报制作

### 1. 跨境网店海报的基本功能及内容

在进行跨境网店店铺装修时，店铺海报占据重要的位置，它可以让商品信息更加一目了然，个性化展示店铺，点击后快速进入主推商品页面，便于将主推商品展现给买家。很多商家都喜欢采用轮播海报的方式，通过2～5张自动切换的海报让进店的买家更快、更全面地了解到店内能提供的商品、服务或促销活动等信息。也有些跨境电子商务卖家倾向采用更具视觉冲击力的全屏海报，整体上更大气且容易突出店铺风格，视觉上让人感觉很舒服。

跨境网店的海报一般包括店铺Logo、模特展示图、主打商品图、促销文案等信息，如图6-9所示。

图6-9 跨境网店海报举例

### 2. 跨境网店海报的尺寸要求

海报的设计讲究号召力和感染力，文案简洁鲜明，能引起买家共鸣。进行海报设计时需要先根据海报的尺寸来定义内容，如可以实现全屏效果的海报通常使用1920px的宽度。但这时就会产生一个问题，即一些小的屏幕无法展示那么大的画面，因此屏幕中只显示海报的一部分内容。如果设计时把产品主体放在了海报偏旁边的位置，则很可能无法在屏幕中完全显示。所以，在动手设计之前要把产品主体的位置定在海报中心部位，确保海报主体在任何屏幕上都可以展示出来。

无线端轮播海报的尺寸则一般不宜太大，这是因为考虑到有些跨境电子商务买家所在地的网速有限，店铺海报太大容易影响跳转显示速度，致使本来好不容易得来的流量流失；但是，如果海报太小则容易给人不够清晰、不够专业的感觉。于是，很多平台会给出轮播海报的具体尺寸建议，如全球速卖通平台店铺装修中的无线端海报轮播图的建议尺寸为宽度固定在750px、高度控制在960px以内、图片大小在2MB以内。

### 3. 跨境网店海报制作小技巧

（1）行动按钮不可或缺

一张标准海报首先需要有一个主标题，有的海报还包含副标题和其他信息。特别需要注意的是，人们在看到一张海报时，可能已经产生了购买的欲望，或者想更多地了解商品，这就需要海报上有一个“Buy Now”或“Shop Now”按钮，这是一个能够促进点击的行动按钮，如图6-10所示。

图 6-10 跨境电子商务店铺海报之行动按钮举例

（2）把握黄金分割比例

跨境电子商务的客户虽来自不同国家、拥有不同的文化背景，但是大家对美的追求是一致的，商品图在一张海报中若处于黄金分割线的地方，往往是最符合大家视觉审美的，即将商品图/模特展示图放在一张海报约 1/3 处（靠左或靠右均可，另一侧摆放文案），如图 6-11 所示。

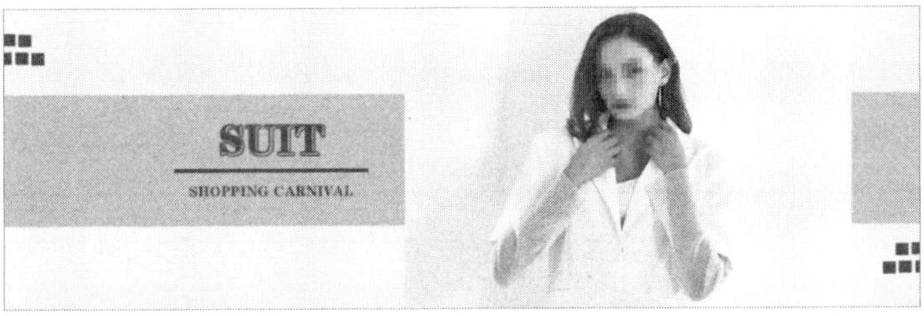


图 6-11 跨境电子商务店铺海报之黄金分割举例

### 4. 跨境网店海报设置操作

此处仍以全球速卖通平台为例，其后台中无论是 PC 端还是无线端的店铺轮播海报上传均在“装修”板块进行，入口如图 6-2 和图 6-5 所示。图 6-12 所示为全球速卖通某店铺无线端海报轮播图设置页面，在这里可以为店铺最多上传 5 张海报，海报应为 JPG 或 PNG 格式，可以通过海报缩略图前面向上/向下的箭头调整它们切换的先后顺序。

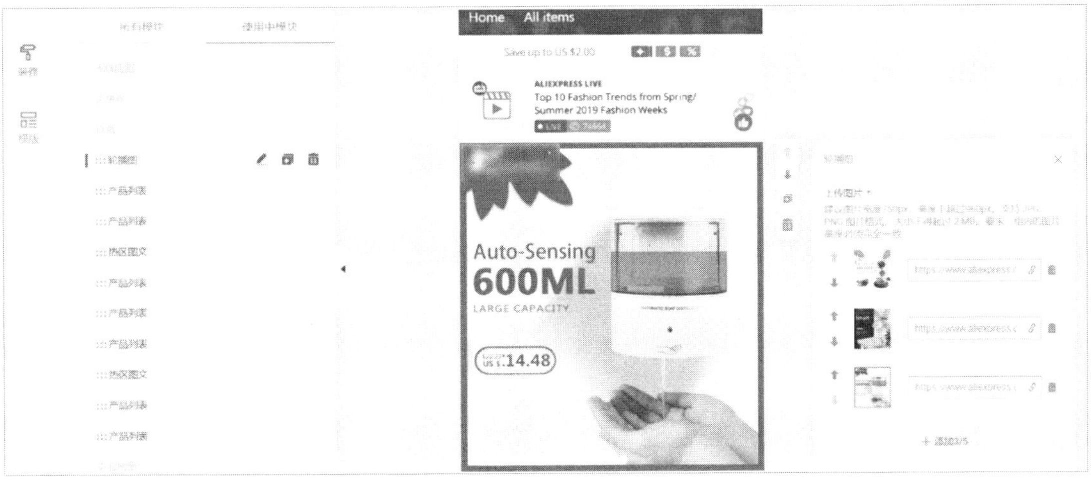


图 6-12 全球速卖通无线端海报轮播图的设置页面

## 任务评价

### 1. 学生自评

跨境网店店铺装修学生自评表，如表 6-2 所示。

表 6-2 跨境网店店铺装修学生自评表

| 班　级 | | 学　号 | | 姓　名 | |
|---|---|---|---|---|---|
| 角色 | ○ 组长　○ 组员 | | 完成时间 | | |
| 任务 | | 完成情况记录 | | | |
| 跨境网店店铺装修模板设置 | | | | | |
| 跨境网店店招设置 | | | | | |
| 跨境网店海报制作 | | | | | |
| 任务中的创新 | | | | | |
| 完成任务后的收获 | | | | | |

### 2. 生生互评

跨境网店店铺装修生生互评表，如表 6-3 所示。

表 6-3 跨境网店店铺装修生生互评表

| 班　级 | | 被评人学号 | | 被评人姓名 | |
|---|---|---|---|---|---|
| 评价者角色 | | 评价者学号 | | 评价者姓名 | |
| 任务 | | 完成情况记录 | | | |
| 跨境网店店铺装修模板设置 | | | | | |
| 跨境网店店招设置 | | | | | |
| 跨境网店海报制作 | | | | | |
| 任务中的创新 | | | | | |
| 完成任务后的收获 | | | | | |

### 3. 教师评价

跨境网店店铺装修教师评价表，如表 6-4 所示。

表 6-4 跨境网店店铺装修教师评价表

| 班　级 | | 被评人学号 | | 被评人姓名 | |
|---|---|---|---|---|---|
| 任务 | | 完成情况记录 | | | |
| 跨境网店店铺装修模板设置 | | | | | |
| 跨境网店店招设置 | | | | | |
| 跨境网店海报制作 | | | | | |
| 任务中的创新 | | | | | |
| 完成任务后的收获 | | | | | |

## 拓展练习

利用 Photoshop 等软件工具，任选主打商品，结合本节所讲的海报设计思路，每人完成一个专题节日海报的设计与制作。(跨境电子商务平台上通常会做营销活动的节日包括情人节、母亲节、儿童节、万圣节、圣诞节等。)

# 任务二　跨境商品图片拍摄与处理

## 任务描述

网购的特殊性决定了买家无法直接接触到商品实物，于是在这个“有图有真相”的时代，商品图片是商品最直观的展现方式，其品质直接影响着买家对商品及其品牌的印象。拍摄清晰、处理得看起来赏心悦目的商品主图，能赢得更多的点击率、浏览量、收藏量，优质的详情图更能提升该商品的转化率。这些数据是跨境电子商务卖家十分看重的，会给他们带来直接的收益。因此，跨境电子商务卖家需要学习专业的商品图片的拍摄方法，掌握商品图片的处理技巧，能针对商品主图进行制作，并对详情页图片进行优化。

## 学习目标

1．掌握商品图片拍摄的方法；

2．能较为熟练地对商品主图和详情页图片进行优化。

## 任务分配

本任务为两两组队任务：根据对商品特色与卖点的把握，每两位同学自行协商分工，配合完成某一个商品套图的拍摄任务。跨境商品图片拍摄与处理任务分配表，如表6-5所示。

表6-5　跨境商品图片拍摄与处理任务分配表

| 班　　级 | | 拍摄商品 | |
|---|---|---|---|
| | | | |
| 组员 | 姓名 | 学号 | 任务分工 |
| | | | |
| | | | |

## 任务准备

引导问题1：拍摄商品图片前通常需要做哪些准备？

引导问题2：一套商品图片大约包括多少张？请说说它们分别是哪些。

## 任务实施

### 一、跨境商品图片拍摄

要拍出好的图片先要做好策划，这是一个系统的过程，可以分为拍摄前的准备、图片拍摄和后期处理3步，如表6-6所示。

表 6-6 拍照策划准备事项表

| 阶　段 | 准 备 事 项 |
| --- | --- |
| 拍摄前的准备 | 商品拍摄要点分析 |
| | 选择合适的相机、拍摄环境、灯光和道具 |
| | 照片的风格定位 |
| 图片拍摄 | 根据材质布光 |
| | 背景陈设 |
| | 调整相机的解像度 |
| | 拍出清晰的照片 |
| 拍摄后期处理 | 挑选照片与管理 |
| | 图片处理 |

### 1. 商品图片拍摄前的准备

（1）商品拍摄要点分析

任何商品都有其自身的商业价值，而商品的卖点必须经由照片呈现出来才能让买家了解到它的价值。于是，卖家在拍摄商品图片时需要懂得换位思考，拍出买家想了解的商品角度和细节，思考如何在有限的几张主图中将买家所关注的东西展现出来，同时还需要注意不同商品首图的统一性。

（2）拍摄工具与场地

当确定好商品的拍摄要点后，就需要选择相机、拍摄环境、灯光和道具。

相机要根据卖家的拍摄要求、经济条件及其对摄影知识的了解程度来选择。如果追求高品质的拍摄效果，在条件许可的情况下建议选用单反相机，因为单反相机的可操作性、成像效果相比普通的卡片相机有明显的优势。

拍摄环境可以分为室外自然环境、室内自然环境、室内摄影棚。不同的拍摄环境有不同的优势，拍摄环境的选择取决于拍摄时的光线条件，以及根据商品的大小、材质、想要拍出的预期效果等。目前，跨境电子商务平台上的商品图片较多采用的是白底图，拍摄环境和灯光设置如图 6-13 所示。

图 6-13　室内摄影棚及灯光设置

此外，有时还需要用到一些背景布、衬托物和辅助拍摄的道具，这些需要在拍摄前提前准备好。

（3）照片的风格定位

当拍摄要点明确、设备到位后，还需要确定一下商品图片的拍摄风格。先从商品本身出发，考虑这件商品最终的消费者是谁；再从消费者的民族文化、年龄特点、消费能力、价值观、审美观等方面进行分析，综合确定拍摄的背景、整体色调和模特的选择。

同时还需要考虑照片与其他同类产品照片的差异性，因为几乎所有商品都有很多同类商品，如果能从视觉上体现出与众不同的效果则更容易使商品在竞争大潮中脱颖而出。

目前各大跨境电子商务平台商品总体的拍摄风格包括如下几种。

① 简洁风格：纯色背景，整体效果干净明快，能突出产品本身。

② 时尚风格：在服饰、箱包、饰品等类目中最为常见，一般以时尚、性感的模特加上恰当的背景来体现产品的时尚感。

③ 情景创意风格：主要是将商品摆放于特定的环境中，或对商品进行创意摆放，添加陪衬物来营造氛围，从而达到烘托商品商业价值的效果。

如果对商品风格定位难以把握，则建议去查看同类目或同行业中销量或人气排名较为靠前的商品图片的拍摄风格，有选择性地进行参考。

### 2. 商品图片拍摄时的注意事项

如何拍摄出吸引买家的商品图片呢？需要注意以下几点。

① 只要有可能，请尽量使用自然光；一定要保证光线充足，并确认整件物品都能均匀采光。

② 背景应该选用纯净的素色，尽量简单，不混杂其他陈设，从而突出物品，大多数情况下以纯白色为佳。这样不仅有助于将买家的注意力集中于商品本身，而且不容易造成买家对实际出售物品的混淆。当然，如果商品本身颜色较浅时，可以用深色背景衬托物品。

③ 将相机的解像度设为中等，不仅可以确保图片像素，还可以加快图片档案在网站的上载时间，更方便进行图片编辑。

④ 拍摄物品时，图片中的物品尺寸必须够大，以便清楚显示物品的细节。在允许的情况下，让物品占满整个图片画面。同时，需要从多角度拍摄多张图片，以便让买家对商品有更全面的了解。例如，卖家可以拍摄物品标签、原先的包装和配件，以及商品正面、背面、侧面、顶部的多角度套图，如图 6-14 所示。

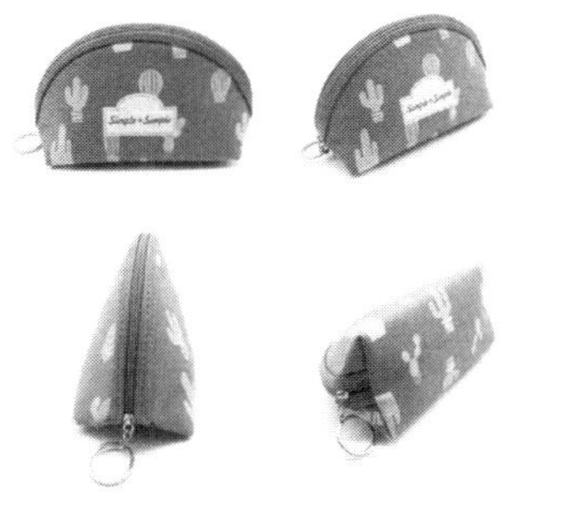

图 6-14 商品多角度图片拍摄举例

### 3. 商品图片的后期处理

图片上传到电脑硬盘后，卖家通常需要挑选出满意的图片，再用图片编辑软件来改善效果。可以使用 Photoshop 或其他图片编辑软件来对图片进行处理。一般需要进行如下几种基本操作。

① 裁剪图片，删除所有不必要的背景。

② 平衡对比度和亮度。

③ 锐化处理时千万不要锐化过度。

④ 根据跨境电子商务平台对商品图片尺寸的要求，调整图片大小。

⑤ 打上吸引买家眼球的标，如“Sale”或“50% OFF”等字样。切记标不要太大，可以放到照片的一角，采用比较醒目的颜色。

⑥ 商品图片不宜进行拼图处理；同款但不同颜色的商品图片不宜全部上传。

⑦ 图片设计需要基于对商品和消费人群的定位，在处理图片时可适当加入商品定位人群所喜好的元素与设计。图片后期处理通常会用到的网站包括但不限于如下几个：

- 设计方案网站：花瓣网，站酷网；
- 图片素材网站：我图网，全景网；
- 图表素材网站：千图网，图怪兽；
- 字体下载网站：16 素材网。

## 二、跨境商品主图制作

Photoshop 是一款用于图像处理和制作的专业软件，具有强大的图像装饰功能，不仅可以有效地进行图片的编辑工作、修复拍摄图片中可能存在的不足，还可以修复模特人物身上的瑕疵、进行皮肤润色等，是跨境电子商务卖家在商品图片处理过程中必备的工具软件。

目前，跨境电子商务商品主图根据各平台的规定不同，一般包括 5～8 张不等，其中第一张又称首图，首图多以清水图为主。所谓清水图，指的是纯色背景（以白色居多）、背景上无道具、只展示商品本身的图片，如图 6-15 和图 6-16 所示。

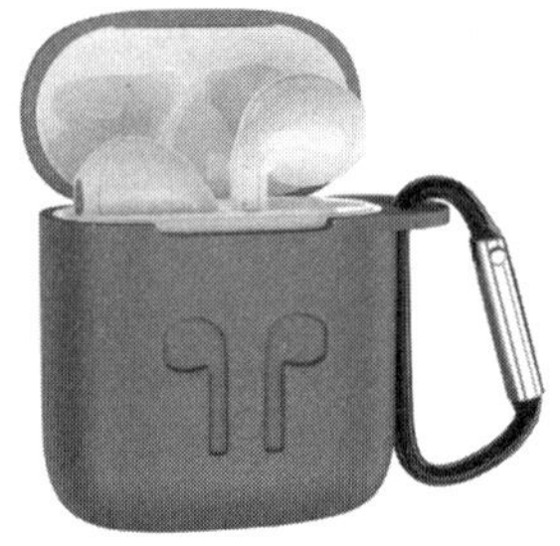

图 6-15 跨境商品主图清水图举例之一

图 6-16 跨境商品主图清水图举例之二

也有不少卖家会在主图上配以文案，展示商品的 Logo、功能、卖点、促销信息等，如图 6-17 和图 6-18 所示。

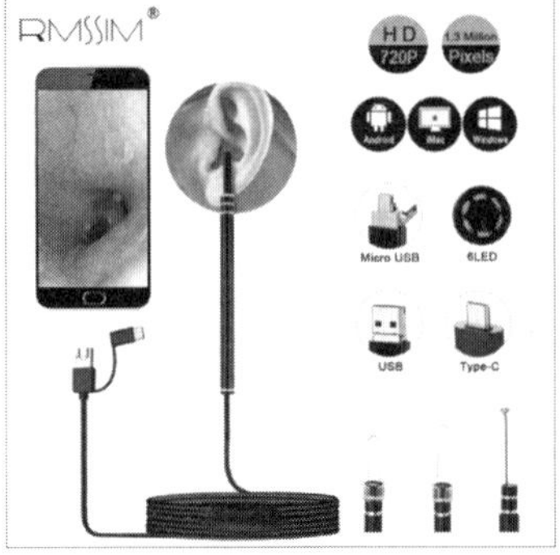


图 6-17 跨境商品配文案主图举例之一

图 6-18 跨境商品配文案主图举例之二

利用 Photoshop 进行跨境商品主图制作的步骤和操作示例如下。

步骤 1：打开拍摄原图。打开 Photoshop 软件，选择“文件”菜单中的“打开”命令，打开拍摄好的商品原图，如图 6-19 所示。

图 6-19 跨境商品主图处理之打开原图示例图

步骤 2：等比例裁剪图片。用裁剪工具，按 800px×800px 的主图尺寸进行裁剪（这一尺寸是大多数跨境电子商务平台要求商品主图达到的标准），按选裁剪工具后，到上方裁剪工具对应的属性栏中选择“方形 1:1”就可以裁剪了，如图 6-20 所示。

图 6-20 跨境商品主图处理之等比例裁剪图片示例图

步骤 3：添加滤镜效果。PS 滤镜效果很多，此处以液化效果为例。选择“滤镜”菜单中的“液化”命令，编辑衣服不完美、凹凸的地方，这个工具对于新手而言有一定的操作难度，需要多练习。此处主要用到的工具有向前变形工具、冻结蒙版工具、解冻蒙版工具，如图 6-21 所示。其中一些参数具体需要根据情况自行调节。

图 6-21　跨境商品主图处理之添加滤镜效果示例图

步骤 4：商品抠图。可以将物体勾选出来的工具有很多，如魔术棒、套索工具、钢笔、通道等。选区工具的选择往往需要结合图片本身的特点来综合分析、确定，每位图片处理者往往都有自己用得比较习惯的工具。本例中抠图后的商品如图 6-22 所示。

图 6-22　跨境商品主图处理之商品抠图示例图

步骤 5：进行图像调整并添加白色背景。勾选衣服出来后，需要填充一个白色的背景。首先添加图层再填充白色，然后用“图像”→“调整”命令里的亮度、饱和度工具，将衣服调亮、将颜色调正，这些通过图层下面的调整也一样可以做到，如图 6-23 所示。不同图像需要调整的地方不一，如果拍摄前期做得比较好，那么有一些调整工具不需用到。此例的处理如图 6-24 所示。

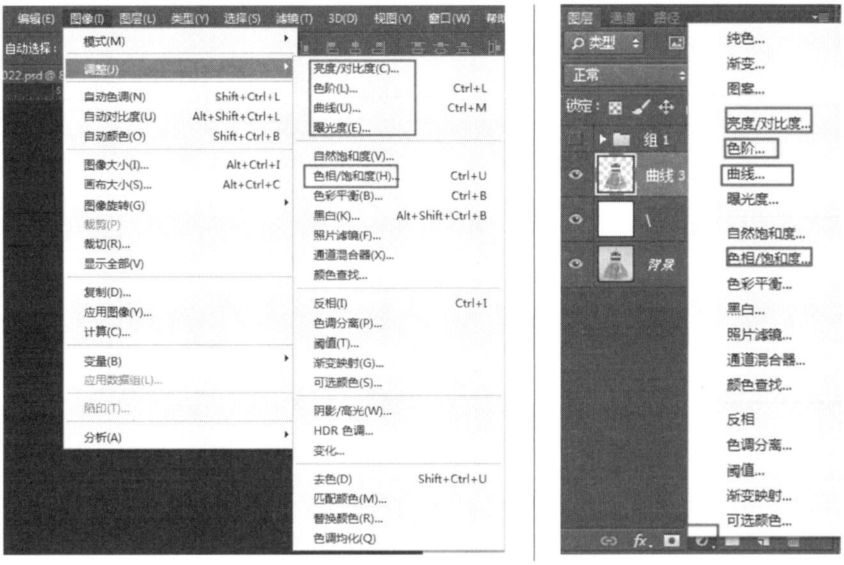


图 6-23　跨境商品主图处理之图像调整示例图

图 6-24　跨境商品主图处理之白色背景添加示例图

步骤 6：添加 Logo。如上处理完这张图后，和之前的原图会有很大的区别，明确地突出主体。最后一步就是添加商品对应的品牌 Logo，一般直接把 Logo 拖动到商品主图的左上角就完成了，如图 6-25 所示。

图 6-25 跨境商品主图处理之添加 Logo 示例图

## 三、跨境商品辅图处理

跨境商品辅图是指除商品主图外的其他图片，一般用于从多角度、多场景展示商品的不同卖点、细节，从而优化商品的详情页。好的详情页会带来高的点击量、转化率、客单价、较长的平均页面停留时间和较深的平均访问深度等，其中最重要的在于带来的高转化率。商品详情页从布局上看一般如图 6-26 所示。

商品详情页的内容包括品牌介绍；商品整体展示图；产品细节图；质检报告；尺码说明；使用/保养方式；运输/支付问题；生产实力展示图；常见问题与回答（FAQ）、关联商品推荐等。

下面以某全球速卖通店铺假发产品的详情页为例，来介绍跨境电子商务产品详情页打造时推荐进行优化的几个方面。

### 1. 品牌介绍不可少

品牌简介可以让买家觉得品牌质量可靠，使产品更容易得到认可。此部分可以加入企业简介、主营品类和优势介绍等，如图 6-27 所示。

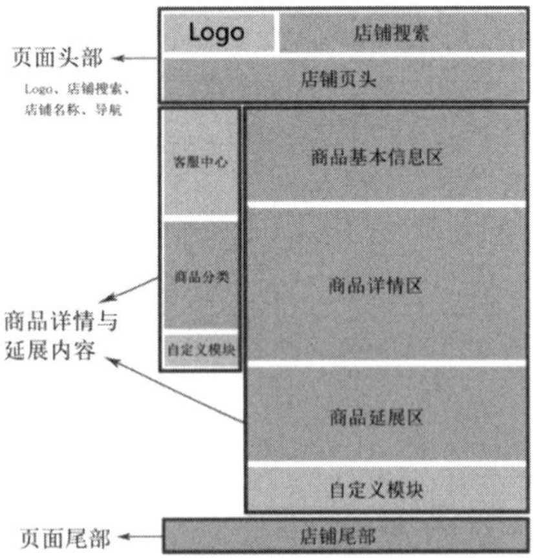


图 6-26 产品详情页一般布局

图 6-27 跨境商品详情页优化之品牌介绍举例

### 2. 整体展示图处理

整体展示图可分为摆拍图和场景图两种类型。场景图最普遍的是模特展示图，适合衣服等商品，如图 6-28 所示；摆拍图比较适合家居、数码、鞋、包类小件物品，通常需要突出主体，采用模特拍摄的话反而喧宾夺主。

### 3. 商品细节图优化

细节图需要用实拍图加上简短的文字描述，尽可能地展示商品细节、材质、功能、特点等。

详情页中的细节图要尽量保证图片的清晰度，且同一模块选用相似风格的图片，可将图片设计成图文并茂的形式，从而达到最佳页面效果，如图 6-29 所示。

图 6-28 跨境商品详情页优化之整体展示举例

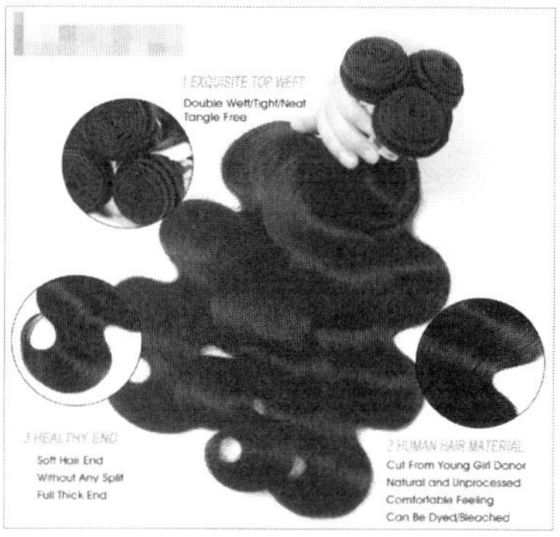


图 6-29 商品详情页优化之细节图举例

### 4. 提供质检报告

对于亲肤型商品、食品或珠宝手表等产品而言，质检报告能在很大程度上提升商品在消费者心目中的可靠性与安全感。因此，只要有质检报告，都应该加入商品详情描述中，如图 6-30 所示。

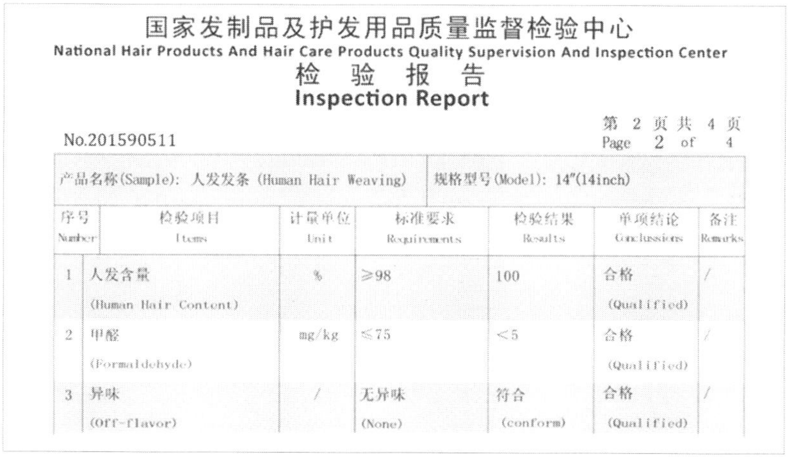

国家发制品及护发用品质量监督检验中心
National Hair Products And Hair Care Products Quality Supervision And Inspection Center
检 验 报 告
Inspection Report

No.201590511　　第 2 页 共 4 页 Page 2 of 4

产品名称(Sample)：人发发条 (Human Hair Weaving)　规格型号(Model)：14″(14inch)

| 序号 Number | 检验项目 Items | 计量单位 Unit | 标准要求 Requirements | 检验结果 Results | 单项结论 Conclussions | 备注 Remarks |
|---|---|---|---|---|---|---|
| 1 | 人发含量 (Human Hair Content) | % | ≥98 | 100 | 合格 (Qualified) | / |
| 2 | 甲醛 (Formaldehyde) | mg/kg | ≤75 | <5 | 合格 (Qualified) | / |
| 3 | 异味 (Off-flavor) | / | 无异味 (None) | 符合 (conform) | 合格 (Qualified) | / |

图 6-30 跨境商品详情页优化之质检报告举例

### 5. 添加尺码说明

商品详情页中应该列出商品的尺码，尤其是衣服。即使上图中有衣服的具体尺码展示，下方也要列出一个尺码表，方便买家查看。对于此处举例的假发而言，则是对其尺寸和测量方式的说明，如图 6-31 所示。

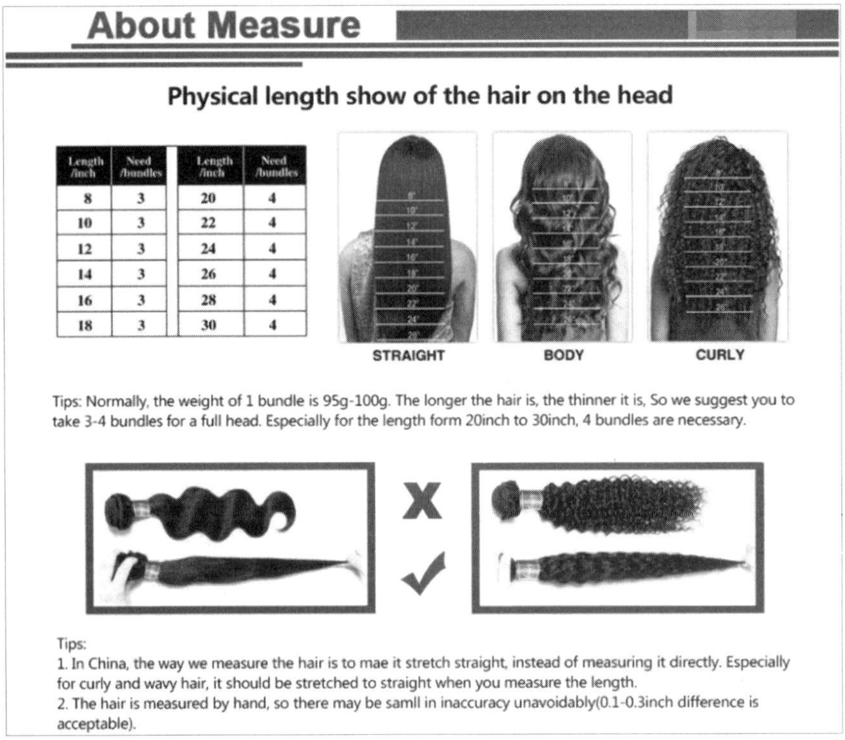


图 6-31　跨境商品详情页优化之尺码说明举例

### 6. 使用/保养方式图像化

在商品详情页中加上保养方式的说明和图示，可以给消费者更为专业和贴心的印象，增强消费者对商品的信赖感，有助于转化率的提升。当卖家经营衣物、服饰类的商品时，建议在商品详情页加上此方面的内容，如图 6-32 所示。

图 6-32　跨境商品详情页优化之使用/保养方式举例

### 7. 运输/支付问题图形化

买家在选定商品后，一般都很关心商品的收货时长/支付方式等问题。那么，卖家最好能在买家提问前就做好说明，这样可以大量节省回复此类常见询盘的时间。此类问题可以用图片列表说明，便于买家一目了然地了解情况，如图 6-33 所示。

图 6-33 跨境商品详情页优化之支付与运输说明举例

### 8. 用图片进行卖家生产实力展示

在商品详情页的后面可以把店铺实力展示出来，主要指实体店、工厂和生产线的图片展示等，还可以将商品包装加入其中，这些都有助于增强买家对商品的认可度，如图 6-34 所示。

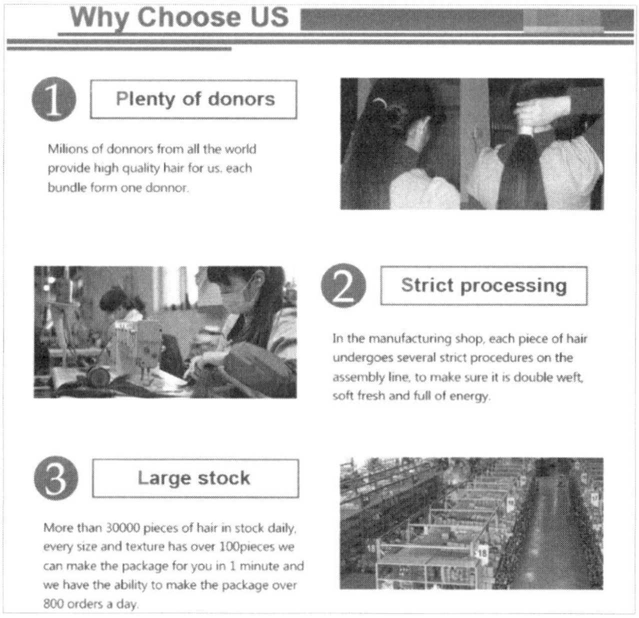


图 6-34 跨境商品详情页优化之生产实力展示举例

### 9. 优化 FAQ 板块

在商品详情页的末尾需要列出一些常见问题与回答（FAQ），这样除了可以省去一些回复询盘的时间，还有助于提升卖家的专业性及其在买家心中的可靠程度，如图 6-35 所示。

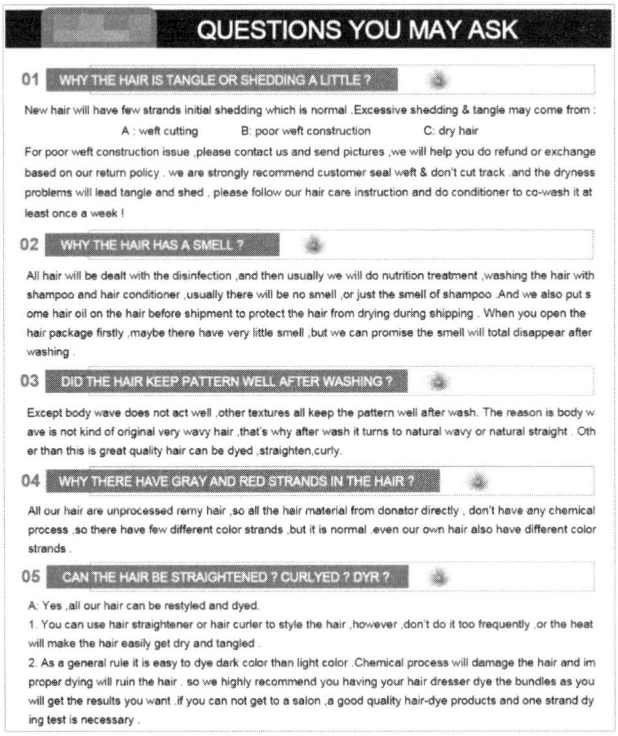

QUESTIONS YOU MAY ASK

01 WHY THE HAIR IS TANGLE OR SHEDDING A LITTLE ?

New hair will have few strands initial shedding which is normal .Excessive shedding & tangle may come from :

A : weft cutting B: poor weft construction C: dry hair

For poor weft construction issue ,please contact us and send pictures ,we will help you do refund or exchange based on our return policy . we are strongly recommend customer seal weft & don't cut track .and the dryness problems will lead tangle and shed , please follow our hair care instruction and do conditioner to co-wash it at least once a week !

02 WHY THE HAIR HAS A SMELL ?

All hair will be dealt with the disinfection ,and then usually we will do nutrition treatment ,washing the hair with shampoo and hair conditioner ,usually there will be no smell ,or just the smell of shampoo .And we also put s ome hair oil on the hair before shipment to protect the hair from drying during shipping . When you open the hair package firstly ,maybe there have very little smell ,but we can promise the smell will total disappear after washing .

03 DID THE HAIR KEEP PATTERN WELL AFTER WASHING ?

Except body wave does not act well ,other textures all keep the pattern well after wash. The reason is body w ave is not kind of original very wavy hair ,that's why after wash it turns to natural wavy or natural straight . Oth er than this is great quality hair can be dyed ,straighten,curly.

04 WHY THERE HAVE GRAY AND RED STRANDS IN THE HAIR ?

All our hair are unprocessed remy hair ,so all the hair material from donator directly , don't have any chemical process ,so there have few different color strands ,but it is normal .even our own hair also have different color strands .

05 CAN THE HAIR BE STRAIGHTENED ? CURLYED ? DYR ?

A: Yes ,all our hair can be restyled and dyed.

1. You can use hair straightener or hair curler to style the hair ,however ,don't do it too frequently ,or the heat will make the hair easily get dry and tangled .

2. As a general rule it is easy to dye dark color than light color .Chemical process will damage the hair and im proper dying will ruin the hair . so we highly recommend you having your hair dresser dye the bundles as you will get the results you want .if you can not get to a salon ,a good quality hair-dye products and one strand dy ing test is necessary .

图 6-35 跨境商品详情页优化之 FAQ 举例

## 10. 关联商品推荐

在商品详情页中，如果不做关联商品推荐，就等于白白浪费了展现和销售该店铺其他商品的机会，故建议尽可能把店内的其他商品合理地展现给买家，这样才能达到更好的营销效果。如果不想太多挤占本商品详情页的空间，则可以采用如图 6-36 所示的形式，在末尾处添加本店铺/品牌的链接进行关联。

图 6-36 跨境商品详情页优化之关联商品推荐举例

## 任务评价

### 1. 学生自评

跨境商品图片拍摄与处理学生自评表，如表 6-7 所示。

表 6-7　跨境商品图片拍摄与处理学生自评表

| 班　级 | | 学　号 | | 姓　名 | |
|---|---|---|---|---|---|
| 任务分解 | | 完成情况记录 | | | |
| 任务完成时间 | | | | | |
| 拍摄前的准备 | | | | | |
| 图片拍摄情况 | | | | | |
| 拍摄后期处理 | | | | | |
| 完成任务后的收获 | | | | | |

### 2. 生生互评

跨境商品图片拍摄与处理生生互评表，如表 6-8 所示。

表 6-8　跨境商品图片拍摄与处理生生互评表

| 班　级 | | 被评人学号 | | 被评人姓名 | |
|---|---|---|---|---|---|
| | | 评价者学号 | | 评价者姓名 | |
| 任务分解 | | 完成情况记录 | | | |
| 任务完成时间 | | | | | |
| 拍摄前的准备 | | | | | |
| 图片拍摄情况 | | | | | |
| 拍摄后期处理 | | | | | |
| 完成任务后的收获 | | | | | |

### 3. 教师评价

跨境商品图片拍摄与处理教师评价表，如表 6-9 所示。

表 6-9　跨境商品图片拍摄与处理教师评价表

| 班　级 | | 被评人学号 | | 被评人姓名 | |
|---|---|---|---|---|---|
| 任务分解 | | 完成情况记录 | | | |
| 任务完成时间 | | | | | |
| 拍摄前的准备 | | | | | |
| 图片拍摄情况 | | | | | |
| 拍摄后期处理 | | | | | |
| 完成任务后的收获 | | | | | |

## 拓展练习

分组练习：每组同学选择一样身边的物品作为商品，在某跨境电子商务平台上搜索同类型商品中销量较好的那款商品，查看其商品主图、幅图，分析它们在图片拍摄和处理方面的优势与不足，然后拍摄自己的商品图片，并用 Photoshop 软件进行处理，形成一套由 5～7 张图片构成的套图。

# 任务三　跨境商品视频拍摄与剪辑

## 任务描述

在视频营销迅速发展的时代，许多跨境电子商务平台上的卖家采用产品短视频制作方式来宣传和推广自己的商品。相比图片，视频具有感染力强、形式内容多样、创意新颖、能快速吸引消费者的关注、主动传播性强、传播速度快等优势，应用于跨境电子商务平台商品展示时，往往可以达到更好的营销效果。现阶段，不少跨境电子商务平台都鼓励卖家上传商品视频，甚至分配更多的流量来吸引卖家用小视频形式对商品进行全方位展示。利用专业设备和软件对商品视频进行拍摄和剪辑，是跨境商品展示时的重要任务。

## 学习目标

1．了解制作跨境商品视频需要做的前期准备；
2．掌握商品视频的拍摄、剪辑方法。

## 任务分配

本任务为两两组队任务：根据对商品特色与卖点的把握，每两位同学自行协商分工，配合完成某一个商品视频的拍摄任务。跨境商品视频拍摄与剪辑任务分配表，如表 6-10 所示。

表 6-10　跨境商品视频拍摄与剪辑任务分配表

| 班　　级 | | 拍 摄 商 品 | |
|---|---|---|---|
| | | | |
| 组员 | 姓名 | 学号 | 任务分工 |
| | | | |
| | | | |

## 任务准备

**引导问题 1：** 跨境电子商务卖家在进行商品视频拍摄前需要做哪些准备？
**引导问题 2：** 你听说过哪些可用于视频处理的工具软件？请举例。

## 任务实施

### 一、跨境商品视频拍摄

#### 1. 商品视频制作前期准备

在为商品拍摄视频前，应准备好拍摄设备、三脚架、声音设备、静物台、照明设备、视频剪辑软件和脚本等。

（1）拍摄设备

常用的商品视频拍摄设备有手机、单反相机、DV 摄像机及专业级摄像机等。若条件有限，则可以使用手机进行拍摄，因为现在很多手机的拍摄功能都已经达到了高清像素的标准；若条件允许，则可以购买家庭使用的 DV 摄像机，价钱一般为 2000 元到上万元不等。此外，也有很多人使用单反相机拍摄商品视频，很多优质的商品视频作品都是使用单反相机拍摄出来的。

（2）三脚架

三脚架是视频拍摄时的防抖必备神器，无论是视频拍摄的业余爱好者还是专业技术人员，在进行视频拍摄时都离不开三脚架。拍摄者可以使用三脚架稳定摄像机，从而改善视频画面的清晰度，更好地完成拍摄任务。在选择三脚架时，拍摄者一定要明确制作商品视频的内容主线。若拍摄内容为街拍，一定要选用重量轻、体积小的三脚架，这样不容易引起周围人的注意，能够迅速进入拍摄状态。若为影棚拍摄，则一定要把三脚架的稳定性放在第一位，而在三脚架的重量方面无须过多考虑。

（3）声音设备

声音是在制作初期商品视频时制作者经常忽视的问题，但随着创作的不断深入，其重要性不言而喻。除了拍摄设备的自录音，在拍摄时，如果条件允许，还应配备一些录音设备。

（4）静物台

商品视频的拍摄一般是在纯白底的静物台上完成的，以便后期处理时进行抠图；也可在静物台上增加道具摆放，辅助拍摄。

一般把商品直接放置在静物台上，45° 摆放，再进行拍摄。

（5）照明设备

商品视频一般是在室内拍摄的，为了保证拍摄效果，需要配备必要的灯光照明设备。常用的灯具包括冷光灯、LED 灯、散光灯等。其中，散光灯常用作顶灯或用于正面照射、打亮背景。在使用灯光照明设备时，还需要配备一些相应的照明设备附件，如柔光板、柔光箱、反光板、方格栅、长嘴灯罩、滤镜、旗板、调光器和色板等。

（6）视频剪辑软件

视频剪辑软件是对视频源进行非线性编辑的软件。商品视频制作者可以利用视频剪辑软件对加入的图片、背景音乐、特效、场景等素材与视频进行重新混合，对视频源进行切割或合并，通过二次编码生成具有不同表现力的新视频。目前，常用的视频剪辑软件包括爱剪辑、会声会影、Premiere 等，还有一些视频剪辑 App 在手机上就可进行剪辑操作。

（7）脚本

脚本是拍摄商品视频的根本指导性文件，是商品视频作品的灵魂，它为整个商品视频的内容及观点奠定了基础。一个优秀的脚本可以让商品宣传视频具有更加丰富的内涵，引起观众的深度共鸣。在拍摄商品视频的过程中，一切场地安排与情节设置等都要遵从脚本的设计，以免出现与拍摄主题不符的情况。

脚本的构成要素通常包括框架搭建、主题定位、人物设置、场景设置、故事线索、影调运用、音乐运用和镜头运用等，其说明如表 6-11 所示。

表 6-11 脚本的构成要素说明表

| 要 素 | 说 明 |
|---|---|
| 框架搭建 | 搭建商品视频拍摄的总体构想，包含拍摄主题、故事线索、场景等 |
| 主题定位 | 该视频想表达和传递的中心思想及主题 |
| 人物设置 | 需要几个人物完成拍摄、人物是否出镜、人物分工等 |
| 场景设置 | 在室内或室外拍摄，还是在静物台上或柔光箱内拍摄 |
| 故事线索 | 商品视频拍摄若需要贯穿于某故事情境之中，故事线索应该如何安排 |
| 影调运用 | 根据视频的主题配以相应的影调，如欢乐、怀旧、搞笑风等 |
| 音乐运用 | 选用恰当的音乐来配合视频呈现 |
| 镜头运用 | 使用什么样的镜头进行商品视频的拍摄 |

## 2. 商品视频的拍摄

下面以某家电类商品为例，来讲解商品视频的拍摄方式及其对脚本的解读。

家电类商品属于功能性商品，所以拍摄家电类的商品短视频，除了外观、细节卖点，还需要特别呈现商品的功能及使用方法。故家电类商品的视频拍摄通常包括外观全景展示、细节卖点展示和操作方法展示三大部分，具体拍摄步骤如下。

步骤 1：镜头从上至下进行商品整体拍摄，此时需要挑选合适的场景位置摆放商品，拍摄其整体外观，对品牌、型号、名称进行展现，拍摄画面如图 6-37 所示。

步骤 2：固定镜头，仍然进行商品整体拍摄，此时将商品放置在转台上，360° 展示商品，拍摄画面如图 6-38 所示。

图 6-37 商品视频拍摄之外观拍摄画面 1

图 6-38 商品视频拍摄之外观拍摄画面 2

步骤 3：镜头从右摇至左进行近景拍摄，展示商品的第一个卖点，拍摄画面如图 6-39 所示。

步骤 4：镜头从上向下摇，进行中景拍摄，然后转场，展示商品的第二个卖点，拍摄画面如图 6-40 所示。

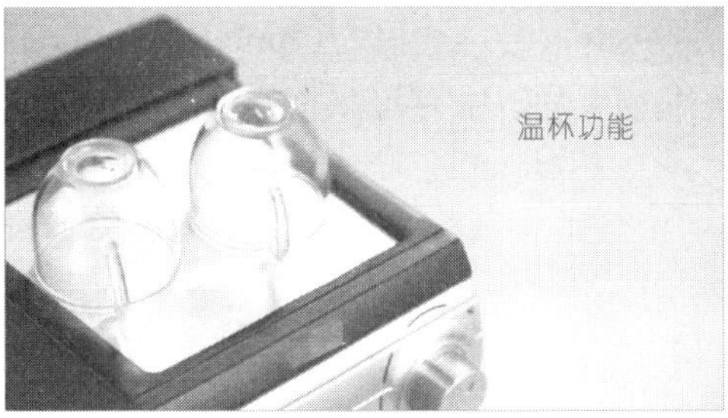


图 6-39　商品视频拍摄之卖点展示拍摄画面 1

图 6-40　商品视频拍摄之卖点展示拍摄画面 2

步骤 5：镜头从左往右摇，进行近景拍摄，然后转场，展示商品的第三个卖点，拍摄画面如图 6-41 所示。

若商品还有其他的卖点和细节需要展示，则拍摄方法与此类似，此处就不赘述了。需要注意的是，这一部分虽然大部分同样使用摇镜头的拍摄方法，但是在方向上却一直在变化，所以并不让人觉得重复。

步骤 6：再次固定镜头，进行中景拍摄，至少工作人员的手需要出镜，以演示商品的操作按键使用方式，拍摄画面如图 6-42 所示。

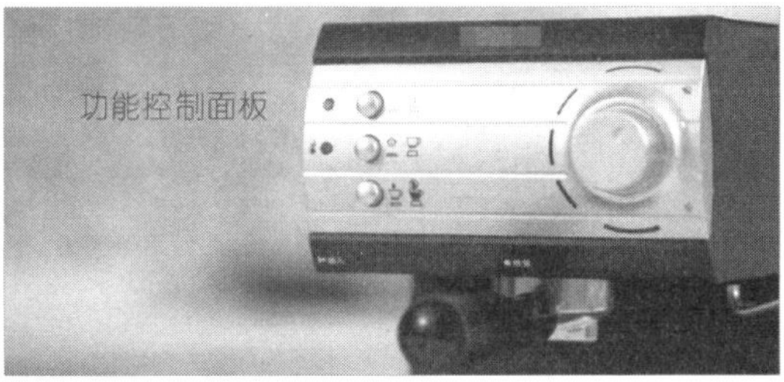


图 6-41　商品视频拍摄之卖点展示拍摄画面 3

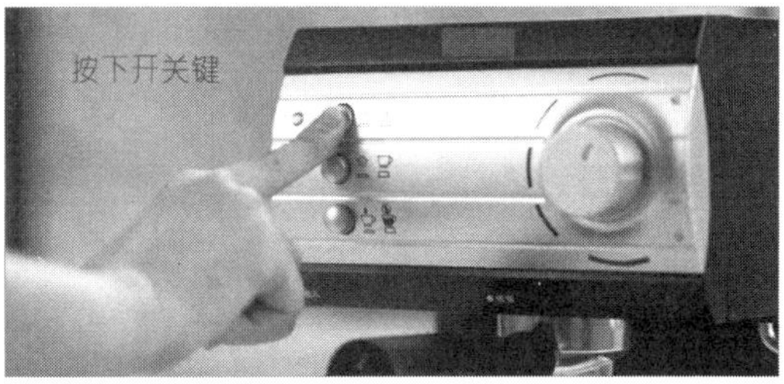


图 6-42　商品视频拍摄之操作展示拍摄画面 1

步骤 7：镜头保持固定，硬切进行后续功能演示的近景拍摄，拍摄画面如图 6-43 所示。

图 6-43　商品视频拍摄之操作展示拍摄画面 2

拍摄商品操作展示画面这一部分的切换多为直接硬切，这样可以使工作人员的操作看起来更简洁、利落，而固定镜头的拍摄也使操作过程更清晰，便于消费者观看、欣赏。

## 二、跨境商品视频剪辑

拍摄好的商品视频一般需要进行后期剪辑，将其制作成能完美展示商品特色和卖点的短视频，此时跨境电子商务卖家就需要借助专业视频剪辑软件。市面上可进行商品视频后期剪辑制作的软件很多，PC 端的这类软件主要有爱剪辑、会声会影、Camtasia Studio、快剪辑等；移动端的这类软件主要有剪映、巧影、快影、蕉片、乐秀等。此处以“爱剪辑”为例，来讲解跨境商品视频的剪辑。

“爱剪辑”是一款简单实用、功能强大的视频剪辑软件，其创新的人性化界面是根据我国用户的使用习惯、功能需求与审美特点进行设计的，许多创新功能都颇具独创性。下面就以“爱剪辑”这一视频处理工具（全新 2020 版 V3.6）为例，说明某品牌蓝牙耳机视频的剪辑操作。

### 1. 视频的导入和剪辑

步骤 1：启动“爱剪辑”软件，在弹出的“新建”对话框中输入片名和制作者，并设置视频大小，单击“确定”按钮，如图 6-44 所示。

步骤 2：打开“程序”窗口，单击“添加视频”按钮，在弹出的“请选择视频”对话框中选择需要处理的视频素材，然后单击“打开”按钮，在弹出的“预览/截取”对话框中，单击“确定”按钮，如图 6-45 所示。

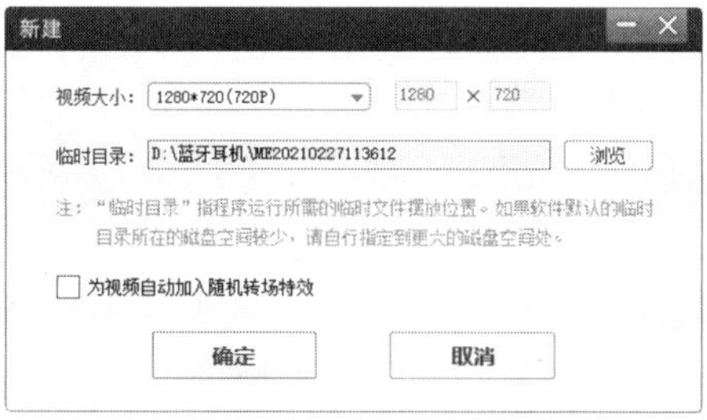


图 6-44　新建视频文件窗口截图

图 6-45　“预览/截取”对话框截图

步骤 3：此时拍摄好的商品视频已导入，单击视频预览区域下方的“保存所有设置”图标（见图 6-46），然后“确定”保存。

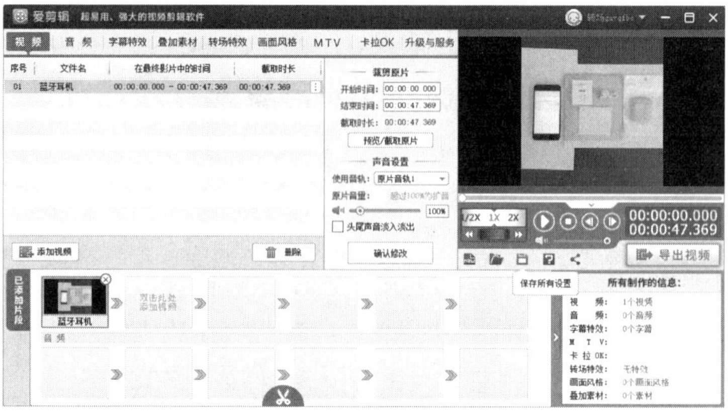


图 6-46　导入视频窗口截图

步骤 4：在视频列表中把“原片音量”调整为“0%”，将视频设置为静音，然后单击“确认修改”按钮，如图 6-47 所示。

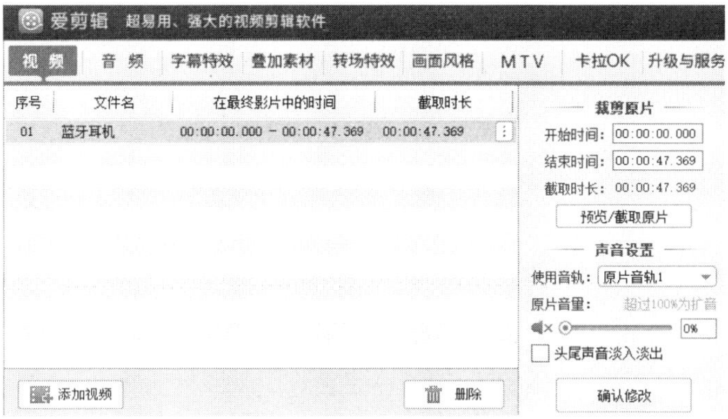

图 6-47　静音设置窗口截图

步骤 5：在“已添加片段”窗口中单击视频，在弹出的快捷菜单中选择“复制多一份”命令，或按 Ctrl+C 键将视频复制几份出来备用，如图 6-48 所示。

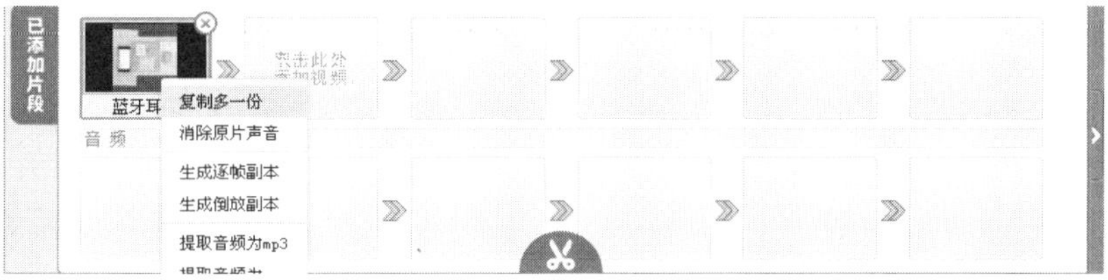

图 6-48　选择“复制多一份”命令窗口截图

步骤 6：在视频列表中选择第一个视频，单击“预览/截取原片”按钮，如图 6-49 所示。在弹出的对话框中选择“截取”选项卡，然后选择视频需要的起止时间，单击“音量调节”上的左右箭头可以对视频进行“上一帧”和“下一帧”的微调。

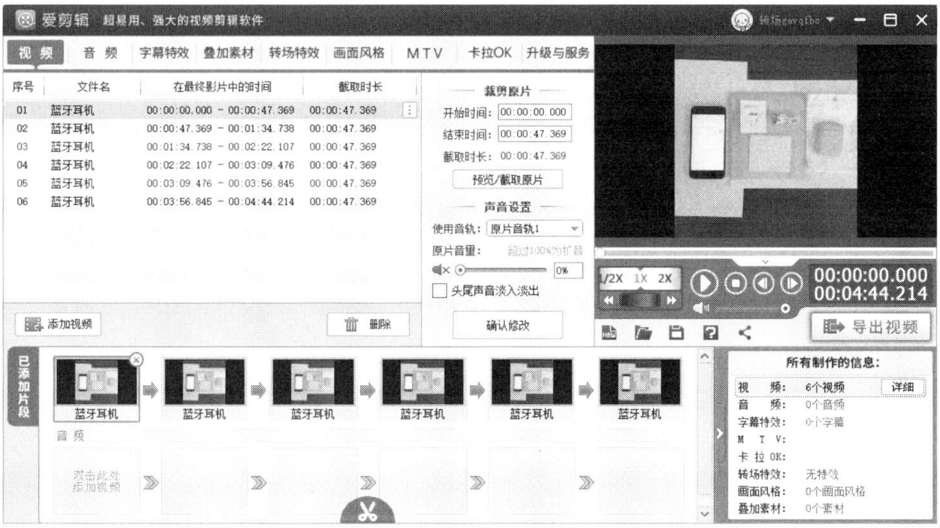

图 6-49　“预览/截取原片”操作窗口截图

步骤 7：根据需要在“预览/截取”对话框的“魔术功能”选项卡中选择“对视频施加的功能”下拉列表中的效果，如选择“快进效果”后可在下面进度条中设置“加速速率”，如图 6-50 所示。

图 6-50　设置“快进效果”窗口截图

步骤 8：重复步骤 6 和步骤 7 中的操作，对其他复制的视频同样进行截取操作。若有多余被复制的备用视频，则需要删掉多余的。

步骤 9：在视频片段中拖动视频，可以调整截取后的视频片段的先后顺序（见图 6-51），然后保存完成视频剪辑。

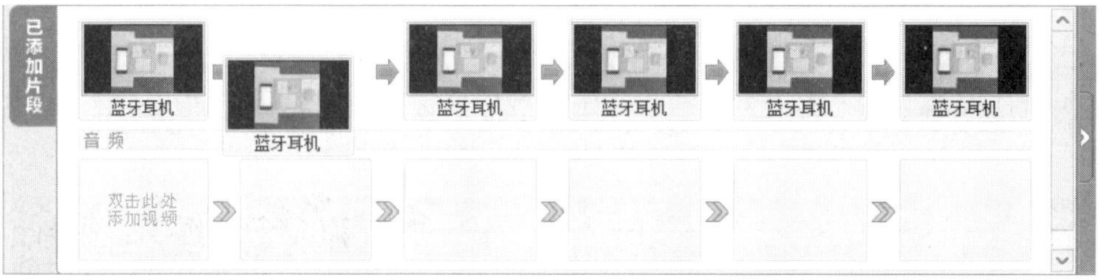


图 6-51　调整视频先后顺序窗口截图

## 2. 添加字幕

视频剪辑完成后，若需要添加字幕，可在“爱剪辑”中编辑添加字幕，包括出现特效、停留特效、消失特效 3 种方式，还提供沙砾飞舞、缤纷秋叶、火焰喷射、水珠撞击等各具特点的高级字效呈现方式。下面仍以上面的蓝牙耳机商品介绍小视频为例，来进行如何利用“爱剪辑”添加字幕的步骤分解介绍。

步骤 1：在视频列表中选择第一个视频，然后单击“预览/截取原片”按钮，如图 6-52 所示。

步骤 2：在弹出的“预览/截取”对话框中选择“魔术功能”选项卡，在“对视频施加的功能”下拉列表中选择“顶格画面”选项，设置顶格的时间点和定格时长，然后单击“确定”按钮，如图 6-53 所示。

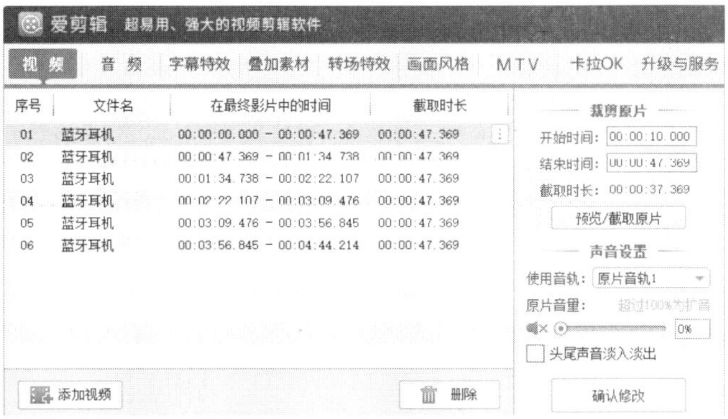

图 6-52 单击“预览/截取原片”按钮截图

图 6-53 设置“定格画面”窗口截图

步骤 3：在上一步骤定格的时长中即可显示字幕动画。在窗口上方选择“字幕特效”选项，然后在视频预览画面中双击，如图 6-54 所示。

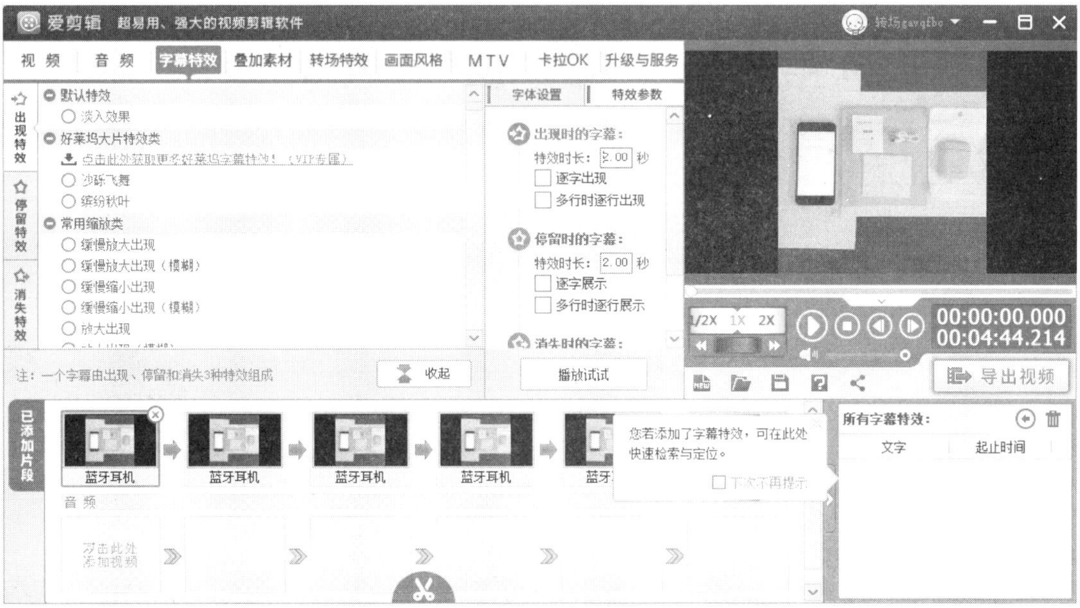

图 6-54 “视频预览”窗口截图

步骤 4：在弹出的对话框中输入需要加入背景的文字，然后单击“确定”按钮，还可根据需要为字幕配上音效，如图 6-55 所示。

步骤 5：在“字体设置”选项卡中为选定的字母文字设置字体、格式，如图 6-56 所示。

步骤 6：在“字幕特效”列表中选择“沙砾飞舞”特效，在右侧的“特效参数”选项卡中设置字幕特效的停留、消失时长；勾选“逐字消失”复选框，然后单击“播放试试”按钮，即可预览字幕效果，如图 6-57 所示。

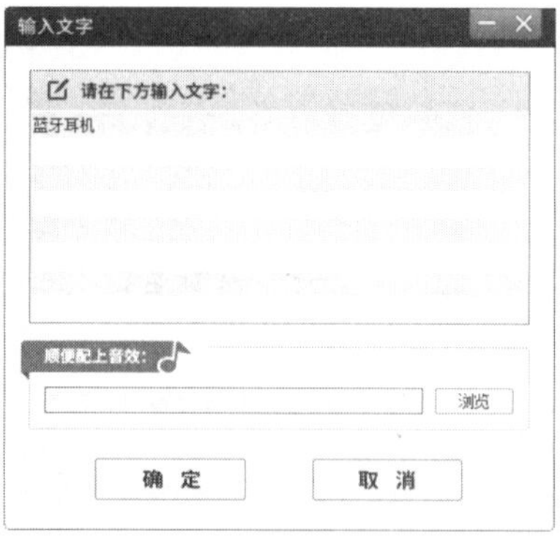


图 6-55 “输入文字”窗口截图

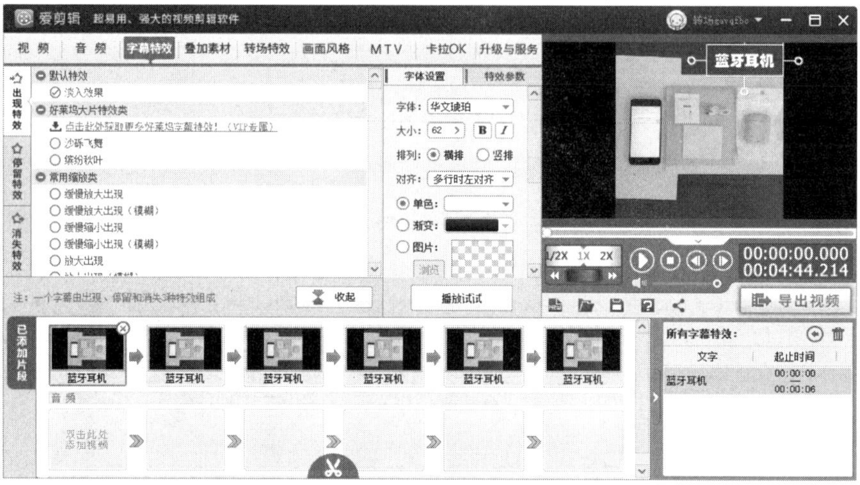


图 6-56 “字体设置”窗口截图

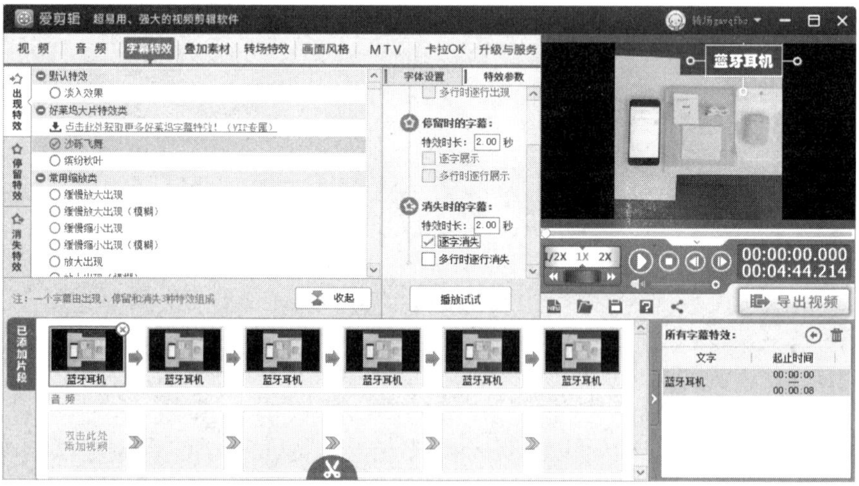


图 6-57 设置“字幕特效”窗口截图

步骤 7：若需要删除字幕特效，可在图 6-58 所示的窗口右下方“所有字幕特效”窗格中选择需要删除的字幕段（标蓝代表选中），单击删除按钮“ ”。需要插入的字幕可以使用 Ctrl+C 键（或 Ctrl+X 键）与 Ctrl+V 键进行复制（或剪切）与粘贴操作。

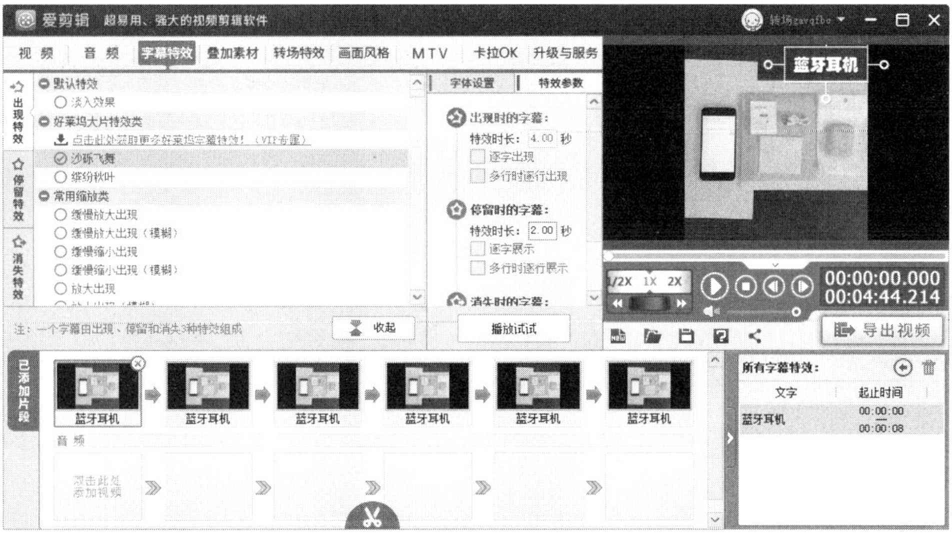

图 6-58 删除字幕特效操作页面截图

## 3. 添加叠加素材

“爱剪辑”软件中的叠加素材包括“相框”“贴图”“去水印”3 类，其添加方式举例如下。

步骤 1：选择“叠加素材”选项卡，在视频预览区双击，在弹出的“选择贴图”对话框中选择需要的贴图，选好后单击“确定”按钮，如图 6-59 所示。

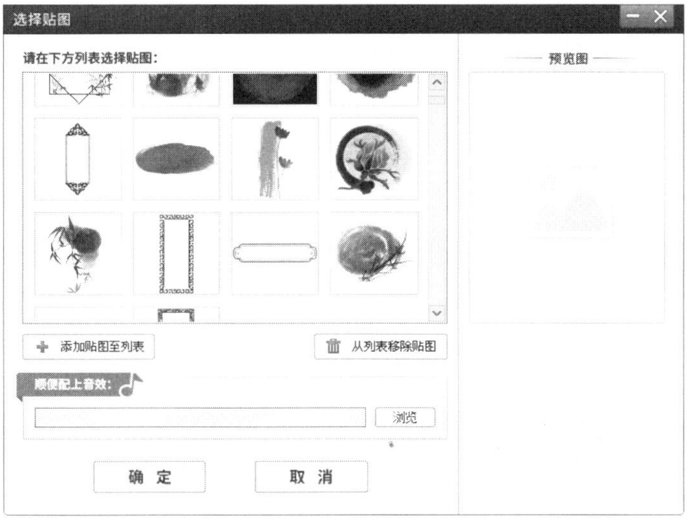

图 6-59 “选择贴图”窗口截图

步骤 2：将贴图移至合适的位置，可以看到贴图位于文字上方，若需更改添加的贴图和文字之间的叠放顺序，可选择文字后按 Ctrl+X 键与 Ctrl+V 键，将之前添加的文字叠放到贴图的上方，如图 6-60 所示。

步骤 3：在“常用特效”列表中选择“快速淡入淡出（快速淡入+停留+快速淡出）”选项，设置贴图的“持续时长”和“透明度”，如图 6-61 所示。

图 6-60 更改文字与贴图的顺序窗口截图

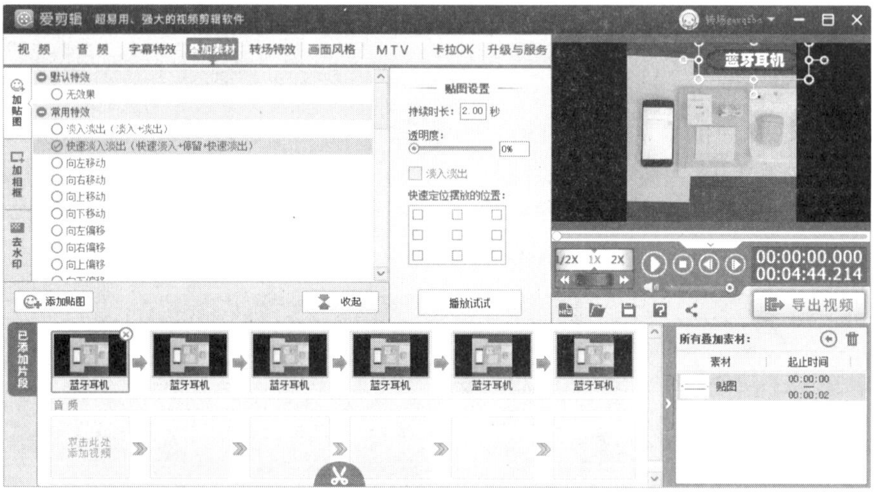


图 6-61 设置贴图的“持续时长”和“透明度”窗口截图

步骤 4：如果需要增加相框，则在视频片段列表中选择需要添加相框的视频片段，在左侧单击“加相框”按钮，然后选择所需的相框样式，单击“添加相框效果”按钮，选择“为当前片段添加相框”选项，然后单击“确认修改”按钮，即可为视频做添加相框处理。（此处举例商品视频无须做此处理，图略。）

除了上述利用软件在 PC 端进行跨境商品视频编辑，也有很多人会利用手机移动端 App 来完成跨境商品小视频的剪辑。这里提供一份以“剪映”App 为例的操作步骤作为拓展学习材料，供有兴趣的学习者学习参考[见“二维码拓展材料 5（含视频）”]。

二维码拓展材料 5（含视频）

## 任务评价

### 1. 学生自评

跨境商品视频拍摄与剪辑学生自评表，如表 6-12 所示。

表 6-12　跨境商品视频拍摄与剪辑学生自评表

| 班　　级 | | 学　　号 | | 姓　　名 | |
|---|---|---|---|---|---|
| 任务分解 | | 完成情况记录 | | | |
| 任务完成时间 | | | | | |
| 拍摄前的准备 | | | | | |
| 拍摄脚本设定 | | | | | |
| 视频拍摄过程 | | | | | |
| 视频后期编辑 | | | | | |
| 完成任务后的收获 | | | | | |

### 2. 生生互评

跨境商品视频拍摄与剪辑生生互评表，如表 6-13 所示。

表 6-13　跨境商品视频拍摄与剪辑生生互评表

| 班　　级 | | 被评人学号 | | 被评人姓名 | |
|---|---|---|---|---|---|
| 评价者角色 | | 评价者学号 | | 评价者姓名 | |
| 任务分解 | | 完成情况记录 | | | |
| 任务完成时间 | | | | | |
| 拍摄前的准备 | | | | | |
| 拍摄脚本设定 | | | | | |
| 视频拍摄过程 | | | | | |
| 视频后期编辑 | | | | | |
| 完成任务后的收获 | | | | | |

### 3. 教师评价

跨境商品视频拍摄与剪辑教师评价表，如表 6-14 所示。

表 6-14　跨境商品视频拍摄与剪辑教师评价表

| 班　　级 | | 被评人学号 | | 被评人姓名 | |
|---|---|---|---|---|---|
| 任务分解 | | 完成情况记录 | | | |
| 任务完成时间 | | | | | |
| 拍摄脚本设定 | | | | | |
| 视频拍摄过程 | | | | | |
| 视频后期编辑 | | | | | |
| 完成任务后的收获 | | | | | |

## 拓展练习

分组练习：每组自选一款商品，组员共同讨论挖掘该商品的 3～5 个卖点，完成该商品视频拍摄所需的脚本后，利用手机完成该商品的视频拍摄，视频时长控制在 2 分钟之内。

# 项目七

# 跨境电子商务文案创作

在跨境电子商务运营中，文案创作是营销中很重要的一环，好的文案可以简洁地解释产品是什么以及为什么值得购买。

## 任务一　跨境电子商务文案创作基础

### 任务描述

众所周知，跨境电子商务文案撰写是跨境电子商务运营的重要组成部分。作为跨境电子商务从业者，首先要了解跨境电子商务文案的特点，为文案写作做充分的准备，然后掌握 3 种常见类型的跨境电子商务文案的撰写技巧。

### 学习目标

1. 了解跨境电子商务文案的特点，理解跨境电子商务文案写作前的准备工作；
2. 掌握跨境电子商务文案的主要类型，能够撰写基础跨境电子商务文案。

### 任务分配

本任务分组进行，每组由一位组长和若干组员构成。组员在组长的带领下，根据【任务准备】的引导问题进行任务分工，了解跨境电子商务文案的特点，理解跨境电子商务文案写作前的准备工作。按照 3 种跨境电子商务文案类型分组，每组撰写一份跨境电子商务文案。跨境电子商务文案创作基础的学习任务分配表，如表 7-1 所示。

表 7-1　跨境电子商务文案创作基础的学习任务分配表

| 班　级 | | 组　号 | | 分　类 | ○ 展示类跨境电子商务文案<br>○ 品牌类跨境电子商务文案<br>○ 推广类跨境电子商务文案 |
|---|---|---|---|---|---|
| | | | | | |

续表

| 角色 | 姓名 | 学号 | 任务分工 |
|---|---|---|---|
| 组长 | | | |
| 组员 | | | |
| | | | |
| | | | |
| | | | |
| | | | |

## 任务准备

**引导问题 1**：跨境电子商务文案有哪些特点？它和国内的电子商务文案有什么区别？

**引导问题 2**：常见的跨境电子商务文案有哪些类型？怎么撰写这种跨境电子商务文案？

## 任务实施

### 一、跨境电子商务文案的认知与分类

文案，如今无处不在。逛个街、遛个弯，地铁中、电梯里、招牌传单上都有文案。随着互联网的普及，电子商务快速发展，成为人们生活中不可或缺的存在。自改革开放以来，我国对外贸易事业发展得如火如荼。随着网络信息技术的发展，跨境电子商务交易逐渐进入人们的生活中，并以其高效性、便捷性及先进性特点逐渐被人们所接受。基于跨境电子商务大环境的跨境电子商务文案写作逐渐成为人们所关注的重点，其写作应用提高与进步对于我国跨境电子商务交易的发展具有积极意义。

#### 1. 跨境电子商务文案的认知

（1）跨境电子商务文案的定义

文案原指放书的桌子，后来指在桌子上写字的人，现指以文学来表现制定的创意策略。传统文案指广告作品中的所有语言文字，而随着新媒体时代的到来，文案逐渐发展为基于网络平台、以商业目的为写作目的进行传播的内容。

跨境电子商务文案是根据产品定位和卖点进行文案撰写和卖点创意策划，然后根据策划要求指导产品卖点的内容呈现。为能更好地适应移动互联网时代的需要，增加产品对消费者的吸引力，跨境电子商务文案在呈现形式上不再只局限于语言文字，还涵盖了图片、视频、超链接等元素。

（2）跨境电子商务文案的特点与作用

跨境电子商务交易的出现打破了以往的交易模式，从当初的面对面交易、电话沟通形式逐渐演变为网络在线的交易模式，使产品的对外流通更加方便、高效，并且带动了物流事业及港口事业的发展与提升。为保证跨境电子商务交易顺利实施，需要跨境电子商务文案更加具有专业性、实用性及规范性，因为在目前的跨境电子商务交易模式下，人们仍然只能通过网络文字、图片及视频获取产品的信息。

① 专业性。

在跨境电子商务交易模式下，人们对于产品的报价、合同的签署、订单的处理，甚至售后索赔、保险签订都是通过跨境电子商务文案加以实现的。因此，跨境电子商务文案对于跨境电子商务的顺利运行及高效发展起到了非常关键的作用。跨境电子商务文案的写作形式不同于日常的英文书写形式，要具有简洁化、专业化的特点。例如，在跨境电子商务文案的写作中常出现较多的专业术语及英文缩写。因此，卖家要有充分掌握英语基础知识及与贸易相关的写作能力，如此，英语函电的写作才能更好地被人们接受，跨境电子商务交易才会更加顺利。

② 实用性。

跨境电子商务文案忌虚要实，避免“YEAH YEAH”式表达。所谓“YEAH YEAH”式表达，就是指没有实际内容、侃侃而谈但有效信息寥寥无几的句子。比如，描述产品质量，“超棒的产品质量”，当消费者看到这句话时，除让其心里产生“对啊，没错，谁都会这么说”等略带抵触的心理外，不能提供任何有效、有用的信息。为了防止出现这样的情况，跨境电子商务文案的内容要实质化，产品描述要准确包含“特性”和“好处”这两个方面，尽可能全面地呈现产品细节。

③ 规范性。

跨境电子商务文案服务于各个跨境电子商务平台。因此，文案书写必须遵守各个跨境电子商务平台的规则。另外，跨境电子商务文案联系着世界各国的卖家和买家，规范性的文案能够降低信息传递的误差，提高信息的传递效率。

### 2. 跨境电子商务文案的分类

#### （1）展示类跨境电子商务文案

展示类跨境电子商务文案的目的是推广和宣传产品，并促使消费者做出购买决策。展示类跨境电子商务文案又可以细分为产品详情页文案、店铺首页文案。

① 产品详情页文案。

产品详情页文案是指在亚马逊、全球速卖通等跨境电子商务平台上，卖家以文字、图片或视频等手段展示所销售产品信息的页面。买家在跨境电子商务平台上购物时，不能触摸到实际的产品，只能通过产品详情页来充分了解产品的各项信息，因此卖家要尽可能地让产品详情页详尽而有吸引力，这对买家决定是否购买产品至关重要。

产品详情页文案主要由以下部分构成：标题、产品图、价格与折扣信息、库存量、属性、物流及服务、产品的详细描述等。有些跨境电子商务平台有独特之处，如亚马逊平台为了更好展示产品的卖点，专门设置了 5 行特征文案区域，方便买家快速了解产品信息。产品详情页文案的质量直接影响产品的流量及转化，其中标题、产品图是重中之重。

② 店铺首页文案。

跨境电子商务平台上卖家众多，精美的首页有助于增加买家停留在店铺里的时间，提高店铺的转化率。买家从某一款产品进入店铺首页时，意味着买家有可能有其他产品的消费需求，当买家有明确的购买目的时，可以通过搜索和导航栏的导购功能快速、方便地找到所需产品及类目进行浏览，顺利下单；若买家无明确购买需求时，则需要一些推荐和活动来激发买家的潜在购买需求。

跨境电子商务店铺首页结构一般包括店招、店铺导航、海报/轮播图、店铺优势和活动展示、产品分类快捷导航及产品展示，下面介绍各部分的文案内容。

- 店招中的文案。

店招需要向买家直截了当、简洁明了地传递明确的信息，如店铺名称、Logo、主营类目和产品等重要信息，对买家进入店铺首页后浏览其他产品起到了一定的作用。店招和首页、详情页的设计风格应保持统一、简单整洁，这样会使买家的视觉体验更好。

- 店铺导航中的文案。

跨境电子商务平台一般自带导航，卖家在导航中可自行做好分类模块，并尽量使用清晰、明确的表述文字，让进入店铺的买家快速定位到自己需要的产品，从而对进入店铺的买家进行有效分流。

- 海报/轮播图中的文案。

宣传海报/轮播图与活动文案相结合，一般用于向买家展示店内活动、店铺新品，或者做品牌展示等，总之要能有效地吸引买家目光，激发买家的购买欲。图片尺寸要与平台规定的大小相符，导购链接不要出现死链接或无链接或错误链接，影响买家体验。

随着跨境电子商务蓬勃发展，除了传统四大跨境电子商务平台亚马逊、全球速卖通、eBay、Wish，也涌现了一批新兴平台，如东南亚市场的 Shopee、Lazada 等。Shopee 平台的商店首页中的商店介绍部分采用了轮播图、YouTube 影片和文字描述相结合的方式。图 7-1 所示为某 Shopee 店铺平台轮播图展示。

图 7-1　某 Shopee 店铺平台轮播图展示

Shopee 平台轮播图的右侧是商店介绍的文字描述部分，与左侧的轮播图形成一个整体。这部分的文案内容也非常重要，是买家了解店铺的重要窗口，主要介绍当前的促销活动、客服时间、发货时间等重要信息。

- 店铺优势和活动展示文案。

展示模块主要用来增加店铺点击量，以及提升店铺的转化率。店铺优势包括产品、物流、售后保障、可批发代发定制等；活动包括优惠券、满减活动、引导收藏加购等。

- 产品分类快捷导航文案。

产品分类是对进入首页的买家进行便捷的购物导航，方便买家通过产品分类直接找到自己想要购买的类目进行浏览。在制作分类导航时，要与整个页面的设计风格一致。分类导航不能太杂乱，要清晰、明确，这样分流的买家才会精准。

- 产品展示文案。

将店铺的部分产品按照一定的维度要求展示给买家。比如，推广店铺中的爆款、热销品、主推商品、新品、促销折扣品等，将这些产品的卖点简洁、精准地传达给买家，同时给这些产品贴上标签，如 Top Selling（热销）、50%（5 折）、New Arrival（新品）等，刺激买家下单。

（2）品牌类跨境电子商务文案

品牌类跨境电子商务文案主要是企业通过跨境电子商务平台进行企业的品牌建设和宣传来促进产品销售的一种宣传方式，其宣传效果好，且效果持久，成本也比较低。

品牌是品牌类跨境电子商务文案宣传的主要内容，如果品牌类跨境电子商务文案不够出众，就会使买家忽略品牌，无法达成宣传目的。一篇优秀的品牌类跨境电子商务文案能创造出非常大的品牌影响力，有助于品牌形象的树立与传播，进而使买家了解品牌、认可品牌。

全球速卖通平台有一个“Brand Story”板块，这是各个跨境电子商务卖家展示企业品牌的阵地。如图 7-2 所示，Anker 以创新为主题，展示了旗下五大自有品牌，以及企业的发展历程、强大的线上线下销售网络、产品设计大奖、品牌获奖情况、客户感谢信，从多角度展示了Anker 企业及品牌的强大。

图 7-2　Anker 品牌宣传图

（3）推广类跨境电子商务文案

跨境电子商务产品推广分为站内市场推广和站外营销推广，而推广类跨境电子商务文案就是用于这些场合的产品或品牌宣传推广文案，使产品或品牌被更多人知晓，并产生一定的经济效益。

跨境电子商务平台的站内推广主要有免费和付费两种类型。一般免费推广方式有满减、折扣、免运费、优惠券、套装优惠、加购优惠、活动提报等，付费推广方式主要有点击付费广告、秒杀、闪购等。站内市场推广在跨境电子商务平台的卖家后台按照要求设置即可，文案只涉及关键词的撰写，若非重点，则不展开分析。

跨境电子商务产品站外营销推广主要是利用各种宣传渠道来做产品宣传推广，让消费者关注该产品，在消费者想购买的时候就把他们引导到平台上下单即可。这些渠道包括：社群营销、视频营销、搜索引擎推广等。

## 二、跨境电子商务文案写作前的准备

在书写跨境电子商务文案之前，我们要明白，消费者的时间成本是有限的，消费者浏览一个产品简介的时间约为 3 秒，在这 3 秒内能否吸引消费者是产品被选择与否的关键。消费者的浏览习惯是这样的：先从图片看起，然后看标题，再去看详情描述。在这 3 步里能否解决消费者的痛点、抓住消费者的眼球，是我们在书写文案时需要去思考的问题。为此，首先要分析消费者，其次要确定关键词，为跨境电子商务文案的撰写做好准备。

### 1. 分析跨境电子商务文案的消费者

要做到抓住消费者的眼球、解决消费者的痛点，首先要分析消费者，只有这样才能写出真正打动消费者的文案，从而促使消费者做出购买决策。

（1）为消费者画像

跨境电子商务中为消费者画像是指根据消费者的基本属性、生活习惯和消费行为、国别区域等信息抽象出一个标签化的用户模型。为消费者画像包含以下 6 个方面的内容。

- 消费者固定特征：包括性别、年龄、教育水平、职业、星座等。
- 消费者兴趣特征：即消费者的兴趣爱好。例如，喜欢外观精致的物品、流行歌曲，热爱阅读、旅行，对美食、购物感兴趣等。
- 消费者社会特征：包括生活习惯、婚恋情况、人际交往及家庭环境等。
- 消费者消费特征：包括收入状况、购买水平，以及产品的购买渠道、 购买频次和购买产品类型的偏好等。
- 消费者动态特征：包括消费者当下的需求，以及平台上有哪些卖家等信息。
- 消费者国别/区域特征：潜在消费者所处国家/区域的特有偏好情况。

为消费者画像后便可为其贴上“标签”，然后用“标签”对消费者进行分类。例如，一个 5 岁的马来西亚的小女孩喜欢看《冰雪奇缘》动画片，还爱好舞蹈，每周都会和妈妈去跳舞。根据这些描述，就可以为该消费者贴上“小童”“穆斯林”“女孩”“冰雪奇缘”“舞蹈”等标签，并据此确定创作跨境电子商务文案的风格，撰写出对目标消费者有吸引力的内容。

（2）了解消费者的购买动机

消费者在选购产品时都有促使其做出购买决策的驱动力，这就是所谓的购买动机，如实用动机、健康动机、求美动机、求新动机等。跨境电子商务文案创作不是以“我”为中心来阐述产品或服务的，而是要站在消费者的立场，分析不同环境下消费者的消费动机，找到消费者真心“想要”或“渴望”的内容。因此，跨境电子商务文案创作者只有从消费者的购买动机出发创作文案，才能使文案更有说服力，才能使消费者产生购买欲望。

仍以“一个 5 岁的马来西亚的小女孩喜欢看《冰雪奇缘》动画片，还爱好舞蹈，每周都会和妈妈去跳舞”为例，5 岁的小女孩的衣服一般是妈妈购买的，妈妈决定购买的两个最核心的动机：一是小女孩自己喜欢、二是适合小女孩跳舞的场合。那么，跨境电子商务文案创作者针对这类消费群体，就需要从产品图片、产品标题、产品描述 3 方面写出可以打动该消费群体并满足其需求的文案。图 7-3 所示为某跨境电子商务企业的产品图与产品标题图，产品标题为“Girls Cartoon Frozen Dress Kids Costume Sleeveless Pleated Princess Party Summer”。

图 7-3　产品图与产品标题图

二维码拓展材料 2

产品详细描述如下（译文见“二维码拓展材料 2”）：

> Dear Customer, welcome to my shop ✿***********✿!
>
> We are Sending from overseas and provide good quality, efficient service. You may find that someone sells at a lower price than us but they cannot guarantee the same quality and service as we do. To give you the best products and service is our aim. ^_^
>
> I'm your trusted seller. We will try our best to solve problem and make you have a shopping happy mood. Follow us for more information on "New Products". ^_^
>
> 100% Brand New and High Quality
>
> Material: Cotton Blend
>
> Package include: Girl's Dress
>
> Note:
>
> 1. Size chart can be found in the product picture.
> 2. Processing usually takes 1-2 days and delivery needs 10-20 days.
> 3. Please allow 2-3cm difference.
> 4. The color of the actual item may vary slightly from the images above.
> 5. Sharing social apps to get special coupons.
> 6. Please don't give bad rating. Any problem can leave us a message to solve. Five stars rating and repeat order will get extra coupons.
>
> Feedback:
>
> If there are problems after taking goods, less delivery, slow delivery and defective goods, please go to "chat" to contact us.

该文案有以下特点：

- 主图清晰，展示了冰雪公主裙的所有颜色，一目了然；商品内容占据图片的 85%，饱满；冰雪公主的图案非常精美，让小朋友非常喜爱。
- 产品标题写作精确，既符合消费者的搜索习惯，又能成功吸引消费者的眼球，如“Cartoon Frozen Dress”“Costume”等词。
- “Princess”“Party”等词都符合妈妈决定购买的两大核心动机。
- 产品详细描述里从产品材质、产品品质、服务多方面阐明产品卖点，说服消费者下单购买。

（3）分析消费者的购买心理

购买心理就是消费者在购买产品时的一系列心理活动。例如，有的消费者喜欢买名贵的产品，有的消费者喜欢买便宜的产品；有的消费者追求时尚潮流，有的消费者追求经典复古；有的消费者会购买名人同款，有的消费者则会购买个性化产品。通过对消费者的购买心理进行分析，跨境电子商务文案创作者可以更加准确地定位消费者的购买行为，创作出对消费者更有吸引力的跨境电子商务文案。

跨境电子商务平台上有些卖家销售明星同款或走秀款就能获得不错的销量，正是抓住消费者追星心理或追求时尚潮流的心理。图 7-4 所示为某跨境电子商务卖家销售的走秀款，短期提升销量并全部获得五星好评。

（4）了解消费者喜欢的跨境电子商务文案

消费者喜欢什么样的跨境电子商务文案呢？什么样的跨境电子商务文案才能吸引消费者的注意呢？显而易见，乏味、千篇一律的内容很容易被消费者忽视，他们通常喜欢阅读、欣赏富有趣味性、权威性或不像广告的文案。富有趣味性的跨境电子商务文案使人放松，能够给消费者带来快乐。

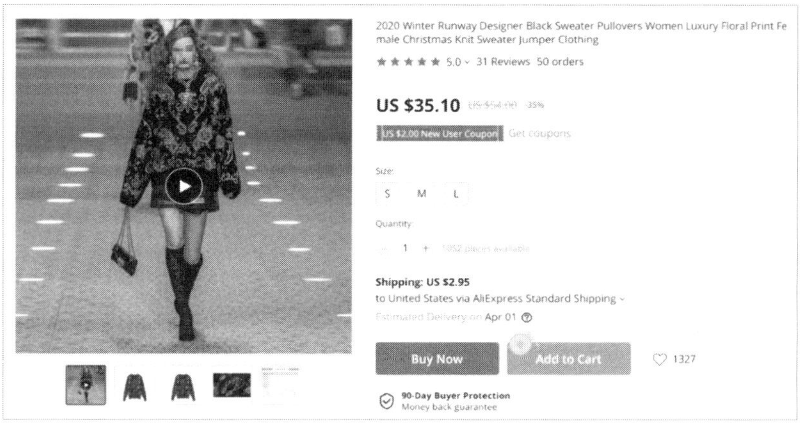


图 7-4　某跨境电子商务卖家销售的走秀款

### 2. 确定关键词

要做到抓住消费者的眼球、解决消费者的痛点，分析完消费者，接下来就要确定跨境电子商务文案中使用的关键词，包括销售关键词、核心关键词、属性关键词、长尾关键词、其他关键词等。

产品的核心关键词是吸引消费者的首要因素，多设几个消费者经常搜索的关键词，可提高被搜索概率和曝光率。

为产品选择合适的关键词的流程如下。

① 根据产品，抠出对应主体关键词，一般是大词，这些词搜索量都很大。

② 根据这个主体关键词，通过各种关键词工具抠出主要流量关键词，这些词接近店铺的产品特性。

③ 再进一步根据产品特性，细分存在可以提供转化的有流量的关键词。

## 任务评价

### 1. 学生自评

跨境电子商务文案创作基础的学生自评表，如表 7-2 所示。

表 7-2　跨境电子商务文案创作基础的学生自评表

| 班　级 | | 学　号 | | 姓　名 | |
|---|---|---|---|---|---|
| 角色 | ○ 组长　○ 组员 | | 分类 | ○ 展示类跨境电子商务文案<br>○ 品牌类跨境电子商务文案<br>○ 推广类跨境电子商务文案 | |
| 任务 | | 完成情况记录 | | | |
| 理论学习情况 | | | | | |
| 技能训练情况 | | | | | |
| 任务完成情况 | | | | | |
| 任务创新情况 | | | | | |
| 完成任务后的收获 | | | | | |

### 2. 生生互评

跨境电子商务文案创作基础的生生互评表，如表 7-3 所示。

表 7-3 跨境电子商务文案创作基础的生生互评表

| 班 级 | | 被评人学号 | | 被评人姓名 | |
|---|---|---|---|---|---|
| 评价者角色 | | 评价者学号 | | 评价者姓名 | |
| 被评人学习的分类 | | ○ 展示类 ○ 品牌类 ○ 推广类 | | | |
| 任务 | | 完成情况记录 | | | |
| 理论学习情况 | | | | | |
| 技能训练情况 | | | | | |
| 任务完成情况 | | | | | |
| 任务创新情况 | | | | | |
| 完成任务后的收获 | | | | | |

### 3. 教师评价

跨境电子商务文案创作基础的教师评价表，如表 7-4 所示。

表 7-4 跨境电子商务文案创作基础的教师评价表

| 班 级 | | 被评人学号 | | 被评人姓名 | |
|---|---|---|---|---|---|
| 被评人学习的分类 | | ○ 展示类 ○ 品牌类 ○ 推广类 | | | |
| 任务 | | 完成情况记录 | | | |
| 理论学习情况 | | | | | |
| 技能训练情况 | | | | | |
| 任务完成情况 | | | | | |
| 任务创新情况 | | | | | |
| 完成任务后的收获 | | | | | |

## 拓展练习

某经营童装的跨境电子商务企业春季上新，新增一个女童内衣类目，请草拟一份文案通知店铺老客户，欢迎他们浏览下单。

# 任务二 跨境电子商务产品卖点的挖掘

## 任务描述

众所周知，卖点突出的产品会让消费者产生下单购买的欲望。那么，如何挖掘跨境电子商务产品的卖点呢？首先要了解什么是产品卖点，掌握提炼产品卖点的角度及方法，会取舍和优化跨境电子商务产品卖点。

## 学习目标

1．了解产品卖点的含义与作用，以及核心卖点的表现形式；
2．明确提炼产品卖点的角度及方法；
3．掌握跨境电子商务产品卖点取舍和优化的过程。

## 任务分配

本任务分 4 组进行，每组由一位组长和若干组员构成。组员在组长的带领下，根据【任务准备】的引导问题进行任务分工，了解跨境电子商务产品卖点，掌握提炼产品卖点的角度及方法，学会优化跨境电子商务产品卖点。按照 4 种跨境电子商务产品分组，每组撰写一份跨境电子商务产品卖点。跨境电子商务产品卖点的挖掘学习任务分配表，如表 7-5 所示。

表 7-5　跨境电子商务产品卖点的挖掘学习任务分配表

| 班　级 | | 组　号 | | 分　类 | ○ 一次性医用口罩卖点撰写<br>○ 童装卖点撰写<br>○ 橄榄油卖点撰写<br>○ Anker 充电宝卖点撰写 |
|---|---|---|---|---|---|
| | | | | | |
| 角色 | 姓名 | 学号 | 任务分工 | | |
| 组长 | | | | | |
| 组员 | | | | | |
| | | | | | |
| | | | | | |
| | | | | | |
| | | | | | |

## 任务准备

引导问题 1：提炼产品卖点的角度有哪些？请举例说明。
引导问题 2：提炼产品卖点的方法有哪些？

## 任务实施

### 一、产品卖点的认知

#### 1．产品卖点的含义与作用

产品卖点是指产品具备“人无我有，人有我优，人优我特”的特点。这些特点一方面是产品与生俱来的，另一方面是通过营销策划人员的想象力、创造力产生的。无论卖点从何而来，只要能使之落实于营销战略中，转化为消费者能够接受、认同的利益和效用，就能达到树立品牌形象、促进产品销售的目的。产品卖点有多种展示角度，既可以是产品的材质、外观、工艺，也可以是产品的附加价值等。

### 2. 核心卖点的表现形式

产品核心卖点一般只有一种，它是产品最有竞争力的卖点，并且很容易与同类产品区分开来。核心卖点通常有新卖点、超级卖点、独家卖点 3 种表现形式。

（1）新卖点

新卖点应与同行的卖点有所不同。做品牌营销实际就是在做不同，如果能区别于同行产品，让消费者耳目一新，那么这个卖点就将具备较大的竞争力。新卖点应当是新颖的，是消费者第一次听说或极少见过的。它为消费者呈现了一种颠覆性的认知，可以为消费者填补认知上的空白。

（2）超级卖点

超级卖点指与同行相比有超越性竞争力的卖点。只有竞争力明显高于同行的卖点才能称为超级卖点。

（3）独家卖点

从字面意思上理解，独家卖点就是自家产品独有的卖点，独家卖点是某个产品本身所拥有的，如独家秘制的食材、产品独有的功能、领先的技术等。一般来说，核心卖点往往会被打造成独家卖点。如果某产品拥有独家卖点，那么它的竞争力将会是独一无二的。独家卖点将成为区分产品的识别点，也就是说，在消费者心中独家卖点就代表某个品牌，从而对消费者的认知进行垄断。

### 3. 提炼产品卖点的角度

（1）价格

价格是影响消费者决策的重要因素，透明化或可比性较强的产品将价格作为卖点则很有可能杀出一条“血路”。例如，瓜子二手车的卖点是“没有中间商赚差价”，这就意味着车主可以花更低的价格买到质量相同的车；沃尔玛的卖点是“天天低价”，吸引消费者光顾。在跨境电子商务平台上，平台对同类产品的最低价卖家打标，担保最低价，从而促使该卖家的产品大卖，如图 7-5 所示。

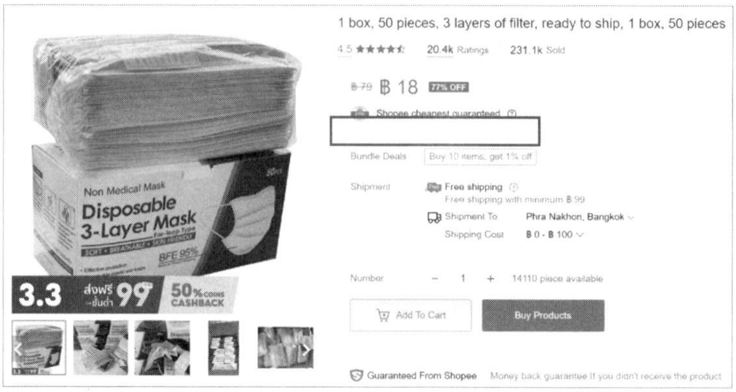


图 7-5 Shopee 平台最低价担保

虽然低价策略简单粗暴，但频频使用低价策略会损害产品的价值。采取低价策略，一般是因为卖家自己在控制产品成本方面具有优势（进货渠道、管理效率等），或者是因为针对某些产品促销能够带动后端产品的销售，从而使整体收益最大化。

（2）服务

很多时候服务也是消费者购买产品时会考虑的因素。这里的服务包括现场的服务和售后服务。如果能在服务上提出可衡量的标准，不仅可以瞬间吸引消费者，还可以形成口碑传播。餐饮企业海底捞凭借其难以撼动的服务标准让消费者折服，电子商务平台天猫、淘宝定义了售后服务行业标准——7 天无理由退货，让消费者在线上渠道购物有了保障。跨境电子商务行业由于买卖双方分属不同的国家或地区，服务便捷性受到很大影响，如退换货服务，很多卖家都不提供退换货服务，尤其是买家原因所引起的退换货。但有些跨境电子商务平台为了长远发展，建立良好的服务口碑，推出了免费退货服务，积极倡导第三方卖家参与，并对参与卖家给予流量扶持。图 7-6 所示为全球速卖通推出的“15 天无理由免费退货”和“90 天买家退款担保”服务。

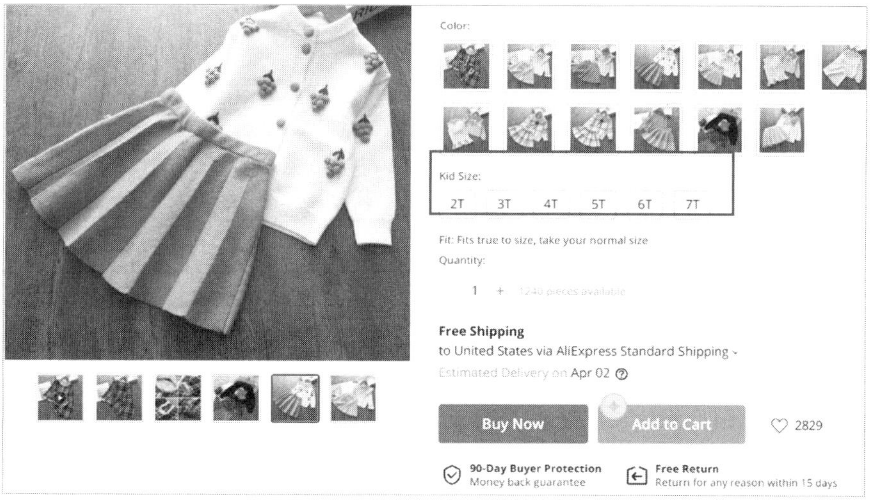


图 7-6　全球速卖通推出的“15 天无理由免费退货”和“90 天买家退款担保”服务

Shopee 台湾站点推出“虾皮商城 15 天鉴赏期”，即买家可以在 15 天内无理由退货退款，且不需要承担任何费用。

将服务作为卖点时，一定要有数据、有标准地进行宣传。例如，“提供最优质的服务是我们公司的使命”“客户是上帝”这类空洞的宣传，并不能吸引消费者下单。可以把一个产品从原料到消费者手中的每一个服务环节拆分开，然后列成一张 Excel 表格，在每个服务环节写下它比竞品好的地方，这是做服务卖点梳理非常简单、有用的方法。

（3）效率

人们都渴望快速获得自己需要的产品价值，尤其是在市场竞争激烈的形式下，高效率地满足需求是这个快节奏时代消费者的要求。比如，快餐店主打“半小时送到，否则半价”；建站网络培训教程主打“零基础 1 小时学会建站，否则退款”。跨境电子商务行业为了提高送货时效，纷纷搭建了海外仓。海外仓就是跨境电子商务卖家为提升订单交付能力而在国外接近买家的地区设立的仓储物流节点，通常具有境外货物储存、流通加工、本地配送，以及售后服务等功能。跨境电子商务卖家如果能够提供海外本地配送服务，其产品销量会大幅度提升，这是很多亚马逊卖家选择 FBA 发货的重要原因。

（4）质量

产品质量是消费者最关注的一点。假如卖家觉得自己的产品质量过硬，请不要吝啬，大胆喊出来。将质量作为产品卖点，一定要进行场景化描述，多使用动词，促使消费者产生直观联想。例如，某羊毛衫的卖点是“水洗不变形，1 年变形免费换”；某牛仔裤的卖点是“高弹力牛仔裤，进店给你劈叉做演示”。围绕质量，可以聚焦原材/原产地和生产工艺。例如，亚马逊自营橄榄油为了突出其优质，声明它是希腊、意大利和西班牙的产品，种植者来自地中海地区，在意大利装瓶（见图 7-7）。众所周知，世界公认橄榄油最好的产地就是西班牙、希腊和意大利。

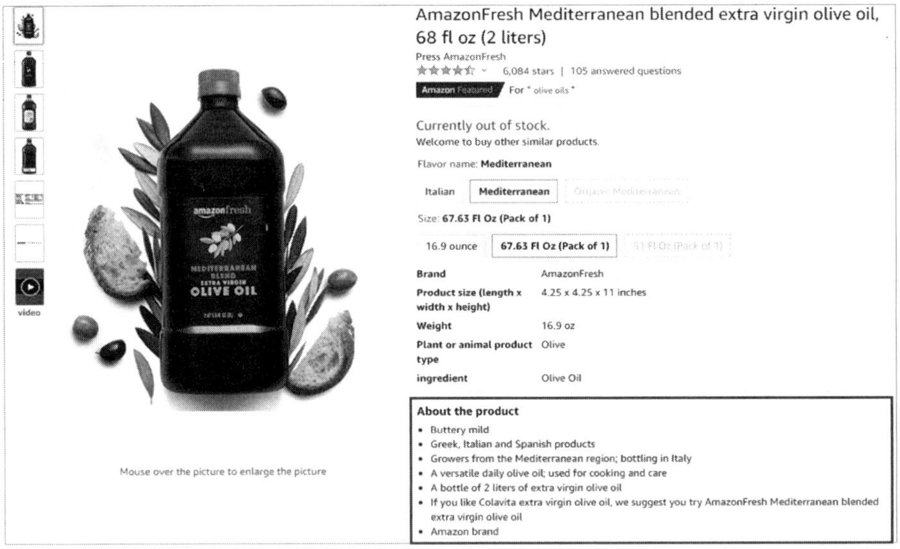


图 7-7　亚马逊自营橄榄油产品详情页

（5）稀缺

“物以稀为贵”是对人性的深刻认知，不管是原材料稀缺还是生产数量稀缺，都会极大提升产品在消费者内心的价值感。比如，某土鸡餐饮店的卖点是“因为农村土鸡量有限，每天仅为 50 个客人提供土鸡宴，需要提前 3 天预定”。跨境电子商务平台上一些专门经营收藏品和限量版产品的卖家广受欢迎。稀缺性卖点能驱动消费者购买的本能冲动，制造紧迫感（限量发售、限时抢购、提前预订）能更好地辅助稀缺性卖点的发挥。

（6）附加值

在提供同样的主营产品时，若其中一个卖家能比竞争对手额外多提供价值，那么消费者便会优先选择这个卖家。比如，早餐店的卖点是“买任意一款点心，即可免费获得一杯价值 5 元的豆浆”；某面馆的卖点是“消费任意一款面，均可获得一碗美味浓骨汤”；同样的服饰，无印良品通过包装将源于和式文化中极具代表性的禅意思辨的美学理念传递出来，无疑额外给予了消费者价值。附加值产品要与主营产品搭配好，才能相得益彰。如图 7-8 所示，某跨境电子商务卖家销售带独角兽图案的女童裙，免费赠送独角兽发箍，主营产品和赠品搭配合理，销量一路猛增。

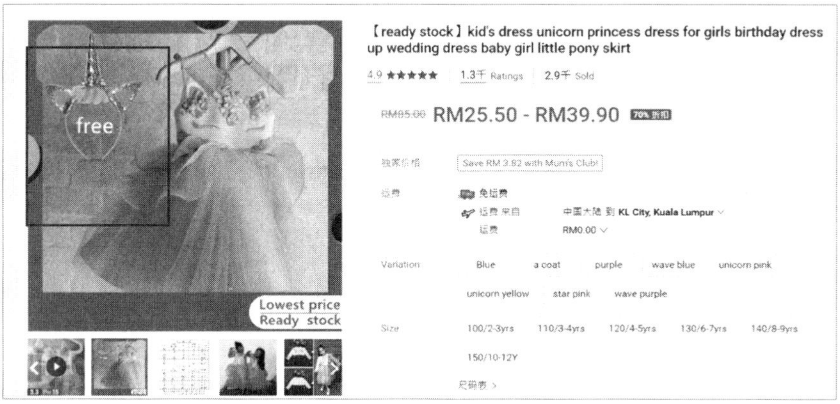


图 7-8　销售带独角兽图案的女童裙赠送独角兽发箍

## 二、产品卖点的提炼方法

### 1. 通过评论、问答获取卖点

消费者在跨境电子商务平台上购买产品后，可以在平台上留言评论。跨境电子商务卖家可以通过分析竞品的留言、评论（Review），了解其所寻求产品的优缺点，并总结消费者的需求点，从而提炼出产品卖点。

问答（Q&A）板块可帮助卖家分析消费者询问的产品问题、总结需求、提炼卖点，这样也比较容易和消费者产生共鸣。

以暖风机为例，我们来提炼出产品卖点：

① 热量感觉不够→客户需求热量，产品需要热量足够。

② 运行中有噪声→客户需求安静，产品需要噪声的分贝低。

③ 会产生塑胶味→客户需求品质，产品需要具有较好的质量。

④ 产品安装麻烦→客户需求包装，产品需要简易安装，附上说明书等。

### 2. 参考竞争对手的产品卖点进行卖点提炼

如果几家店铺销售同一款产品，则卖家提炼出来的卖点也可能是其竞争对手所有的，这时候就需要美工和运营合作，按照店铺产品的销量和人气排名来搜索出多个同类型产品，之后对它们的主图、标题、详情页和评价等进行分析，找到这些产品的卖点分别是什么。

此外，卖家在找卖点的时候，要将所有的数据全部汇总起来，制定差异化方案，将别的卖家没有的卖点展示出来，从而提高产品的竞争力。

### 3. 通过产品前期微创新部分确定产品卖点

产品的前期微创新可以很好地促进销售，于是对产品微创新部分的卖点加以把握是跨境电子商务卖家的必修课。例如，在前期充电宝这款产品刚开始普及的时候，充电宝是比较笨重的，且市场上的产品大小、规格相对同质化。此时有的卖家对产品进行微创新，在相对满足消费者充电毫安的需求的同等情况下，研发出了一款轻巧款充电宝。“轻巧”，便和别家存在差异化，这是一个竞争点，于是形成了自身产品的优势和卖点。

### 4. 打造一个超级卖点

产品是有很多差异化、卖点及优势可挖掘的，但是一定要找到一个卖点作为最重要的卖点进行打造，这样才能抢占消费者的心智。把这个产品卖点打造放大 10 倍、100 倍，就可以把产品卖点打造到极致。

只围绕一个卖点来将其放大，是因为消费者只能接收有限的信息。消费者喜欢简单，讨厌复杂；消费者缺乏安全感；消费者对品牌的印象不会轻易改变；消费者的心智容易失去焦点。

## 三、产品卖点的取舍与优化

对于产品卖点进行取舍及优化之前，应弄清楚优秀产品卖点的衡量标准。只有明白衡量优秀的标准，我们才能在众多的卖点中找到一个最适合、最好的卖点。

### 1. 优秀产品卖点的衡量标准

无论通过什么方法或从哪个角度提炼出了产品卖点，都必须用三大标准逐一检查核对。同时符合质检清单上的三大标准的产品卖点才能算是一个好的、成功的产品卖点，如图 7-9 所示。

图 7-9 产品卖点质检清单

（1）区隔竞争对手

竞争对手做不到、竞争对手不敢承诺、竞争对手还没有宣传出来的，你已经把它做到了，并且能够承诺，你就应该率先提出，这样就很容易获取消费者的信赖。例如，收趣 App 在移动互联网时代针对用户面临信息过载、很难高效管理的窘境，主打“在一个 App 收集你感兴趣的一切”卖点，帮助用户将多渠道的文章集中到一个 App 上，统一分类管理，获得一大批白领的追捧。

（2）自身有实力做到

产品卖点不是忽悠消费者的口号，而是强有力的承诺，必须经得起市场和消费者的考验。例如，京东凭借自建物流推出“当日达”和“次日达”口号；每日优鲜通过在生鲜电子商务行业首创的前置仓模式实现最快 1 小时送达的承诺。假如它们没做到，就会砸掉自己的招牌，陷入公关危机。

（3）可感知和衡量的价值

能区隔竞争对手和自身有实力做到的卖点，并不一定能迎合市场的需求，一个成功的产品卖点必须是消费者渴望得到的，并且是可感知和可衡量的。

### 2. 产品卖点取舍与优化的过程

在市场上，好产品多如牛毛，消费者很容易患上“选择困难症”。所以要想在众多产品中脱颖而出，就要有一个亮眼的、识别度高的产品卖点，让消费者快速认可产品，一有需求就能想起该产品，这样转化成交才会高。那么，怎么在众多的产品卖点中如何取舍和优化出核心卖点呢？

筛选卖点时需要思考目标消费者关心的是什么，要把我们列出来的产品卖点和他们的需求结合起来，这个重合部分才是可能打动消费者的卖点。筛选步骤如下。

（1）找大数据分析

每个行业基本都有行业数据报告，在里面可以看到目标人群的相关分析，以及相关需求点的调研。例如，百度指数、微博指数、微信指数等大数据平台都可以利用。比如，百度指数里的人群画像和需求图谱功能就可以用来分析用户需求。

通过“需求分布”，可以了解消费者对产品的聚焦点和痛点。比如，“化妆”的热门需求词包括“方法”“产品”“眼妆”等，通过“人群画像”，可以了解目标人群的地域分布、年龄、性别等相关信息。通过大数据的使用，就可以从众多产品卖点中，删掉几个明显没有市场和需求的卖点。

（2）找销售员聊天

销售员基本是公司最懂产品的一群人，他们离消费者最近，每天都在观察消费者的行为。最关键的是，他们每天都在一线经历失败、汲取经验。要多和销售员聊聊，多问问他们平时在和消费者接触的时候，消费者最关心哪些问题、对哪些东西最感兴趣、最反感什么，给他们看看你列出的产品卖点，哪些是消费者最关心的，然后进行排序。

（3）与目标用户沟通

经过以上几个步骤之后，产品卖点列表应该至少划掉一半了，这时需要直接和目标用户沟通，而且最好是当面沟通，这样可以减少很多重要信息点的损失。

① 和目标用户聊聊产品：聊聊他们平时的痛点，聊聊他们畅想的体验，聊聊他们最关心的点。

② 观察目标用户的反应：看到一个产品卖点是否突然来了兴趣？是否表现得比较开心？是否针对一个点问题变多了？是否会有明显的抵触？经过大量的沟通后，基本能判断出哪几个产品卖点最吸引目标用户，留下 1～3 个卖点。

（4）找竞品企业对比

找竞品企业对比，可以看竞品企业的产品手册、分析官网、对比广告卖点，甚至可以站在消费者的角度给竞品企业客服打电话咨询，或者直接与他们当面沟通。这样，一方面可以了解消费者关心的点，另一方面可以寻找产品差异化的关键卖点。

（5）测试与调整

测试是验证产品卖点的最好的方法。“广告费至少都浪费了 50%以上，但我们不知道浪费在哪。”如果不进行测试、了解产品，那所做的一切准备都是无用的。一个新产品上线，挖掘出卖点后，也没有什么是可以说绝对会怎么样的，不进行测试就想占领市场是不可能的、不切实际的。

一个真正能打动消费者的关键卖点，一定是经过市场实战证明有效的。而且，这个测试是持续的，因为所有的产品都需要不断地调整、优化、升级。

## 任务评价

### 1. 学生自评

跨境电子商务产品卖点的挖掘学生自评表，如表 7-6 所示。

表 7-6 跨境电子商务产品卖点的挖掘学生自评表

| 班　级 | | 学　号 | | 姓　名 | |
|---|---|---|---|---|---|
| 角色 | ○ 组长　○ 组员 | | 分类 | ○ 一次性医用口罩卖点撰写<br>○ 童装卖点撰写<br>○ 橄榄油卖点撰写<br>○ Anker 充电宝卖点撰写 | |
| 任务 | | 完成情况记录 | | | |
| 理论学习情况 | | | | | |
| 技能训练情况 | | | | | |
| 任务完成情况 | | | | | |
| 任务创新情况 | | | | | |
| 完成任务后的收获 | | | | | |

## 2. 生生互评

跨境电子商务产品卖点的挖掘生生互评表，如表 7-7 所示。

表 7-7 跨境电子商务产品卖点的挖掘生生互评表

| 班　级 | | 被评人学号 | | 被评人姓名 | |
|---|---|---|---|---|---|
| 评价者角色 | | 评价者学号 | | 评价者姓名 | |
| 被评人学习的分类 | | ○一次性医用口罩　○童装　○橄榄油　○Anker 充电宝 | | | |
| 任务 | | 完成情况记录 | | | |
| 理论学习情况 | | | | | |
| 技能训练情况 | | | | | |
| 任务完成情况 | | | | | |
| 任务创新情况 | | | | | |
| 完成任务后的收获 | | | | | |

## 3. 教师评价

跨境电子商务产品卖点的挖掘教师评价表，如表 7-8 所示。

表 7-8 跨境电子商务产品卖点的挖掘教师评价表

| 班　级 | | 被评人学号 | | 被评人姓名 | |
|---|---|---|---|---|---|
| 被评人学习的分类 | | ○一次性医用口罩　○童装　○橄榄油　○Anker 充电宝 | | | |
| 任务 | | 完成情况记录 | | | |
| 理论学习情况 | | | | | |
| 技能训练情况 | | | | | |
| 任务完成情况 | | | | | |
| 任务创新情况 | | | | | |
| 完成任务后的收获 | | | | | |

## 拓展练习

某经营童装的跨境电子商务企业春季上新，拟新增一个女童内衣类目，请草拟一份女童内衣卖点。

# 任务三　跨境电子商务产品描述的撰写

## 任务描述

产品描述怎么写才能字字入眼，吸引客户下单呢？是事无巨细地描述产品细节，还是简略描述呢？作为跨境电子商务从业者，首先要了解跨境电子商务产品描述的原则，掌握产品描述的主要内容，学会优化产品描述。

## 学习目标

1．了解跨境电子商务产品描述的原则，掌握产品描述的主要内容及产品描述模板；
2．掌握优化产品描述的技能。

## 任务分配

本任务分 4 组进行，每组由一位组长和若干组员构成。组员在组长的带领下，根据【任务准备】的引导问题进行任务分工，了解跨境电子商务产品描述的原则，掌握产品描述的主要内容，学会优化产品描述。按照 4 种跨境电子商务产品分组，每组撰写一份跨境电子商务产品描述文案。跨境电子商务产品描述的撰写学习任务分配表，如表 7-9 所示。

表 7-9　跨境电子商务产品描述的撰写学习任务分配表

| 班　级 | | 组　号 | | 分　类 | ○ 一次性医用口罩产品描述撰写<br>○ 童装产品描述撰写<br>○ 橄榄油产品描述撰写<br>○ Anker 充电宝产品描述撰写 |
|---|---|---|---|---|---|
| 角色 | 姓名 | 学号 | 任务分工 | | |
| | | | | | |
| 组长 | | | | | |
| 组员 | | | | | |
| | | | | | |
| | | | | | |
| | | | | | |
| | | | | | |

## 任务准备

引导问题 1：跨境电子商务产品描述应遵循哪些原则？
引导问题 2：跨境电子商务产品描述一般包括哪些内容？

## 任务实施

### 一、产品描述的原则和内容

详情页承担着将访客留下并促成交易的重要任务，做好产品详情页设计可提高店铺的转化率。

#### 1. 产品描述的原则

（1）精准定位

① 产品详情页风格定位。

风格定位对产品详情页至关重要，产品详情页的风格要以产品的主要特征为基调。例如，店铺主营电脑配件等3C产品，详情页色调最好以蓝、灰等富有科技感的颜色为主，店铺卖的是童装，详情页色调最好以粉色、黄色等暖色调为主，走轻快、可爱路线，不应采用灰色、黑色等暗色调，因为黑色、灰色等暗色调无法使产品详情页与产品风格融合。准确的产品详情风格定位，能够使客户迅速融入产品氛围，从而使客户更容易对产品产生认同感。

② 产品详情页人群定位。

产品详情页人群定位包括目标市场定位和客户定位。目标市场定位是指产品销售的方向，如是销往欧洲还是非洲、是销往发达国家还是发展中国家等；人群定位主要是指销售的对象，如是老年人还是青年人等。

> 知识链接：要做好产品定位，跨境电子商务卖家可以使用5W1H方法，如下。
>
> - Who：产品的目标客户是谁？
> - What：产品特性，尺寸、材料、特性和功能等属性。
> - Where：产品的使用地点，是室内还是户外，是车里还是家里？
> - When：产品的使用时机，是全年可用还是冬季春季？
> - Why：客户为什么要买这款产品？为什么要在众多产品中购买我们这款产品？有什么不同？有哪些附加价值？等等。
> - How：产品的使用方式，如何使用，展示使用场景或跟其他物品的搭配。

（2）准确的产品信息

产品详情页的作用在于让客户了解产品、信任产品，直至购买产品。它不同于文学创作，而是追求在一定时间内快速、准确地传达产品信息。简单来说，就是在短时间内让客户看完产品详情页后能清楚地获取以下信息：卖家提供的是什么产品或服务；产品或服务如何使客户受益；如果客户对这个产品或服务感兴趣，接下来应该做什么。产品详情页中的产品卖点一定要清晰。一个产品可以有多个优点，但真正的卖点往往只集中在某一点上。要准确抓住客户的痛点，有针对性地提取产品的卖点，然后在产品介绍中不断强化此卖点。无论是采用图片形式还是文字形式，卖家在编辑产品详情页时都需要多次强调主要卖点，以确保产品能给客户留下深刻印象。

（3）突出产品能给客户带来的好处

销售有 FAB 法则，即属性、作用、益处法则。FAB 对应的是 3 个英文单词：Feature、Advantage 和 Benefits。按照这样的顺序来介绍，也就是采用了说服性演讲的结构，这样能达到的效果就是让客户相信该产品是最好的。属性（Features），指产品所包含的客观现实，所具有的属性。比如，讲台是木头做的，木头做的就是产品所包含的某项客观现实、属性。作用（Advantages）指产品给客户带来的用处，强调产品能做什么。益处（Benefits）指产品给客户带来的利益。比如，讲台是实木做的，那么其给客户带来的益处就是无污染、相对轻便。

总之，描述产品的属性，介绍产品的功用，最后都是为了分析出能为客户带来的利益与好处，从而说服客户做出购买决策。FAB 经典图解“猫与鱼的故事”（见图 7-10），充分说明了突出产品给客户带来好处的重要性。

图 7-10 猫和鱼的故事

图 1：一只猫非常饿，想大吃一顿。这时销售员推过来一摞钱，但是这只猫没有任何反应。这里的“猫”代指客户，而“钱”则指产品特性。

图 2：猫更饿了，销售员走过来说：“猫先生，我这儿有一摞钱，可以买很多鱼。”在这里，“买鱼”是这些“钱”的作用，但是猫仍然没有反应。

图 3：猫快饿疯了，想大吃一顿。销售员走过来说：“猫先生请看，我这儿有一摞钱，能买很多鱼，你可以大吃一顿。”话刚说完，这只猫就飞快地扑向了这摞钱。此时，销售员对商品（钱）的讲解构成了一个完整的 FAB 链，打动了客户（那只猫）。

（4）使用能推动销售的有力词汇——感官词

用感官词语诱惑。感官词可以增加销售额，这是被证明过的。绿色和黑色等感官形容词不仅指味道，还指声音和触觉，如松脆、平滑。形容词比较棘手，通常它们不会为句子添加意义，最好删除。然而，感官形容词是很有力的，因为它们使客户在阅读时会有更好的体验。使用生动的产品描述会让客户“眼花缭乱”，如“像天鹅绒般、光滑、清脆和明亮”。

案例：巧克力制造商 Green&Black 产品描述，如图 7-11 所示。

图 7-11 Green & Black 产品描述

（5）用具有社交属性的评价来体现产品的受欢迎程度

当客户不确定要购买哪种产品时，他们会寻找建议购买的内容。他们经常会购买积极评价最多的产品。卖家可以将社交证据隐藏到产品描述中。例如，在产品描述中原文引用客户的评价，如此会增加描述的可信度；它还会使描述更加个性化和平易近人，鼓励客户咨询购买。大多数客户都喜欢购买受欢迎的东西，所以要凸显客户最喜欢的产品。

（6）能轻松读取信息

好的产品描述会鼓励客户来详细阅读产品说明，建议使用清晰、可扫描的产品描述来说明产品，使其更易于阅读，这样更容易吸引潜在客户，如图 7-12 所示。

Product Description

Package included:1 Dress

Material:95% Polyester+5% Spandex

Colors:Blue,Beige,Pink,Black

Size:S,M,L,XL,2XL,3XL,4XL,5XL

Sleeve Length:Full Sleeve

Neckline:O-Neck

Pattern: Solid Color

Length:Ankle Length

Thickness:Thin

Decoration:Lace-up

Style:Leisure,Bohemian,Retro,Europe,Muslim Dress

Occasion:Family,Holiday,Employment

Attentions:

1.The Real Object May Exist Slightly Colors Differences Compared To Images As Different Computers Display.Caution If Minding,Thanks.

2.There Might Be A Manual Measuring 1-3 cm Error.Sorry For Any Inconvenience.

3.Please Prevail On Real Item, Model Images For Reference Only.

4.Attention!!!Please check the size chart carefully before placing the order.

图 7-12　某店铺某款长裙的产品描述

## 2. 产品描述的内容

大多数平台在客户浏览产品的时候，产品描述默认的都是收起隐藏状态。这并不代表这一部分不重要，相反对于卖家而言这是应该要重点去编辑的部分。首先，这一部分一旦开始展示它的作用，说明产品已经有了流量，而且客户有较强的购买意愿，只是对产品可能存在一点疑虑，而产品描述最主要的作用就是帮助客户解决产品认知过程中的疑虑。其次，产品描述作为卖家主动提交到平台的文字信息，描述内容应该对平台友好，有利于平台学习和抓取产品详情，所以在描述中应当对产品的核心关键词进行适当的布局。最后，产品描述可以作为营销文案。在所有提交到平台的信息当中，平台对图片和标题有限制，只有描述部分相对来说比较宽松。大家应该利用好这一部分，适当给产品添加营销文案。下面我们介绍产品描述的通用模板。

- 欢迎词：基本的礼貌寒暄。
- 简易标题：增加核心关键词的出现频率和权重。
- 产品描述：产品基本信息 尺寸、颜色、材质等说明。
- 问题说明：针对不同的产品打消客户可能存在的疑虑。
- 包裹内容：清楚地表明客户能收到产品内容及数量。
- 温馨提示：注意事项。
- 反馈鼓励：委婉鼓励五星好评，切勿直截了当的讨要，以免引起客户反感。

下面以童装为例，介绍产品描述详情案例（译文见“二维码拓展材料 3”）。

Welcome to our shop ✿*********✿!

We are trying to offer good product with best price, remember to tell us if you have any problem during or after you shopping. We will try our best to make you satisfied.

Follow and contact us for extra discount! Hope you have a nice shopping experience in our shop. ^_^

←店铺介绍语部分

*It is made of high-quality materials, Soft hand feeling, no any harm to your baby's skin.

*Long sleeve Minnie print unique fashion design. Your baby will love it and have a good sleep.

*Perfect for keeping your boys warm for the fall and winter seasons.

Material: Polyester
Color: As Printed on the pictures
Size: S, M, L
Package included: 1 x Top + 1 x Pants

←产品信息部分

二维码拓展材料 3

Note:

1. All The Products You See Are Available.
2. Processing Takes 1-2 Days And Delivery Needs 10-20 Days.
3. Please allow 2-3cm difference.
4. The color of the actual item may vary slightly from the images above.
5. Leave us a message if you get any problem.

←其他信息部分

## 二、产品描述的语言与格式优化

### 1. 产品描述的语言

从内容的角度来说，产品描述应该是从目标客户的角度，提炼出能够打动客户的卖点，而从语言角度来说，产品描述应用易于客户理解的语言表达出来。

很多产品描述文案之所以不能为订单转化率做加法，原因就在于产品描述中的语言太生硬，冷冰冰的工程师语言是激发不了客户的购买欲望的，这也是为什么老卖家强调从同行卖家的产品评论中发掘和整理产品描述内容。相对于说明书上内容的复制、粘贴，产品评论的语言更生动活泼、更接近于真实，笔者将从产品评论中提取出来的内容叫作“说人话”，只有做到“说人话”，才能更博得客户的认同。

另外，产品描述中不同的表达方式也会产生不同的效果。比如，用“This Product”和“Our Product”所表达的热情度是不一样的，后者更能够引起客户的共鸣，卖家在撰写产品描述文案时，要尽量考虑使用一些带有情感色彩的词语。

总之，好的产品描述文案应该是有感情的，而不应该是冷冰冰的；应该是满足客户需求的，而不应该是卖家自说自话的；应该是详细而精准的，而不应该是大而空的。

### 2. 产品描述的格式优化

从产品描述的表现形式上，卖家要设计好产品描述的页面格式。不同的平台规则不一样，在遵守平台规则的前提下不断优化产品详情页的格式，能达到提高转化率的目的。下面介绍 PC 端和无线端产品详情页格式的优化方法。

① 按平台清晰度、尺寸的要求规范使用图片。

② 不要加水印、文字及边框。水印影响图片的美观，在无线端可能使文字的具体内容看不清楚，所以意义不大，反而影响美观；在无线端的搜索结果展示页加边框，产品看起来会特别别扭，对流量的导入会造成负面影响。

③ 店铺和品牌的标识可以放在产品详情页的边缘，以不挡住产品为基本要求。建议一个店铺内的标识都放在统一的位置，如统一放在左上角，这样有利于提升图片的质感，加强标识的辨识度。

④ 文字内容的要求。

- 字体：使用阅读清晰的字体，避免变形、潦草的字体。IOS 系统建议使用 Open Sans 字体，Android 系统建议使用 Roboto 字体。
- 字号大小：最小字号不小于 26 磅。
- 文字颜色：文字颜色与背景对比要明显，如白底黑字、黑底白字等。
- 字数：精简卖点，一段文字的内容不要超过 3 行。一般客户阅读大量信息的时候都是跳跃式阅读。文字行数过多的，一般不会仔细阅读。

## 任务评价

### 1. 学生自评

跨境电子商务产品描述的撰写学生自评表，如表 7-10 所示。

表 7-10 跨境电子商务产品描述的撰写学生自评表

| 班　级 | | 学　号 | | 姓　名 | |
|---|---|---|---|---|---|
| 角色 | ○ 组长　　○ 组员 | | 分类 | ○ 一次性医用口罩产品描述撰写<br>○ 童装产品描述撰写<br>○ 橄榄油产品描述撰写<br>○ Anker 充电宝产品描述撰写 | |
| 任务 | 完成情况记录 | | | | |
| 理论学习情况 | | | | | |
| 技能训练情况 | | | | | |
| 任务完成情况 | | | | | |
| 任务创新情况 | | | | | |
| 完成任务后的收获 | | | | | |

### 2. 生生互评

跨境电子商务产品描述的撰写生生互评表，如表 7-11 所示。

表 7-11　跨境电子商务产品描述的撰写生生互评表

| 班　　级 | | 被评人学号 | | 被评人姓名 | |
|---|---|---|---|---|---|
| 评价者角色 | | 评价者学号 | | 评价者姓名 | |
| 被评人学习的分类 | | ○一次性医用口罩　○童装　○橄榄油　○Anker 充电宝 | | | |
| 任务 | | 完成情况记录 | | | |
| 理论学习情况 | | | | | |
| 技能训练情况 | | | | | |
| 任务完成情况 | | | | | |
| 任务创新情况 | | | | | |
| 完成任务后的收获 | | | | | |

### 3. 教师评价

跨境电子商务产品描述的撰写教师评价表，如表 7-12 所示。

表 7-12　跨境电子商务产品描述的撰写教师评价表

| 班　　级 | | 被评人学号 | | 被评人姓名 | |
|---|---|---|---|---|---|
| 被评人学习的分类 | | ○一次性医用口罩　○童装　○橄榄油　○Anker 充电宝 | | | |
| 任务 | | 完成情况记录 | | | |
| 理论学习情况 | | | | | |
| 技能训练情况 | | | | | |
| 任务完成情况 | | | | | |
| 任务创新情况 | | | | | |
| 完成任务后的收获 | | | | | |

## 拓展练习

某经营童装的跨境电子商务企业春季上新，拟新增一个女童内衣类目，请草拟一份女童内衣产品描述。

# 项目八

# 跨境电子商务数据调研与分析

卖家需要经常了解所经营行业的大趋势。例如，全球速卖通后台的行业情报、选品专家、关键词分析等工具为卖家提供了可靠的数据支持，辅助卖家了解行业情况、判断行业趋势，是卖家确定经营决策非常好的参考。本项目主要以主流跨境电子商务平台数据调研的步骤，以及跨境电子商务行业数据与店铺数据分析为例，辅以跨境电子商务第三方数据分析工具的应用，来进行跨境电子商务多平台运营数据分析方法的讲解和说明。

## 任务一　跨境电子商务数据的调研

### 任务描述

跨境电子商务数据调研不仅是专业的数据分析讲解，也是卖家能否成为“科学卖家”的理论依据。运用多种工具做好科学合理的数据调研，可以给卖家在选品和运营时提供参考依据，帮助卖家节省大量的时间，使其在分析竞争对手的同时能够优化运营方式，有效提升产品销量。

### 学习目标

1. 了解跨境电子商务数据调研的常用概念、目标及常见步骤；
2. 理解四大主流跨境电子商务平台的数据分析要点并比较其不同。

### 任务分配

本任务分组进行，每组由一位组长和若干组员构成。组员在组长的带领下，根据【任务准备】的引导问题进行任务分工，了解跨境电子商务数据分析的思路及各平台数据分析要点后，学会运用所学知识进行四大主流跨境电子商务平台的数据分析。跨境电子商务数据调研的学习任务分配表，如表 8-1 所示。

表 8-1　跨境电子商务数据调研的学习任务分配表

| 班　级 | | 组　号 | |
|---|---|---|---|
| | | | |
| 角色 | 姓名 | 学号 | 任务分工 |
| 组长 | | | |
| 组员 | | | |
| | | | |
| | | | |
| | | | |
| | | | |

## 任务准备

引导问题 1：各跨境电子商务主流平台的数据分析要点有什么共同点和不同点？请举例。

引导问题 2：运用亚马逊平台，解释跨境电子商务数据调研常用名词的定义。

## 任务实施

### 一、跨境电子商务数据调研常用概念

- 浏览量（Page View，PV）：页面被访问的总次数。一个页面被点击一次，记为一次浏览；一个用户多次点击或刷新同一个页面，记为多次浏览，累加不去重。
- 访客数（Unique Visitor，UV）：网站独立访客总数。一个用户一天内多次访问一个店铺，记为一个访客。
- 转化率：常用的转化率指标有详情页成交转化率和全店铺转化率。

详情页成交转化率=详情页成交用户数/详情页访客数

全店铺转化率=全店铺成交用户数/全店铺访客总数

- 点击率：页面上某个内容被点击的次数与被展示的次数之比，反映内容受关注的程度，常用来衡量推广图片或产品主图的效果。
- 支付率：已支付订单的数量占被拍下总订单数量的百分比。

支付率=支付订单数/订单总数

- 跳失率：用户登录店铺后只访问了一个页面就离开的人次占店铺登录页面访问总人次的百分比。

跳失率=跳失人次/登录页面访问总人次

- 访问深度：用户一次连续访问的店铺页面数。平均访问深度即用户平均每次连续访问的店铺页面数。
- 人均店内停留时间：平均每个用户连续访问店铺的时间。
- 成交转化率：成交人数占总访客数的比率。

成交转化率=成交人数/总访客数

- 客单价：平均每个买家的支付金额。客单价和单件产品价格相关，也和买家购买的产品数量相关，提高客单价意味着每个买家向店铺提供的价值更大。

客单价=某段时间内的销售额/客户数

## 二、跨境电子商务数据调研的目标及常见步骤

### 1. 跨境电子商务数据调研的目标

基础卖家需要掌握选品、编辑产品信息、采购货物、正常发货等技能；进阶卖家需要做好客服工作，开好直通车，做好店铺营销活动，促使店铺销售额平稳增长；明星卖家、超级卖家要整合供应链，提高库存周转率，提升议价能力，建立品牌意识，做行业 TOP 店铺。以上工作的优化都离不开数据调研与分析。

数据调研是数据分析的前提和基础，可以说二者的目标是一致的，即了解店铺运营情况，包括市场分析、选品开发、店铺监控、产品分析、打造爆款等，为后续运营决策提供客观依据，从而找到最适合店铺的运营方案，实现销售利润最大化。

### 2. 跨境电子商务数据调研（含分析）的常见步骤

跨境电子商务数据调研流程图如图 8-1 所示。

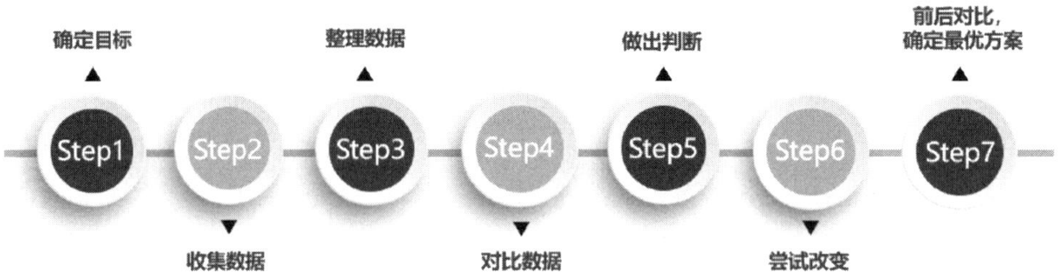


图 8-1 跨境电子商务数据调研流程图

（1）确定目标

确定目标即明确需要解决的问题。

（2）收集数据

收集数据即收集自己店铺的数据。自己店铺过往的销售记录、交易转化数据、广告推广效果等是最真实、最有价值的数据，应该定期收集并整理后存档。

（3）整理数据

整理数据后既可将数据制作成图表，也可用 Excel 的公式及数据透视表功能进行统计计算，从而直观地看到想要的结果。

（4）对比数据

通常，对比数据后才能得出结论并做出判断。比如，本月数据和上月数据的对比、不同产品的数据对比。

（5）做出判断

通过对比数据发现需要改进的地方，或者筛选出较优方案。

（6）尝试改变

尝试建立一个新方案进行数据测试。比如，在进行直通车推广时多尝试使用不同风格的广告图。

（7）前后对比，确定最优方案

将新方案与之前的方案进行对比，确定最优方案，达到效果最优。

## 任务评价

### 1. 学生自评

跨境电子商务数据调研的学生自评表，如表 8-2 所示。

表 8-2 跨境电子商务数据调研的学生自评表

| 班 级 | | 学 号 | | 姓 名 | |
|---|---|---|---|---|---|
| 角色 | ○ 组长 ○ 组员 | | 调研步骤 | ○ 完整、齐备<br>○ 不够完整 | |
| 任务 | | 完成情况记录 | | | |
| 理论学习情况 | | | | | |
| 技能训练情况 | | | | | |
| 任务完成情况 | | | | | |
| 任务创新情况 | | | | | |
| 完成任务后的收获 | | | | | |

### 2. 生生互评

跨境电子商务数据调研的生生互评表，如表 8-3 所示。

表 8-3 跨境电子商务数据调研的生生互评表

| 班 级 | | 被评人学号 | | 被评人姓名 | |
|---|---|---|---|---|---|
| 评价者角色 | | 评价者学号 | | 评价者姓名 | |
| 被评人学习和使用的工具 | | | | | |
| 任务 | | 完成情况记录 | | | |
| 理论学习情况 | | | | | |
| 技能训练情况 | | | | | |
| 任务完成情况 | | | | | |
| 任务创新情况 | | | | | |
| 完成任务后的收获 | | | | | |

### 3. 教师评价

跨境电子商务数据的调研的教师评价表，如表 8-4 所示。

表 8-4 跨境电子商务数据调研的教师评价表

| 班　级 | | 被评人学号 | | 被评人姓名 | |
|---|---|---|---|---|---|
| 被评人学习和使用的工具 | | | | | |
| 任务 | | 完成情况记录 | | | |
| 理论学习情况 | | | | | |
| 技能训练情况 | | | | | |
| 任务完成情况 | | | | | |
| 任务创新情况 | | | | | |
| 完成任务后的收获 | | | | | |

### 拓展练习

利用 Lazada 平台的数据分析要点，以“Power Bank”为关键词进行数据分析，阐述结果，并说明该数据分析的步骤。

## 任务二　跨境电子商务数据的分析

### 任务描述

跨境电子商务行业数据与店铺数据分析既是卖家开店选品和打造爆款的关键，也是清除“僵尸产品”的有效途径。其能够帮助卖家节约运营成本，节省大量的时间，寻找蓝海行业，在分析竞争对手的同时优化产品 Listing，有效提升产品销量。本任务以全球速卖通平台的数据分析为例进行学习。

### 学习目标

1. 利用“市场大盘”和“选品专家”选定某个行业，用相关行业对比数据，分析为何选定这个行业；
2. 利用“搜索分析”和“选词专家”，分析有利于提升某产品转化率的关键词。

### 任务分配

本任务分组进行，每组由一位组长和若干组员构成。组员在组长的带领下，根据【任务准备】的引导问题进行任务分工，了解跨境电子商务行业数据与店铺数据分析方法后，学会选品和关键词的挖掘。

跨境电子商务数据分析的学习任务分配表，如表 8-5 所示。

表 8-5　跨境电子商务数据分析的学习任务分配表

| 班　级 | | 组　号 | |
|---|---|---|---|
| | | | |
| 角色 | 姓名 | 学号 | 任务分工 |
| 组长 | | | |
| 组员 | | | |
| | | | |
| | | | |
| | | | |
| | | | |

## 任务准备

**引导问题 1：**各个主流的跨境电子商务平台有其特有的热门行业吗？请举例。

**引导问题 2：**各个主流的跨境电子商务平台的选品和爆款打造与其特有的热门行业和蓝海行业有何关联？请举例。

## 任务实施

### 一、跨境电子商务行业数据分析

卖家需要经常了解其所处行业的大趋势。全球速卖通后台的“生意参谋”板块为卖家提供了可靠的行业数据支持，辅助卖家了解行业情况、判断行业趋势，为卖家确定经营决策提供非常好的参考依据。

在全球速卖通后台进入“生意参谋”板块后，单击左侧菜单“市场大盘”按钮，就可以看到卖家所在类目的一个细分市场的行业趋势了，如图 8-2 所示。

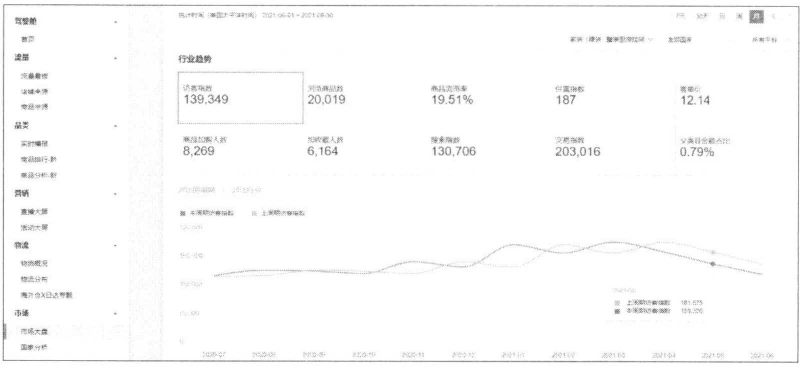


图 8-2　全球速卖通“生意参谋”—“行业趋势”举例截图

其中，对于该类目下的访客指数、浏览商品数、商品加购人数、加收藏人数都有具体的数值统计，可以按照需要选择按日、按周或按月查看。下方的折线图，则默认显示的是访客趋势。对于受季节性影响比较明显的行业来说，查看一年的数据趋势可以有效地把握选品上架的时间节点。

在下方的“对比行业”中则可以将当前所处的行业与其他相关行业的数据进行对比。图 8-3 所示为同属于家装行业的两个子类目按月的数据对比。

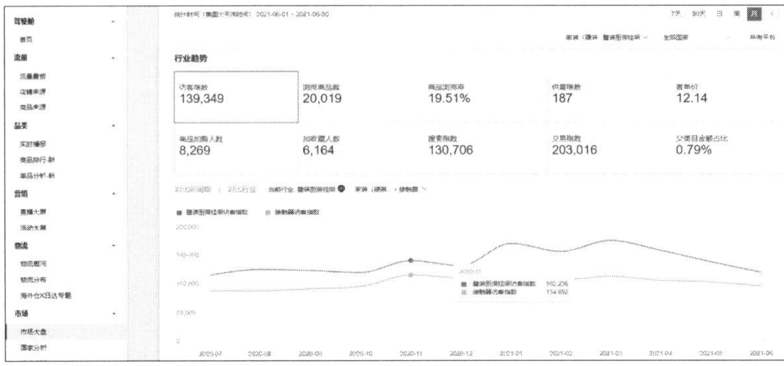


图 8-3　全球速卖通“生意参谋”—“行业趋势”之“对比行业”举例截图

这样就可以根据访客指数、浏览商品数、商品浏览率、供需指数、客单价、商品加购人数、加收藏人数、搜索指数、交易指数、父类目金额占比来对比选定某个更适合入驻的行业子类目。

## ▶▶ 二、跨境电子商务关键词的数据挖掘

对于大部分卖家来说，用得更多的是专业版“生意参谋”工具中的“搜索洞察”板块，如图 8-4 所示。其中，“搜索排行”提供了目前类目下的热搜关键词数据。可以通过搜索词排行榜来查看行业热搜词和飙升词，获取较多流量的一些关键词。但是这样获取的大部分关键词对于中小卖家未必适合，原因就是人气高、搜索量大，但是竞争对手也多。

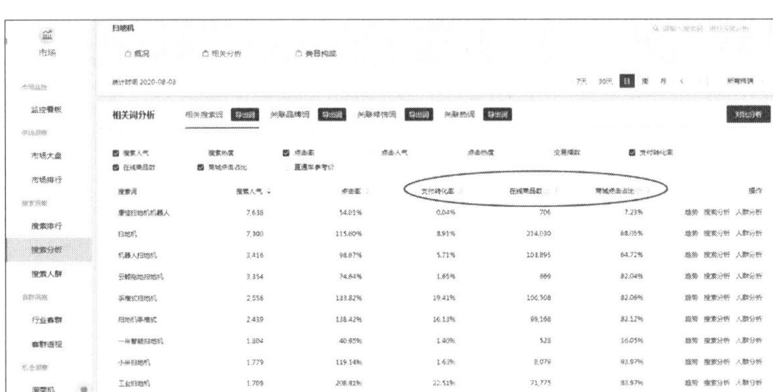

图 8-4　全球速卖通“生意参谋”—“搜索洞察”举例截图

这时候就需要使用“搜索分析”来综合考虑“在线商品数”这个指标。整体的思路是找出搜索人气值尽可能高，但在线商品数尽可能少的那些关键词，再综合点击率、转化率指标，得出一个关键词的蓝海值计算公式：

蓝海值=（搜索人气值/在线商品数）×点击率×转化率×10 000

算出的蓝海值由高到低排序，舍弃商城点击占比过高和转化率过高的异常数据。最终，蓝海值越高的关键词，就越应该是中小卖家关注的关键词。

具体的操作是，把相关搜索词导入 Excel 中，利用 Excel 的公式功能快速地计算出各个搜索词的蓝海值，如图 8-5 所示。

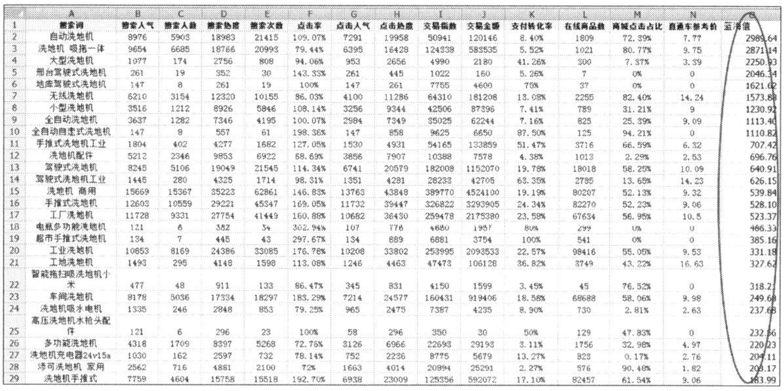

| | A | B | C | D | E | F | G | H | I | J | K | L | M | N | O |
|---|---|---|---|---|---|---|---|---|---|---|---|---|---|---|---|
| 1 | 搜索词 | 搜索人气 | 搜索人数 | 搜索热度 | 搜索次数 | 点击率 | 点击人气 | 点击热度 | 交易指数 | 交易金额 | 支付转化率 | 在线商品数 | 商城点击占比 | 直通车参考价 | 蓝海值 |
| 2 | 自动洗地机 | 8976 | 5903 | 18983 | 21415 | 109.07% | 7291 | 19958 | 50941 | 120146 | 8.40% | 1809 | 72.39% | 7.77 | 2989.64 |
| 3 | 洗地机 吸拖一体 | 9654 | 6685 | 18766 | 20993 | 79.44% | 6395 | 16428 | 124338 | 583535 | 5.52% | 1021 | 80.77% | 9.75 | 2871.14 |
| 4 | 大型洗地机 | 1077 | 174 | 2756 | 808 | 94.06% | 953 | 2656 | 4990 | 2180 | 41.26% | 300 | 7.37% | 3.39 | 2250.93 |
| 5 | 邢台驾驶式洗地机 | 261 | 19 | 352 | 30 | 143.33% | 261 | 445 | 1022 | 160 | 5.26% | 7 | 0% | 0 | 2046.34 |
| 6 | 地库驾驶式洗地机 | 147 | 8 | 261 | 19 | 100% | 147 | 261 | 7755 | 4600 | 75% | 37 | 0% | 0 | 1621.62 |
| 7 | 无线洗地机 | 6210 | 3154 | 12320 | 10155 | 86.03% | 4100 | 11286 | 64310 | 181208 | 13.08% | 2255 | 82.40% | 14.24 | 1573.88 |
| 8 | 小型洗地机 | 3516 | 1212 | 8926 | 5846 | 108.14% | 3256 | 9344 | 42506 | 87396 | 7.41% | 789 | 31.21% | 9 | 1230.92 |
| 9 | 全自动洗地机 | 3637 | 1282 | 7346 | 4195 | 100.07% | 2984 | 7349 | 35025 | 62244 | 7.16% | 825 | 25.39% | 9.09 | 1113.40 |
| 10 | 全自动自走式洗地机 | 147 | 8 | 557 | 61 | 198.36% | 147 | 858 | 9625 | 6650 | 87.50% | 125 | 94.21% | 0 | 1110.82 |
| 11 | 手推式洗地机工业 | 1804 | 402 | 4277 | 1682 | 127.05% | 1530 | 4931 | 54165 | 133859 | 51.47% | 3716 | 66.59% | 6.32 | 707.42 |
| 12 | 洗地机配件 | 5212 | 2346 | 9853 | 6922 | 68.69% | 3856 | 7907 | 10388 | 7578 | 4.38% | 1013 | 2.29% | 2.53 | 696.76 |
| 13 | 驾驶式洗地机 | 8245 | 5106 | 19049 | 21545 | 114.34% | 6741 | 20579 | 182008 | 1152070 | 19.78% | 18018 | 58.25% | 10.09 | 640.91 |
| 14 | 驾驶式洗地机工业 | 1445 | 280 | 4325 | 1714 | 98.31% | 1351 | 4281 | 28233 | 42705 | 63.35% | 2785 | 13.65% | 14.23 | 626.15 |
| 15 | 洗地机 商用 | 15669 | 15367 | 35223 | 62861 | 146.83% | 13763 | 43848 | 389770 | 4524100 | 19.19% | 80207 | 52.13% | 9.32 | 539.84 |
| 16 | 手推式洗地机 | 12603 | 10559 | 29221 | 45347 | 169.05% | 11732 | 39447 | 326822 | 3293905 | 24.34% | 82270 | 52.23% | 9.06 | 528.10 |
| 17 | 工厂洗地机 | 11728 | 9331 | 27754 | 41449 | 160.88% | 10682 | 36430 | 259478 | 2175380 | 23.58% | 67634 | 56.95% | 10.5 | 523.37 |
| 18 | 电瓶多功能洗地机 | 121 | 6 | 382 | 34 | 302.94% | 107 | 778 | 4680 | 1987 | 80% | 299 | 0% | 0 | 486.33 |
| 19 | 超市手推式洗地机 | 134 | 7 | 445 | 43 | 297.67% | 134 | 889 | 6881 | 3754 | 100% | 541 | 0% | 0 | 385.16 |
| 20 | 工业洗地机 | 10653 | 8169 | 24386 | 33085 | 176.78% | 10208 | 33802 | 253995 | 2093533 | 22.57% | 98416 | 55.05% | 9.53 | 331.18 |
| 21 | 工地洗地机 | 1493 | 295 | 4148 | 1598 | 113.08% | 1246 | 4463 | 47473 | 106128 | 36.82% | 3749 | 43.22% | 16.63 | 327.62 |
| 22 | 智能拖扫吸洗地机小米 | 477 | 48 | 911 | 133 | 86.47% | 345 | 831 | 4150 | 1599 | 3.45% | 45 | 76.52% | 0 | 318.22 |
| 23 | 车间洗地机 | 8178 | 5036 | 17334 | 18297 | 183.29% | 7214 | 24577 | 160431 | 919406 | 18.56% | 68688 | 58.06% | 9.98 | 249.68 |
| 24 | 洗地机吸水电机 | 1335 | 246 | 2848 | 853 | 79.25% | 965 | 2475 | 7387 | 4235 | 8.90% | 730 | 2.81% | 2.63 | 237.68 |
| 25 | 高压洗地机水枪头配件 | 121 | 6 | 296 | 23 | 100% | 58 | 296 | 350 | 30 | 50% | 129 | 47.83% | 0 | 232.86 |
| 26 | 多功能洗地机 | 4318 | 1709 | 8397 | 5268 | 72.76% | 3126 | 6966 | 22693 | 29193 | 3.11% | 1756 | 32.98% | 4.97 | 220.23 |
| 27 | 洗地机充电器24v15a | 1030 | 162 | 2597 | 732 | 78.14% | 752 | 2236 | 8775 | 5679 | 13.27% | 823 | 0.17% | 2.76 | 204.11 |
| 28 | 添可洗地机 家用 | 2562 | 716 | 4881 | 2100 | 72% | 1663 | 4014 | 20894 | 25291 | 2.27% | 576 | 90.48% | 1.82 | 203.17 |
| 29 | 洗地机手推式 | 7759 | 4604 | 15758 | 15518 | 192.70% | 6938 | 23009 | 125356 | 592072 | 17.10% | 82457 | 61.54% | 9.06 | 183.99 |

图 8-5　全球速卖通“生意参谋”中导出的不同子类目蓝海值计算举例截图

当选择出合适的关键词以后，就可以将这些关键词作为卖家选品的依据，用这些关键词来选品出单的概率将会大大提高。另外，结合图 8-6 中的“搜索分析”数据，可以用这些关键词替换现有的、与之匹配的产品中表现不好的关键词，来增加产品的曝光量和展现量。

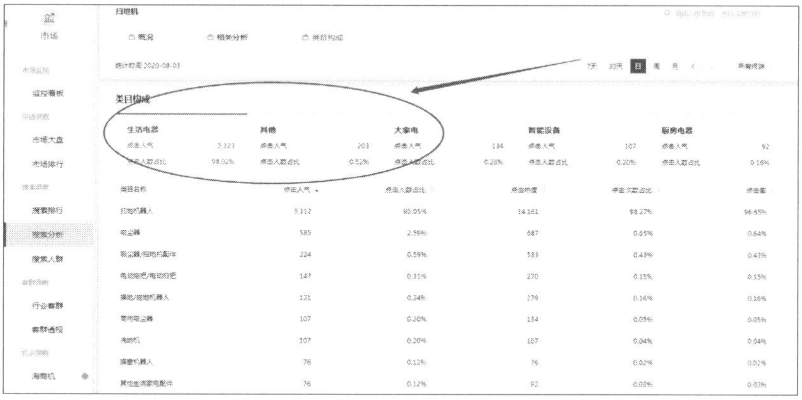

图 8-6　全球速卖通“生意参谋”—“搜索洞察”之“搜索分析”举例截图

“生意参谋”工具看起来很复杂，但只要理解了里面的数据含义，对于跨境电子商务卖家来说就会如虎添翼。所以，从事跨境电子商务行业的人一定要学会分析数据，不能凭感觉和喜好去操作，一切操作都要以数据为前提。

## 三、跨境电子商务店铺数据分析

### 1. 店铺流量概况

在全球速卖通后台“生意参谋”中的“流量看板”板块中可以看到店铺的“流量总览”，如图 8-7 所示。其中包括访问店铺、访问商品、转化、访客数、浏览量、跳失率、人均浏览量、平均停留时长、新访客数、新访客占比等实时数据，且可按日、按周或按月查看，同时可切换查看不同国家、App 或非 App 端的流量数据。下方的折线图默认显示的是本店铺与同行同层平均卖家及同行同层优秀卖家的访客数对比。

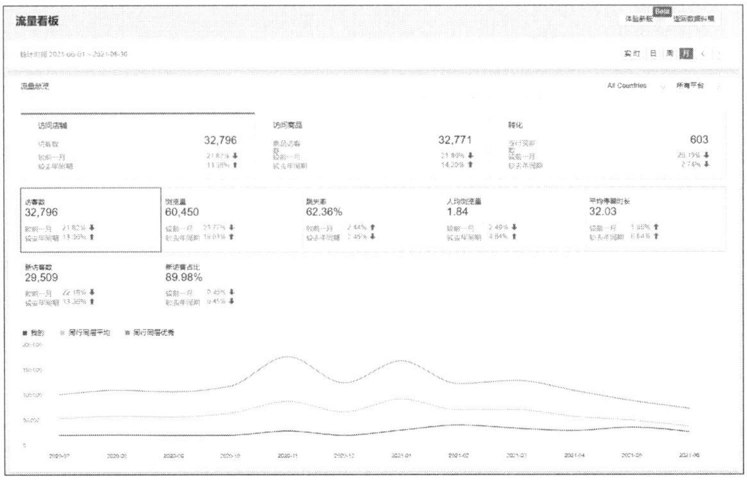


图 8-7　全球速卖通“生意参谋”—“流量看板”之“流量总览”举例截图

在图 8-7 的右上角可切换至“数据纵横”，其中还可以查看最近 7 天或 30 天的“店铺核心指标”“商品核心指标”“转化核心指标”等，如图 8-8 所示。

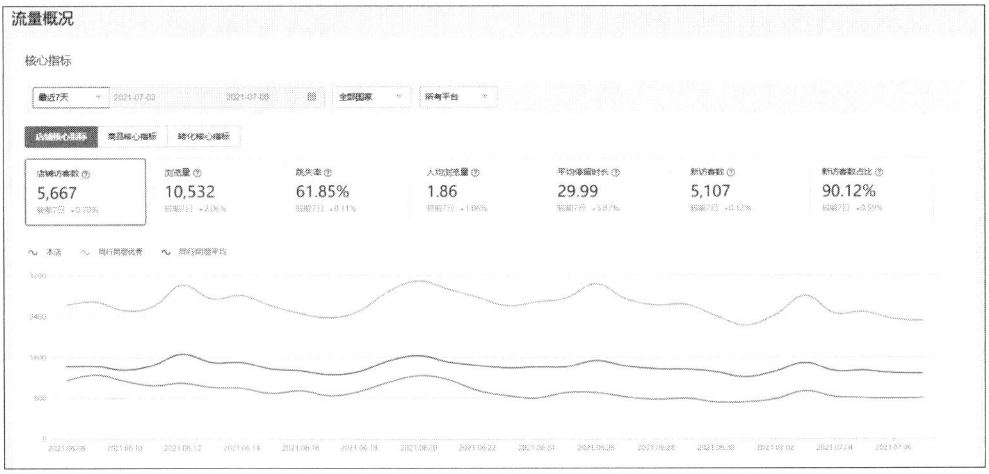


图 8-8　全球速卖通“数据纵横”之“核心指标”举例截图

在“生意参谋”中还可以看到店铺“页面来源趋势”的细分数据分析，如图 8-9 所示。

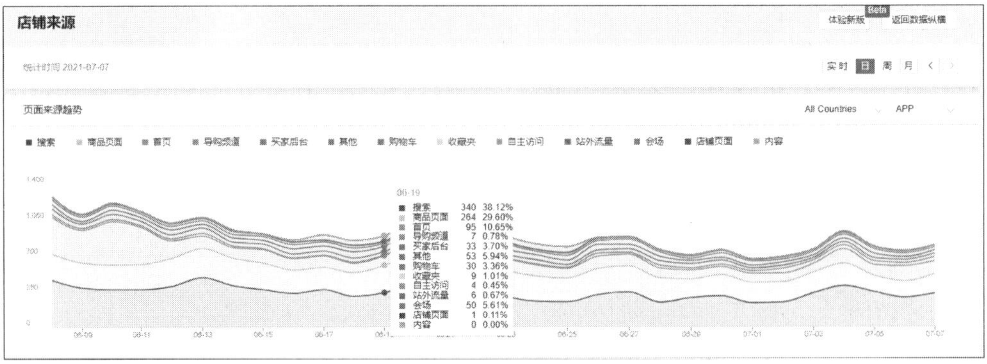


图 8-9　全球速卖通“生意参谋”—“流量看板”之“页面来源趋势”举例截图

### 2. 店铺交易概况

对于店铺交易概况，最应该关注的数据是支付成功订单数。

全球速卖通的“数据纵横”是将“订单”和“物流”数据分两个板块分别提供的；但在改版后的“生意参谋”中，这两部分信息被融合到了一起，形成“物流概括”信息。图 8-10 与图 8-11 所示为某全球速卖通店铺在“数据纵横”和“生意参谋”中的“订单”与“物流单量”信息显示。

图 8-10　全球速卖通“数据纵横”—“订单”举例截图

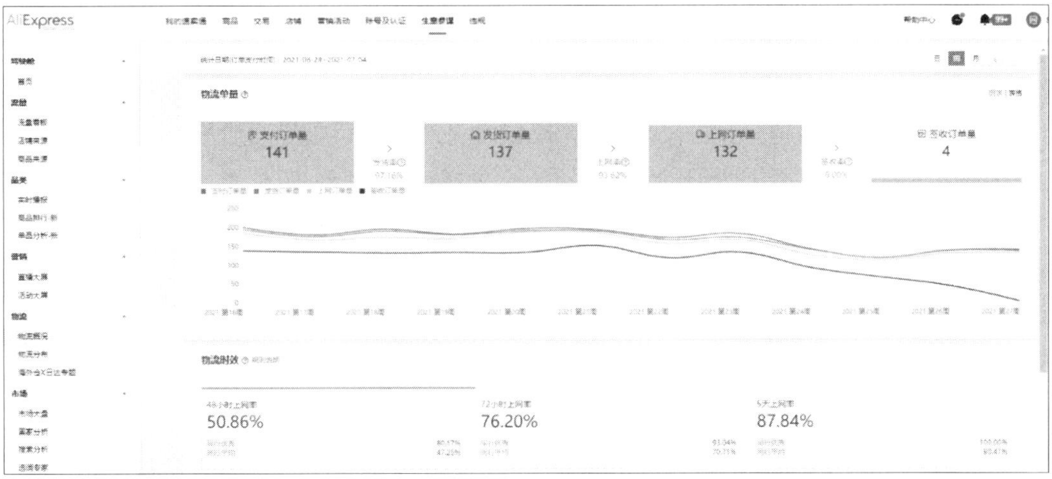


图 8-11　全球速卖通“生意参谋”—“物流单量”举例截图

某店铺的发货率和上网率越高，其服务评分就会越高，就越有利于该店铺的排名及转化率的提升。

## 任务评价

### 1. 学生自评

跨境电子商务数据分析学习的学生自评表，如表 8-6 所示。

表 8-6　跨境电子商务数据分析学习的学生自评表

| 班　　级 | | 学　　号 | | 姓　　名 | |
|---|---|---|---|---|---|
| 角色 | ○ 组长　　○ 组员 | | | | |
| 任务 | | 完成情况记录 | | | |
| 理论学习情况 | | | | | |
| 技能训练情况 | | | | | |
| 任务完成情况 | | | | | |
| 任务创新情况 | | | | | |
| 完成任务后的收获 | | | | | |

## 2. 生生互评

跨境电子商务数据分析学习的生生互评表，如表 8-7 所示。

表 8-7　跨境电子商务数据分析学习的生生互评表

| 班　　级 | | 被评人学号 | | 被评人姓名 | |
|---|---|---|---|---|---|
| 评价者角色 | | 评价者学号 | | 评价者姓名 | |
| 任务 | | 完成情况记录 | | | |
| 理论学习情况 | | | | | |
| 技能训练情况 | | | | | |
| 任务完成情况 | | | | | |
| 任务创新情况 | | | | | |
| 完成任务后的收获 | | | | | |

## 3. 教师评价

跨境电子商务数据分析学习的教师评价表，如表 8-8 所示。

表 8-8　跨境电子商务数据分析学习的教师评价表

| 班　　级 | | 被评人学号 | | 被评人姓名 | |
|---|---|---|---|---|---|
| 任务 | | 完成情况记录 | | | |
| 理论学习情况 | | | | | |
| 技能训练情况 | | | | | |
| 任务完成情况 | | | | | |
| 任务创新情况 | | | | | |
| 完成任务后的收获 | | | | | |

## 拓展练习

以电子产品周边行业为例，分析“power bank”相关的子类目和关键词。

# 任务三 跨境电子商务第三方数据分析工具的应用

## 任务描述

在大数据背景时代，“坐井观天”将会远远落后于时代潮流。如果你经营着一家店铺，却仅着眼于本平台的数据调研与分析，没有纵观全球局势和数据分析，则将影响店铺未来的发展。因此，辅助运用跨境电子商务第三方数据分析工具可以帮助卖家更准确和客观地做好各方面运营及决策。

## 学习目标

1．了解 Terapeak、Google AdWords 的基本使用方法；

2．比较这两个第三方数据分析工具的优点和局限性。

## 任务分配

本任务分两组进行，每组由一位组长和若干组员构成。组员在组长的带领下，根据【任务准备】的引导问题进行任务分工，了解跨境电子商务第三方数据分析工具的基本使用方法并比较其优劣势。跨境电子商务第三方数据分析工具的应用的学习任务分配表，如表 8-9 所示。

表 8-9 跨境电子商务第三方数据分析工具的应用的学习任务分配表

| 班 级 | | 组 号 | | 工 具 | ○ Terapeak<br>○ Google AdWords |
|---|---|---|---|---|---|
| | | | | | |
| 角色 | 姓名 | 学号 | 任务分工 | | |
| 组长 | | | | | |
| 组员 | | | | | |
| | | | | | |
| | | | | | |
| | | | | | |
| | | | | | |

## 任务准备

**引导问题 1：**各个主流的跨境电子商务平台有其专门的第三方数据工具吗？请举例。

**引导问题 2：**是否只能运用本平台配套的第三方数据工具？拒绝使用 Terapeak、Google AdWords 是否合理？请阐明原因。

## 任务实施

### 一、第三方数据分析工具 Terapeak 的应用

Terapeak 是 eBay 卖家经常使用的一种好用的数据分析工具。Terapeak 是一家位于多伦多的公司，该公司使用供应、需求和定价数据来帮助跨境电子商务卖家了解卖什么、何时卖，以及在 eBay 等平台上以什么价格出售。Terapeak 团队已加入 eBay 的 B2C 销售和卖方体验小组。该工具既可以在互联网上也可以在移动设备上使用，并可以存储从 eBay 提取的数据长达一年。以下列出了 Terapeak 可以帮助 eBay 卖家提高销售额的一些相关数据信息。

（1）项目绩效

了解哪些项目效果不错，哪些项目效果不好。Terapeak 展示了整个 eBay 类别在最近一周或一个月内的表现。

它还显示了不同的指标，包括总销量、总列表量、总成功列表量、出价活动、平均每个列表出价活动、销售率和平均售价。

（2）热门产品

Terapeak 提供了当前所有性能最好的 eBay 产品类别的可排序列表，列出了该类别产品的总体销售排名及该列表中所列项目的销售率。但是，产品销售情况好并不意味着就能获利。eBay 80%的产品都是新产品（有些是从中国进口的），如 iPhone 外壳和复杂的微调框之类的产品可能很热门，而且很流行，但卖家可能只能从中赚取微薄的利润。很高的销售率通常表示项目利润较低。

（3）上市升级

Terapeak 帮助卖家发现功能、产品详情描述、关键词，以及列表升级将推动销售。对于在某些细分市场（如时尚或流行家居装饰）中不精通关键词的卖家，此功能可能非常有用。关键词功能可帮助卖家发现和学习使用流行词，从而使其产品信息与买家的搜索结果相匹配。

（4）竞争对手研究

卖家不仅可以收集数据，还可以从竞争对手那里收集清单，在清单上可以查看结果并找出产品描述、标题和其他清单资产的最佳做法；不仅可以按产品搜索，还可以按卖家搜索，根据竞争对手的指标进行数据分析，包括销售业绩、平均售价和其他信息。

（5）清单类型和持续时间

Terapeak 提供有关列表类型和持续时间的数据。了解固定价格或拍卖对于特定类型的产品是否更好，以及持续时间长短会带来更高的销售率。在大多数情况下，对于将 eBay 作为企业进行经营的卖家来说，固定价格、30 天的最佳报价是常态。

（6）较长的存档清单

Terapeak 虽仅存档数据，但其数据可用于上一年的自定义搜索，而不是像 eBay 那样仅存档前 90 天的数据，因此卖家可以监视进度，包括竞争对手的进度及自己的进度。

## 二、Google 旗下的第三方数据分析工具应用

### 1. 消费者晴雨表（Consumer Barometer）

官方对它的定义是“The Consumer Barometer is a tool to help you under- stand how people use the Internet across the world”，即消费者晴雨表是帮助你了解全球的人是如何使用互联网的。

它是如何做到的呢？可以从 4 个方面来看。

① 通过图形来了解数据，创建自定义的消费者网络行为分析。

② 通过时间更迭来衡量数据变化趋势，了解世界各地的互联网访问和设备使用情况。

③ 学习经典的互网络用户数据分析。

④ 洞察全球互联网用户的使用情况。

### 2. 谷歌全球商机洞察（Google Global Market Finder）

凭借谷歌全球商机洞察，企业可以通过输入关键词的方式找到商机，将广告信息传达给全世界的用户。以下是它的三大特点。

① 帮助企业立即进军全球市场，自动将关键词翻译为客户所用的语言。

② 呈现客户的地理分布，了解客户都在哪些地方搜索你的产品，天南海北任你选。

③ 估算费用，针对不同的语言和地理位置比较估算费用，让你的广告获得最理想的效果。

使用步骤：

① 进入谷歌全球商机洞察首页。

② 选择国家和语言，输入产品关键词，在右侧“Filter”窗格中选择目标市场，如图 8-12 所示。

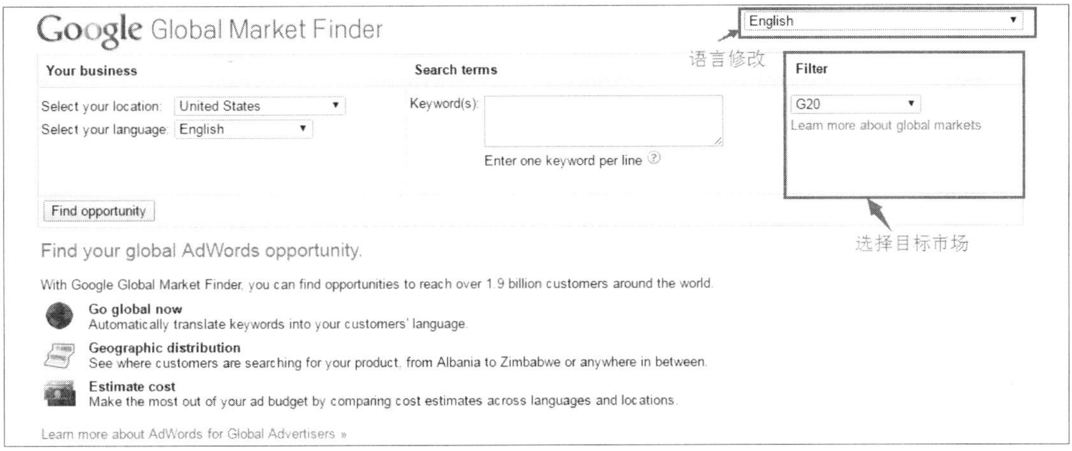


图 8-12 谷歌全球商机洞察首页截图

③ 单击“Find opportunity”按钮，就可以看到结果。

### 3. 谷歌趋势（Google Trends）

有人曾经说过：“如果你懂得用谷歌趋势选品，你就不会错过指尖陀螺这样的爆款产品”。

通过谷歌趋势，跨境电子商务卖家不仅能看到各个国家和地区当下搜索度最高的关键词，还可以自主搜索产品关键词、定义时间轴、随时监督产品随时间变化而产生的热度变

化，并以这些数据分析结果为参考，安排产品的生产、销售及推广。

#### 4. 谷歌关键词（Google AdWords）

谷歌关键词是谷歌于 2000 年推出的数字营销自助服务平台。谷歌关键词利用数字“精准”营销的优势，在恰当的时间和恰当的位置，通过恰当的设备（PC 端、笔记本电脑、平板及移动端），向目标群体呈现高度相关的推广信息。

谷歌关键词推广原理是当客户搜索与你的产品或服务相关的字词时，或者当客户所访问网站的内容与你的业务相关时，你的广告就会展示在他们面前。

依托谷歌关键词这个免费且强大的工具，企业能够摆脱以前烦琐、耗费资金的市场调研。在当下的大数据时代，用户的所有信息都可以用数据显示，用户的所有消费行为都可以从数据中看出。借助谷歌关键词，以及现在正在融入的 AI 技术，企业的产品能够更轻松地呈现在目标客户面前，帮助企业开拓出更为广阔的市场空间。

需要特别提醒的是，永远不要依赖原始数据，最好的决策者依赖的应该是自己的大脑。研究工具仅能帮助卖家提升业绩，而不能替代卖家做出决定。所以，善于利用这些分析工具作为辅助，加上谨慎的判断，才能更好地促进跨境电子商务产品的销售。

## 任务评价

#### 1. 学生自评

跨境电子商务第三方数据分析工具的应用学习的学生自评表，如表 8-10 所示。

表 8-10 跨境电子商务第三方数据分析工具的应用学习的学生自评表

| 班　　级 | | 学　　号 | | 姓　　名 | |
|---|---|---|---|---|---|
| 角色 | ○ 组长　　○ 组员 | | 工具 | ○ Terapeak<br>○ Google 工具 | |
| 任务 | 完成情况记录 | | | | |
| 理论学习情况 | | | | | |
| 技能训练情况 | | | | | |
| 任务完成情况 | | | | | |
| 任务创新情况 | | | | | |
| 完成任务后的收获 | | | | | |

#### 2. 生生互评

跨境电子商务第三方数据分析工具的应用学习的生生互评表，如表 8-11 所示。

表 8-11 跨境电子商务第三方数据分析工具的应用学习的生生互评表

| 班　　级 | | 被评人学号 | | 被评人姓名 | |
|---|---|---|---|---|---|
| 评价者角色 | | 评价者学号 | | 评价者姓名 | |
| 被评人学习和使用的工具 | | ○ Terapeak　　○ Google 工具 | | | |
| 任务 | | 完成情况记录 | | | |

续表

| | |
|---|---|
| 理论学习情况 | |
| 技能训练情况 | |
| 任务完成情况 | |
| 任务创新情况 | |
| 完成任务后的收获 | |

### 3. 教师评价

跨境电子商务第三方数据分析工具的应用学习的教师评价表，如表 8-12 所示。

表 8-12 跨境电子商务第三方数据分析工具的应用学习的教师评价表

| 班 级 | | 被评人学号 | | 被评人姓名 | |
|---|---|---|---|---|---|
| 被评人学习和使用的工具 | | ○ Terapeak ○ Google 工具 | | | |
| 任务 | | 完成情况记录 | | | |
| 理论学习情况 | | | | | |
| 技能训练情况 | | | | | |
| 任务完成情况 | | | | | |
| 任务创新情况 | | | | | |
| 完成任务后的收获 | | | | | |

## 拓展练习

利用 Google AdWords 和 eBay 第三方数据分析工具 Terapeak 分别分析“power bank”的数据，并请说明两大工具分析出的数据的不同。

# 项目九

# 跨境电子商务物流

跨境电子商务物流的发展与跨境电子商务的发展是互相影响的，跨境电子商务的发展促使跨境电子商务物流行业的发展速度的增长。跨境电子商务物流是跨境电子商务的重要内容，如何选择物流方式和物流服务商已成为不可回避的重点问题。本项目将对目前国际上常用的跨境电子商务物流方式进行分类、对比，然后讲解如何计算跨境电子商务物流运费和进行物流模板的设置。

## 任务一　跨境电子商务物流认知及其模式分类

### 任务描述

高质量的产品、高效的物流、良好的服务、优质的推广等都是跨境电子商务行业不可或缺的组成环节，其中物流更是卖家广泛关注的对象。好的物流意味着卖家能降低成本、缩短运期且货物能够快速送达，以及买家能获得良好的购物体验，这些都将给卖家带来可喜的收益。因此，卖家要懂得如何选择更高效的、更适合的物流方式。通过本任务的学习，希望大家能对跨境电子商务物流模式分类和四大商业快递的优缺点有所了解，懂得如何选择适合且高效的物流方式。

### 学习目标

1．理解跨境电子商务物流的概念；
2．认识跨境电子商务物流能提供的基础服务；
3．掌握常用跨境电子商务物流的模式及其异同点。

### 任务分配

本任务为分组任务：通过调研，每组分别介绍一类跨境电子商务物流常见物流模式的特点和优缺点。跨境电子商务物流基础服务与模式分类任务分配表，如表 9-1 所示。

表 9-1 跨境电子商务物流基础服务与模式分类任务分配表

| 班级 | | 组号 | | 组名 | |
|---|---|---|---|---|---|
| | | | | | |
| 角色 | 姓名 | 学号 | 任务分工 | | |
| 组长 | | | | | |
| 组员 | | | | | |
| | | | | | |
| | | | | | |
| | | | | | |
| | | | | | |

## 任务准备

**引导问题 1：**国际物流和国内物流的主要区别是什么？

**引导问题 2：**你听说过的国际物流有哪几种？请举例。

## 任务实施

### 一、跨境电子商务物流认知

#### 1. 物流的概念

中华人民共和国国家标准《物流术语》（GB/T 18354—2021）对物流的定义如下：“根据实际需要，将运输、储存、装卸、搬运、包装、流通加工、配送、信息处理等基本功能实施有机结合，使物品从供应地向接收地进行实体流动的过程。”

可以看出，物流是一个发展中的概念，随着理论和实践的发展，物流的定义在不断地向前发展和变化，各国对物流的定义虽存在差异但也相通。这些定义突出了物流的以下 3 个特征。

① 物流具有鲜明的顾客导向。满足顾客需求是市场经济条件下一切企业经营活动的出发点，物流活动也不例外。物流网络的设计、物流作业的实施、物流组织的建立、物流信息系统的优化等都必须围绕顾客需求这一核心展开。

② 物流属于一个全过程的活动。物流活动不仅包括从原材料采购到最终顾客消费的采购物流、生产物流、销售物流，还包括产品的回收物流、废弃物流。

③ 物流是对各功能要素的全面管理。物流活动不是运输、储存、装卸、搬运、包装、流通加工、配送、信息处理等功能要素的简单集合，而是对这些功能要素的整体设计和一体化管理，实现物流诸要素的整体最优。

#### 2. 跨境电子商务与物流的关系

伴随着人工智能、大数据等技术的发展与跨界融合，以及国际流通领域的业务延展，跨境电子商务进入了新时代，物流已经成为影响跨境电子商务发展的重要因素。跨境电子商务与物流是相互依存、相互促进的关系，如图 9-1 所示。

（1）物流是跨境电子商务的重要环节

对于跨境电子商务企业而言，产品是王道，物流是链条。跨境电子商务涉及交易磋商谈判、合同签订、国际物流、国际支付结算等诸多环节。跨境电子商务是国际贸易的一种新形式，与传统国际贸易不同的是，交易磋商、合同签订、国际收付均可通过互联网和跨境电子商务平台完成，而实现产品从卖方到买方的流转必须由实体的国际物流完成，物流的效率、可到达性和成本直接影响着跨境电子商务的终端消费体验。因此，物流是跨境电子商务活动中的重要环节，是跨境电子商务运作的重要保障，整个跨境电子商务活动都需要物流来配合完成。

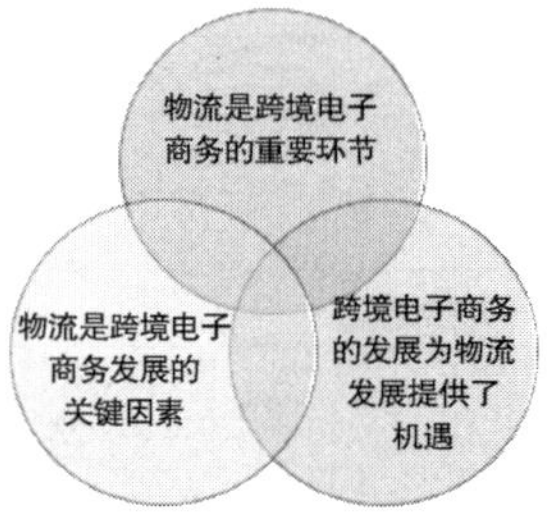

图 9-1 跨境电子商务与物流的关系

（2）跨境电子商务的发展为物流发展提供了机遇

跨境电子商务的发展为传统模式运行的物流行业开辟了新的发展道路，实现了物流的线上、线下衔接，并且实现了物流国际化发展。商务部数据显示，2019 年我国跨境电子商务零售进出口额达到了 1862.1 亿元人民币，是 2015 年的 5 倍，年均增速为 49.5%[①]。海关总署公布的数据显示，2020 年上半年，我国跨境电子商务进出口总额增长 26.2%，其中出口总额增长 28.7%[②]，跨境电子商务的快速发展推动跨境电子商务物流市场持续增长。

（3）物流是跨境电子商务发展的关键因素

在跨境电子商务中，企业与消费者合约履行的基础在于非虚拟性的跨境电子商务物流，而影响消费者消费体验的因素也在于物流的效率及成本。电子商务的交易过程由网上信息传递、网上交易、网上结算和物流配送 4 个部分组成，其动态的完整运行必须通过信息流、商流、货币流、物流 4 个流动过程。不同于传统商务，电子商务的特殊性在于，其信息流、商流、货币流都可以在虚拟环境下通过互联网实现，但物流不能完全通过网络实现，它的发展易被地域所阻碍。跨境电子商务发展受物流成本、物流效率等条件的制约。

### 3. 跨境电子商务物流的概念与特征

（1）跨境电子商务物流的概念

跨境电子商务物流是指跨境电子商务平台销售的产品从供应地到不同国家地域范围接收地的实体流动过程。根据跨境电子商务产品的位置移动轨迹，跨境电子商务物流可以分为 3 段：发出国国内段物流、国际段物流及目的国国内段物流。跨境电子商务产品种类繁多，使用小批量、多频次的运输方式，体积重量差别很大，不同品类所需运输和仓储解决方案各异，因此跨境电子商务物流要实现一站式、门到门的服务，各段物流间的有效衔接显得尤为重要。

跨境电子商务物流的实质是依照国际惯例，以国际分工协作为原则，利用国际化的物流网络、设施和技术，实现货物的国际流动与交换，以促进区域经济的发展和全球资源优化配置。其目标是通过最佳的方式与路径，用最低的费用承担最小的风险，保质、保量、适时地将货物从出口国的销售方处运到进口国的需求方处。其核心要素包括包装、运输、

① 数据来源：中华人民共和国中央人民政府网（转自《经济日报》），发布时间 2020-04-13.

② 数据来源：中国工信产业网官网《人民邮电报》板块，发布时间 2020-07-15.

仓储、装卸、通关和信息交换等，它们贯穿整个国际物流活动。

（2）跨境电子商务物流的特征

在跨境电子商务初始发展阶段，跨境电子商务商家主体已经自然而然地开始自主整合传统物流的服务资源。在传统物流的基础上，跨境电子商务物流表现出一些新特征，如图 9-2 所示。

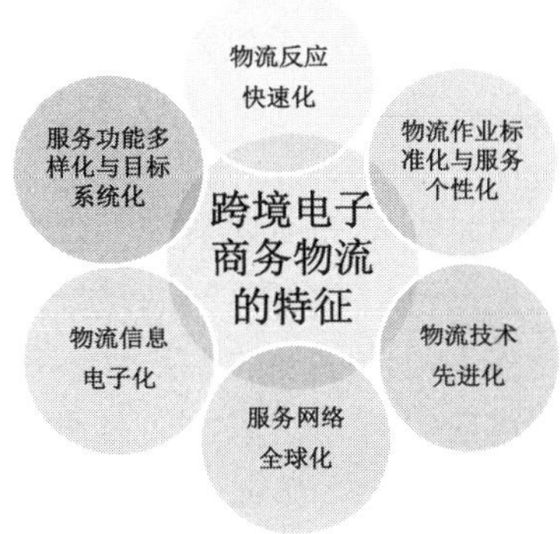


图 9-2　跨境电子商务物流的特征

① 服务功能多样化与目标系统化。

单一物流服务功能及单一物流环节最优化已不能满足现代物流需求，因此在进行跨境电子商务物流作业时，除了考虑运输、仓储等环节的协调，还要考虑物流与供应链中其他环节的相互配合。跨境电子商务物流不仅要实现单一物流服务功能及单一物流环节最优化，还要追求物流活动的整体最优化，从而保证物流需求方整体经营目标最优化。

② 物流作业标准化与服务个性化。

一方面，标准化作业流程可以使复杂的作业变得简单化，有利于跨地区协同与沟通，以及对操作过程的监控与对操作结果的评价。另一方面，受经营产品、经营方式及自身能力的影响，物流需求方除了希望获得传统的物流服务，还希望针对自身经营产品的特点和要求获得量身定制的个性化服务与增值服务，如市场调查与预测、采购及订单处理、物流咨询、物流方案的选择与规划、库存控制策略建议及货款回收与结算等方面的服务，从而提高物流服务对决策的支持作用。

③ 物流反应快速化。

伴随市场范围空间的延伸与产品生命周期的缩短，为了达到扩大市场份额和降低成本的双重目的，跨境电子商务不仅需要建立完善的全球产供销经营体系，还需要在物流供应链上下游对物流配送需求反应迅速，缩短物流前置时间和配送时间间隔，加快产品周转速度和提高物流配送时效。

④ 物流技术先进化。

跨境电子商务物流作业的各个环节广泛应用先进的物流技术，不仅提高了每个作业环节的效率，还为整个经营目标的实现提供了保障。比如，根据跨境电子商务平台指令，物流供应商按照运输计划组织提货、仓储、包装、报关、国际运输和国外配送等。在整个物流链中，参与各方有效地利用了电子数据信息交换系统（EDI），实现了信息的即时交换和资源共享，使参与各方及时了解货物的流向与下一步操作，避免信息滞后造成操作环节的延误，从而确保整个物流链的顺畅。在跨境电子商务交易中，物流公司起到了桥梁的作用，它利用丰富的物流管理技术和运作经验，促使交易顺利完成。

⑤ 物流信息电子化。

跨境电子商务物流强调订单处理、信息处理的系统化和电子化，通过企业资源计划（Enterprise Resource Planning，ERP）信息系统完成标准化的物流订单处理和物流仓储管理模式。ERP 信息系统不仅可以对物流渠道的成本、时效、安全性进行有效的关键业绩指标（Key Performance Indication，KPI）考核，还可以对物流仓储管理过程中的库存积压、产品延迟到货、物流配送不及时等进行有效的风险控制。

⑥ 服务网络全球化。

一方面，由于跨境电子商务交易范围为全球范围，物流服务网络覆盖范围越广，越有利于商家根据市场变化储存、调配产品，从而更能满足商家的物流需求。另一方面，先进的物流网络不仅能够保证物流网点间物流活动的一致性，使整个物流网络的库存总水平、库存分布、运输与配送最优化，适应经营的需求，而且可以通过物流信息系统加强供应与销售环节在组织物流过程中的协调和配合，加强对物流的控制。

## 二、跨境电子商务物流模式分类

跨境电子商务的主要物流模式包括邮政物流、国际商业快递、专线物流和海外仓。

### 1. 邮政物流

邮政物流虽然包括不同的物流产品，但其基本的运作流程相差不大，根据中国邮政 2013 年制定的业务流程，邮政物流模式的运作流程如图 9-3 所示。在邮政物流模式下，收发两端都是邮政，通过万国邮联的渠道传递信息，由两地邮政机构进行收寄、运输、清关和配送。

中国邮政物流包括各国和地区的中国邮政航空大小包、国际 e 邮宝、EMS 等。

（1）中国邮政航空小包

中国邮政航空小包（China Post Air Mail）又称中国邮政小包、邮政小包、航空小包，是指包裹重量在 2kg 以内，外包装长、宽、高合计不超过 90cm，且最长边小于 60cm，通过邮政空邮服务寄往国外的小邮包。中国邮政航空小包包含挂号、平邮两种服务，可寄达全球各个邮政网点。挂号服务费率稍高，可提供网上追踪查询服务。中国邮政航空小包出关不会产生关税或清关费用，但在目的地国家进口时有可能产生进口关税，具体根据每个国家海关税法的规定而有所不同。相对其他商业快递而言，中国邮政航空小包能最大限度地避免关税。

中国邮政航空小包的常规运作流程如图 9-4 所示。

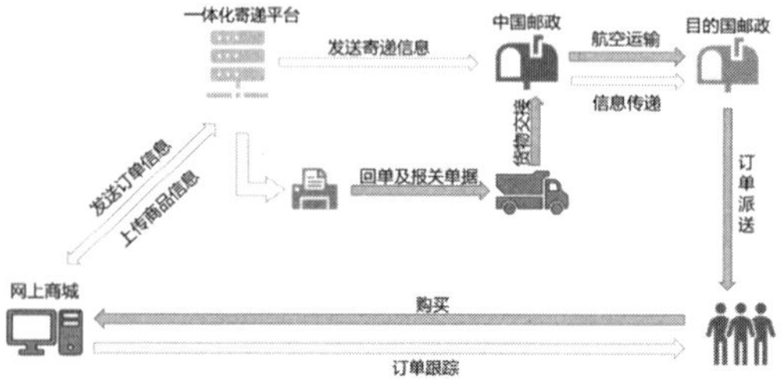


图 9-3 跨境电子商务邮政物流模式的运作流程

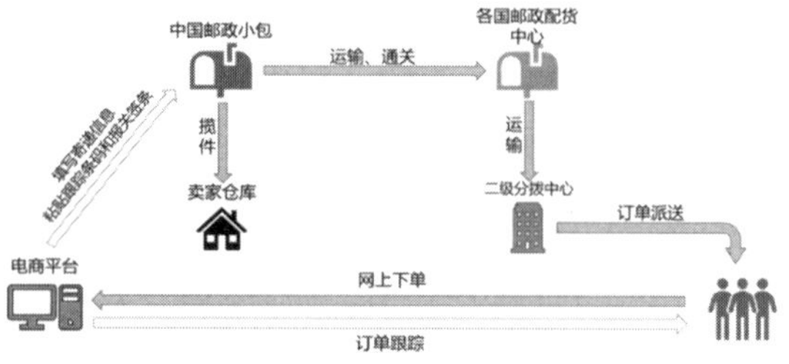


图 9-4 中国邮政航空小包的常规运作流程

选择中国邮政航空小包发货的注意事项如下。

① 平邮的邮包如丢失将不能获得赔偿，如意大利、尼日利亚等国，邮包丢包率极高，最好选用挂号或快递方式。

② 挂号的邮包如丢失，具体根据申报价值来赔偿，并退还邮费，但挂号费不予退还。

③ 中国邮政航空小包可提供保险服务，具体费用可以咨询中国邮政或保险公司。

（2）中国邮政航空大包

中国邮政航空大包（China Post Air Parcel）又称中国邮政大包、中国邮政国际大包裹、中邮大包，适合邮寄重量较重（超过 2kg）且体积较大的包裹，可寄达全球 200 多个国家和地区。此渠道全程航空运输，可以到达世界各地，只要有邮局的地方都可以到达。因此，对于时效性要求不高而重量稍重的货物，可选用此方式发货。

（3）国际 e 邮宝

国际 e 邮宝是中国邮政为适应跨境轻小件物品寄递需要开办的标准类直发寄递业务。该业务依托邮政网络资源优势，境外邮政合作伙伴优先处理，为客户提供价格优惠、时效稳定的跨境轻小件寄递服务。

国际 e 邮宝的优势如下。

① 经济实惠，支持按总重计费，50g 首重，续重按照每克计算，免收挂号费。

② 时效稳定，7～15 天即可妥投，帮助卖家提高物流得分。

③ 专业对接，为中国 eBay 卖家量身定制。

④ 服务优良，在线订单管理，提供包裹跟踪号，系统与 eBay 完美对接，形成一站式操作，方便快捷。

国际 e 邮宝的发货流程如图 9-5 所示。

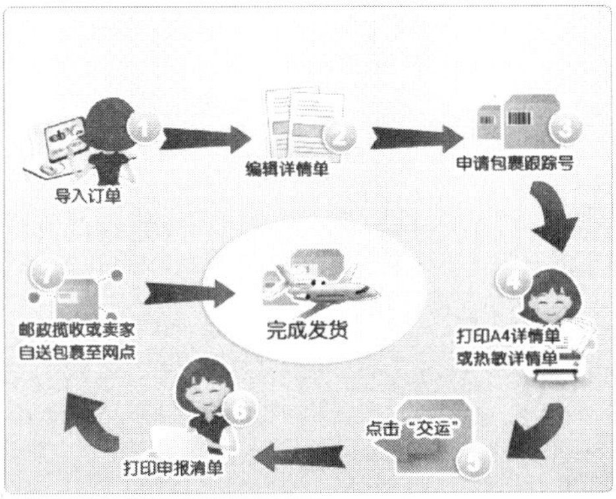


图 9-5　国际 e 邮宝的发货流程

国际 e 邮宝的资费标准以万国邮联实时公布的更新数据为准，每单具体资费和投递范围、规格尺寸限制等可在中国邮政速递物流官网查询，如图 9-6 所示。

（4）EMS

EMS（Express Mail Service），即国际及港澳台特快专递，是中国邮政速递物流与各国（地区）邮政合作开办的中国内地与其他国家、港澳台地区间寄递特快专递邮件的一项服务。该业务在各国（地区）邮政、海关、航空等部门均享有优先处理权，这是 EMS 区别于许多商业快递的地方。

图 9-6　中国邮政速递物流官网上的国际 e 邮宝服务板块

### 2. 国际商业快递

国际商业快递是国家与国家、国家与地区之间的运输所运用的快递。目前，国际商业快递是快递业务中跨境电子商务物流重要的组成部分，DHL、UPS、FedEx、TNT 是四大商业快递“巨头”，在跨境电子商务中发挥了举足轻重的作用。它们各自的优缺点如表 9-2 所示。

表 9-2　四大商业快递优缺点对比

| 商业快递 | Logo | 优　点 | 缺　点 |
| --- | --- | --- | --- |
| DHL | DHL | ① 寄往日本、东南亚地区、澳大利亚有优势，适宜邮寄小件，可送达国家网点比较多；<br>② 一般 2～4 个工作日可送达，寄往欧洲一般需要 3 个工作日，寄往东南亚一般需要 2 个工作日；<br>③ 查询网站货物状态更新比较及时，遇到问题解决速度快 | ① 只有邮寄小件，价格才略有优势；<br>② 对托运物品的限制比较严格，拒收许多特殊物品 |
| UPS | ups | ① 速度快、服务好；<br>② 强项在于美洲线路和日本线路，特别是美国、南美、英国，适宜发快件；<br>③ 一般 2～4 个工作日可送达，寄往美国差不多 48 小时能到达；<br>④ 货物可送达全球 200 多个国家和地区；可以在线发货，提供全国 109 个城市上门取货服务；<br>⑤ 查询网站信息更新快，遇到问题解决及时 | ① 运费较贵，要计算产品包装后的体积重；<br>② 对托运物品的限制比较严格 |
| FedEx | FedEx® | ① 适宜邮寄 21kg 以上的大件，寄往中南美洲和欧洲的价格较有竞争力；<br>② 一般 2～4 个工作日可送达；<br>③ 网站信息更新快，网络覆盖全，查询响应快 | ① 价格较贵，需要考虑产品体积重；<br>② 对托运物品的限制比较严格 |

续表

| 商业快递 | Logo | 优　点 | 缺　点 |
|---|---|---|---|
| TNT | TNT | ① 全球货到付款服务、速度快、通关能力强，报关代理服务；<br>② 免费及时准确货物追踪查询，无偏远派送附加费；<br>③ 在欧洲和亚洲西部地区、中东地区，以及政治、军事不稳定的国家有绝对优势；<br>④ 2～4 个工作日通至全球，特别是到西欧，仅需 3 个工作日，可送达国家比较多；<br>⑤ 网络比较全，查询网站信息更新快，遇到问题响应及时 | 要算抛重，对所运货物限制比较多 |

国际商业快递运输具有以下几个主要特点。

① 国际商业快递运输涉及国际关系问题，是一项政策性很强的涉外活动。国际快递运输是国际贸易的一个组成部分，在组织货物运输的过程中，需要经常同国外发生直接或间接的广泛业务联系，这种联系不仅涉及经济问题，也常常涉及国际政治问题。因此，国际商业快递运输既是一项经济活动，也是一项重要的外事活动。

② 国际商业快递运输是中间环节很多的长途运输。国际商业快递运输是国家与国家、国家和地区之间的运输，一般来说，其运输距离较长，往往需要使用多种运输工具，通过多次装卸搬运，经过许多中间环节，如转船、交换运输方式等，经由不同的国家和地区，适应各国不同的法规和规定。其中任何一个环节发生问题，都可能影响整个运输过程。

③ 国际商业快递运输涉及面广，情况复杂多变。国际商业快递运输涉及国内外许多部门，需要与不同国家和地区的货主、交通运输公司、商检机构、保险公司、银行或其他金融机构、海关、港口及各种中间代理商打交道。同时，各个国家和地区的法律、政策规定不一，贸易、运输习惯和经营做法不同，金融货币制度存在差异，以及政治、经济和自然条件可能发生变化，这些都会对国际快递运输产生较大的影响。

④ 国际商业快递运输的实践性强。按时装运进出口货物，及时将货物运至目的地，对履行进出口合同、满足商品竞争市场的需要、提高市场竞争能力、及时结汇有着重大意义。特别是一些鲜活商品、季节性商品和敏感性强的商品，更要求迅速运输，不失时机地组织供应，才有利于提高出口商品的竞争力，有利于巩固和扩大销售市场。因此，国际商业快递运输必须增强时间观念，争时间，抢速度，以快取胜。

⑤ 国际商业快递运输的风险较大。国际商业快递的运输环节多、运输距离长、涉及面广、情况复杂多变、时间性很强，另外，在运输沿途国际形势的变化、社会动乱，各种自然灾害和意外事故的发生，以及战乱、封锁禁运或海盗活动等，都会直接或间接地影响国际商业快递运输，甚至造成严重后果，因此国际商业快递运输的风险较大。为了转嫁运输过程中的风险损失，各种进出口货物和运输工具都需要办理运输保险。

国际商业快递的运作流程图如图 9-7 所示。

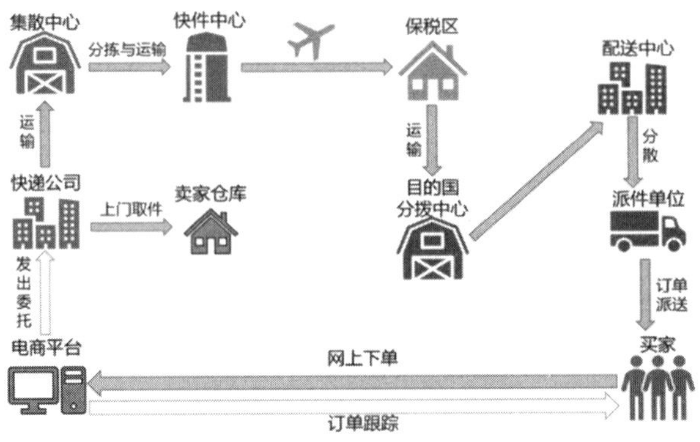


图 9-7 国际商业快递的运作流程图

### 3. 专线物流

专线物流，又称货运专线，指物流公司用自己的货车、专车或航空资源，运送货物至其专线目的地。一般情况下，物流公司在目的地有自己的分公司或合作网点，以便货车来回都有货装。专线的组成主体是货运站、专线货车、司机和信息交互系统。

建立专线的目的是节约成本，但前提是货量充足，不然很可能亏本。所以专线公司一般发车时间不确定，货满车走，客户的运输成本也会随之降低。

专线物流的主要优点是运输成本较低，弊端则是陆运货车班次时间不能确定，通过航空运输或转包业务可以满足较急的货物需求。

（1）常规业务与专线物流

① 自营业务：是指专线物流公司只揽收起始点在线上的货物，以便发挥自己的专线优势，同时支撑自营的网点业务。

② 转包业务：货运专线公司承接到其他目的地的货物时，会把这项业务卖给其他的物流公司，以便在增加经营利润的同时，发挥熟悉的同行业货运公司的优势，达到强强联合的目的。

相比较而言，专线物流到达的区域的网点少，非专线物流到达的区域的网点多，前者比一般物流要便宜，但抗风险能力要低一些，后者价格相对较高，但抗风险能力稍强。

（2）专线物流的运作流程

专线物流其实就是直达运输，即某个城市到另一个城市的直达运输。与专线运输相对应的是中转运输。一般运输企业都有专线运输，其运作流程示例图如图 9-8 所示。

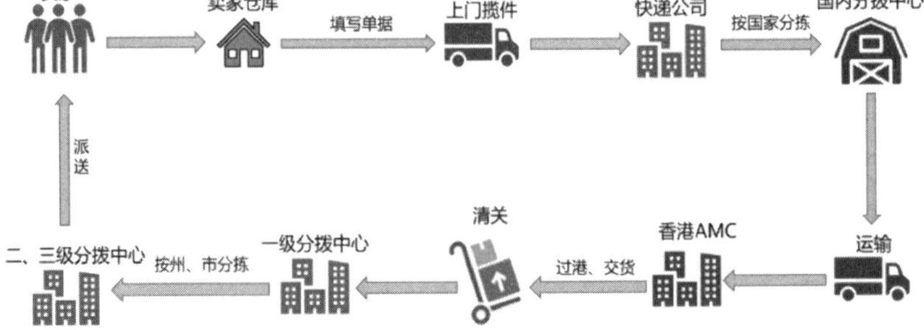


图 9-8 专线物流的运作流程示例图

### 4. 海外仓

海外仓储（简称海外仓）是指卖家设立在目的国的仓储集散地。建立海外仓的目的是便利买家、缩短运输时长、降低物流成本、改善购物体验、升级售后服务。海外仓是针对跨境电子商务卖家的需求，为卖家在海外提供仓储、分拣、包装、派送等一站式服务的仓库；而仓库是现代物流中连接买卖双方的一个关键节点，将这个节点置于海外具有明显的优势。

（1）海外仓的优势

① 更低的物流成本：卖家从海外本土直接发货给客户，相当于境内快递，较之从国内发往国外成本更低。

② 更快的送货时效：头程运输解决了运输、报关、清关等复杂问题，因此不用担心仓库里的物品报关、清关问题，收到订单即可随时发货。

③ 更好的仓储管理经验：海外仓为卖家配备了专业的管理人员，有效解决了仓库管理员的货物管理问题。

④ 更加方便的订单处理：订单和发货同步，实现自动化批量处理订单。

⑤ 库存管理及盘点更加清晰：当前销量及剩余库存系统自动显示，每笔订单的物流成本一目了然。

⑥ 自由的仓库管理平台：卖家只需要在电脑前轻轻地点击鼠标，下达订单发货指令，海外仓储的专业团队便会代替卖家完成发货。

⑦ 自动高效的退货处理流程：由于各种原因导致的客户退货，货物直接退到海外仓即可，免去了国内外来回清关（简称双清）的成本、时效、弃货等各方面的损失。

⑧ 卖家可以使用最低的投资、最短的时间，去征战海外市场，并且可以积累更多的资源去拓展其他的目标市场，扩大生意范围。

⑨ 海外仓可以帮助卖家拓展销售品类，突破“大而重”的发展瓶颈。

（2）海外仓的仓储作业流程

仓储作业是指从商品入库到商品出库的整个过程。仓储作业组织按照预定的目标，将仓库作业人员与仓库储存手段有效结合起来，完成仓储作业过程中各环节的职责，为商品流通提供良好的存储服务。海外仓运作流程图如图 9-9 所示。

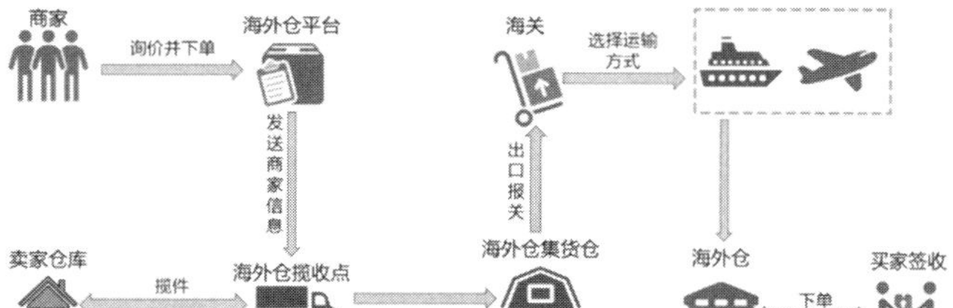


图 9-9 海外仓运作流程图

仓储管理工作包括入库管理、库内管理、出库管理 3 个阶段。仓储管理组织不仅要对各个作业环节提出具体的标准化要求，还要对作业流程进行细致的分析与合理、有效的组织。

了解了上述跨境电子商务物流方式的特点及作业流程等之后，还需要理解跨境电子商务卖家在进行物流方式的选择时主要考虑的因素，如运输成本、运输时效、运输安全、运输便利、运输服务等。目前，几乎所有的跨境电子商务平台都能对应各类不同的物流方式，跨境电子商务卖家需要结合自己的经营品类、交易平台特点、买家寄送目的国地址等因素，来综合考虑后进行选择。

## 任务评价

### 1. 学生自评

跨境电子商务物流认知及其模式分类学习的学生自评表，如表 9-3 所示。

表 9-3　跨境电子商务物流认知及其模式分类学习的学生自评表

| 班　级 | | 学　号 | | 姓　名 | |
|---|---|---|---|---|---|
| 角色 | O 组长　O 组员 | | 完成时间 | | |
| 任务 | | 完成情况记录 | | | |
| 物流信息调研情况 | | | | | |
| 物流特点说明情况 | | | | | |
| 物流优缺点掌握情况 | | | | | |
| 物流对比选择情况 | | | | | |
| 完成任务后的收获 | | | | | |

### 2. 生生互评

跨境电子商务物流认知及其模式分类学习的生生互评表，如表 9-4 所示。

表 9-4　跨境电子商务物流认知及其模式分类学习的生生互评表

| 班　级 | | 被评人学号 | | 被评人姓名 | |
|---|---|---|---|---|---|
| 评价者角色 | | 评价者学号 | | 评价者姓名 | |
| 任务 | | 完成情况记录 | | | |
| 物流信息调研情况 | | | | | |
| 物流特点说明情况 | | | | | |
| 物流优缺点掌握情况 | | | | | |
| 物流对比选择情况 | | | | | |
| 完成任务后的收获 | | | | | |

### 3. 教师评价

跨境电子商务物流认知及其模式分类学习的教师评价表，如表 9-5 所示。

表 9-5　跨境电子商务物流认知及其模式分类学习的教师评价表

| 班　级 | | 被评人学号 | | 被评人姓名 | |
|---|---|---|---|---|---|
| 任务 | | 完成情况记录 | | | |
| 物流信息调研情况 | | | | | |
| 物流特点说明情况 | | | | | |
| 物流优缺点掌握情况 | | | | | |
| 物流对比选择情况 | | | | | |
| 完成任务后的收获 | | | | | |

## 拓展练习

通过调研，了解各大主流跨境电子商务平台卖家主要采用的物流方式、物流服务平台及其适用情况，在小组内/班级内进行分享。

# 任务二　国际物流运费计算与跨境电子商务物流发货

## 任务描述

清楚产品的成本构成，是跨境电子商务卖家合理进行产品定价并获利的基础。掌握国际运费应如何计算，是跨境电子商务卖家核算总成本及进行产品定价的重要依据。同时，懂得跨境电子商务平台上订单的发货流程与操作，也是跨境电子商务卖家处理好订单所必备的物流服务方面的技能。

## 学习目标

1. 理解跨境电子商务物流费用的构成；
2. 掌握几种常用的跨境电子商务国际物流方式的运费计算方法；
3. 了解跨境电子商务平台线上发货的操作流程。

## 任务分配

本任务分组进行：每位同学需要理解跨境电子商务物流费用的构成，掌握几种常用的跨境电子商务国际物流方式的运费计算方法。国际运费计算与跨境电子商务物流发货任务分配表，如表 9-6 所示。

表 9-6　国际运费计算与跨境电子商务物流发货任务分配表

| 班　级 | | 组　号 | | 组　名 | |
|---|---|---|---|---|---|
| | | | | | |
| 角色 | 姓名 | 学号 | 任务分工 | | |
| 组长 | | | | | |
| 组员 | | | | | |
| | | | | | |
| | | | | | |
| | | | | | |
| | | | | | |

## 任务准备

引导问题 1：跨境电子商务物流成本由哪些部分构成？
引导问题 2：你听说过跨境电子商务物流货代公司能打折吗？

## 任务实施

### 一、国际物流运费计算

#### 1. 跨境电子商务物流成本的构成

进出口贸易往往涉及国际结算、境内外清关、物流转运及国际运力资源调配等诸多环节，其中物流问题是制约行业发展的最大的难题。跨境电子商务物流成本占总成本的 20%～30%，在目前国内的物流企业中，能为跨境电子商务消费者提供标准化和定制化物流服务的第三方服务商尽管在不断扩充，但仍不足以满足市场需求。

跨境电子商务物流成本的构成包括国内物流运费、贴单服务费、国际物流运费、仓储费用等，用公式可表达为

跨境电子商务物流成本=国内物流运费+贴单服务费+国际物流运费+仓储费用+…

在计算国际物流运费之前，还需要厘清对其产生影响的下列因素。

（1）计费重量单位

目前，国际通用的跨境电子商务物流运输一般以每 500g（0.5kg）为一个计费重量单位。

（2）首重与续重

首重通常限制在 500g 以内，续重部分不足 500g 按 500g 计算。通常首重的费用相对续重费用较高。

（3）实重与体积重

实重是指需要运输的一批物品包括包装在内的实际总质量。体积重（体积重量）是指当需要寄递的物品体积较大而实重较轻时，因运输工具（飞机、火车、船、汽车等）承载能力及可装载物品的体积所限，需要采取量取物品体积折算成重量作为计算运费的重量的方法。轻抛物是指体积重量大于实际重量的物品。

体积重计算方法如下。

① 规则物品：

重量（kg）=长（cm）×宽（cm）×高（cm）/5000

② 不规则物品：

重量（kg）=最长（cm）×最宽（cm）×最高（cm）/5000

（4）计费重量

按实重与体积重两者的定义，与国际航空货运协会的规定，货物在运输过程中计收运费的重量是按整批货物的实重和体积重两者中较高者计算的。

（5）包材

包材，即商品包装时所需使用到的材料。常见的包材如图 9-10 所示。一般情况下，物

流公司是负责免费包装的，提供纸箱、气泡等包装材料，如普通衣物不用进行特殊包装即可。而对于一些贵重、易碎物品，物流公司需要收取一定的包装费用。

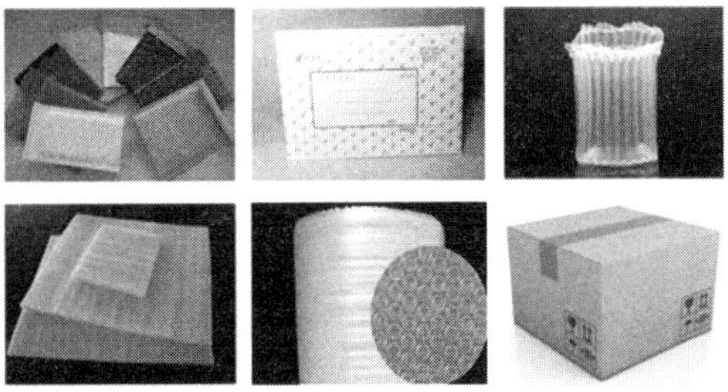

图 9-10 常见的包材

## 2. 国际物流运费计算方式

跨境电子商务物流费用的报价一般建议包含在产品标价里，同时在产品上传时打上“Free Shipping”的标识，提供商品包邮服务，这样可以较好地吸引流量。而实际上，“羊毛出在羊身上”，包邮并非卖家贴运费，而是把这部分费用计入了商品定价中。所以，对于跨境电子商务卖家而言，要想不定错价格，学会国际物流运费的计算是十分重要的。

国际物流运费的计算方式大体可分为两类：一类是按实际重量来计算的运费资费，往往需要运输的物品较为轻小，以邮政小包为代表；而另一类则需要按“首重+续重”的方式来计算运费，国际 e 邮宝、国际商业快递、专线物流多以这种方式来计算物流资费。

（1）按实际重量计重进行运费计算

此处以中国邮政小包运费计算为例。中国邮政小包运费计算的公式为

$$平邮运费=标准资费\times实际重量\times折扣$$

$$挂号运费=标准资费\times实际重量\times折扣+挂号费（8 元）$$

例如，运送 400g 的货物到马来西亚，当前折扣为 7 折，发往马来西亚的资费标准为 71.5 元/kg。

该商品平邮运费：71.5×0.4×70%=20.02（元）。

该商品挂号运费：71.5×0.4×70%+8=28.02（元）。

中国邮政小包对各国和地区的资费标准有所不同，根据距离我国地理位置的远近，常见目的国被分为了若干个区，表 9-7 列举出了中国邮政小包发往各国和地区的资费标准。

表 9-7 中国邮政小包发往各国和地区的资费标准

| 分 区 | 国家（地区） | 资费标准（元/kg） |
|---|---|---|
| 1 | 日本 | 62.00 |
| 2 | 新加坡、印度、韩国、泰国、马来西亚、印度尼西亚 | 71.50 |
| 3 | 奥地利、克罗地亚、保加利亚、斯洛伐克、匈牙利、瑞典、挪威、德国、荷兰、捷克、希腊、芬兰、比利时、爱尔兰、意大利、瑞士、波兰、葡萄牙、丹麦、利亚、以色列 | 81.00 |
| 4 | 新西兰、土耳其 | 85.00 |
| 5 | 美国、加拿大、英国、西班牙、法国、俄罗斯、乌克兰、卢森堡、爱沙尼亚、立陶宛、罗马尼亚、白俄罗斯、斯洛文尼亚、马耳他、拉脱维亚、波黑、越南、菲律宾、巴基斯坦、哈萨克斯坦、塞浦路斯、东亚及西亚个别国家 | 90.50 |
| 6 | 南非 | 105.00 |
| 7 | 阿根廷、巴西、墨西哥 | 110.00 |

续表

| 分　区 | 国家（地区） | 资费标准（元/kg） |
|---|---|---|
| 8 | 老挝、孟加拉国、柬埔寨、缅甸、尼泊尔、文莱、不丹、马尔代夫、东帝汶、阿联酋、约旦、巴林、阿富汗、伊朗、科威特、也门、伊拉克、黎巴嫩、秘鲁、智利 | 120.00 |
| 9 | 塞尔维亚、阿尔巴尼亚、冰岛、安道尔、法罗群岛、直布罗陀、列支敦士登、摩纳哥、黑山、马其顿、圣马力诺、梵蒂冈、摩尔多瓦、格鲁吉亚 | 147.50 |
| 10 | （大洋洲、非洲、美洲）其他国家 | 176.00 |

注：小包需满足 2kg 以内的重量限制；每单均需加收挂号费 8 元，不随包裹发往目的国而变

（2）按“首重+续重”的方式进行运费计算

此处以 EMS 运费计算为例。EMS 首重为 500g，不足 500g 的按 500g 计算，续重按每 500g 一个续重单位来计算。这与大多数国际快递的运费计算方式一致，都将 500g 作为首重和续重的重量计算单位。这样一来，EMS 运费计算的公式为

$$\text{EMS 运费}=（\text{首重费用}+\text{续重标准资费}\times\text{续重单位}）\times D+\text{报关费}$$

式中，$D$ 表示各货代公司能提供的运费折扣（Discount），通常 EMS 的折扣为 5 折左右，而报关费则是每单固定的统一资费，均价约为 13 元。

假设全球速卖通平台卖家用 EMS 将一件商品（物品，非文件）寄往美国，商品总重为 1.2kg，货代公司给出 5.2 折的折扣，那么，根据 EMS 资费标准列表（见表 9-8）中的资费标准，该订单首重 500g 费用为 240 元，续重标准资费为 75 元/500g（需要取整），则具体资费计算如下。

该订单重量单位计算：1.2kg=1200g=1 个首重（500g）+ 2 个续重单位（700g 超过了 1 个续重单位 500g，故按 2 个续重单位来计算）。

该订单 EMS 标准运费：（240 元+75 元×2 个续重单位）×0.52+13=215.8 元。

EMS 从国内发往不同国家，其标准资费不同。

表 9-8　EMS 资费标准列表　　单位：元

| 送达国家/地区 | 首重 500g | | 续重 500g（取整） |
|---|---|---|---|
| | 文　件 | 物　品 | |
| 中国香港、中国澳门 | 90 | 150 | 30 |
| 日本、韩国、蒙古、中国台湾 | 115 | 180 | 40 |
| 马来西亚、新加坡、泰国、越南、柬埔寨 | 130 | 190 | 45 |
| 澳大利亚、新西兰、巴布亚新几内亚 | 160 | 210 | 55 |
| 比利时、英国、丹麦、芬兰、希腊、爱尔兰、意大利、卢森堡、马耳他、挪威、瑞士、葡萄牙、德国、瑞典 | 220 | 280 | 75 |
| 美国 | 180 | 240 | 75 |
| 巴基斯坦、斯里兰卡、老挝、土耳其、尼泊尔 | 250 | 325 | 90 |
| 巴西、古巴、圭亚那 | 260 | 335 | 100 |
| 巴林、伊拉克、乌干达、约旦、以色列、阿曼、卡塔尔、科威特、伊朗、马达加斯加、叙利亚、科特迪瓦、吉布提、塞内加尔、肯尼亚、突尼斯、阿联酋 | 370 | 445 | 120 |
| 开曼群岛、白俄罗斯、捷克、哈萨克斯坦、俄罗斯、拉脱维亚 | 380 | 445 | 120 |

注：一般货代公司针对如 EMS 等快递服务均能给出不同折扣，优惠力度大的甚至能达到 5 折以下，但报关服务费用一般无折扣

## 二、跨境电子商务物流发货

不同的跨境电子商务平台提供的跨境电子商务物流服务内容略有不同，但一般都能提供前面所介绍的各类国际物流模式中的一种或多种，且均能实现在线发货。下面就以全球速卖通平台的线上发货为例，来介绍跨境电子商务平台物流线上发货的操作方式。

步骤 1：单击“我的速卖通”—“交易”，选择“等待您发货”状态的订单。此时将看到所有等待发货的订单明细。然后选择需要发货的订单，单击“发货”按钮（见图 9-11），然后在弹出的对话框中选择“线上发货”选项。

图 9-11　全球速卖通线上发货之选择待发货订单页面

步骤 2：在“选择物流方案”页面选择需要的物流服务。选择完毕后，单击“下一步，创建物流订单”按钮，创建相应的物流订单，如图 9-12 所示。

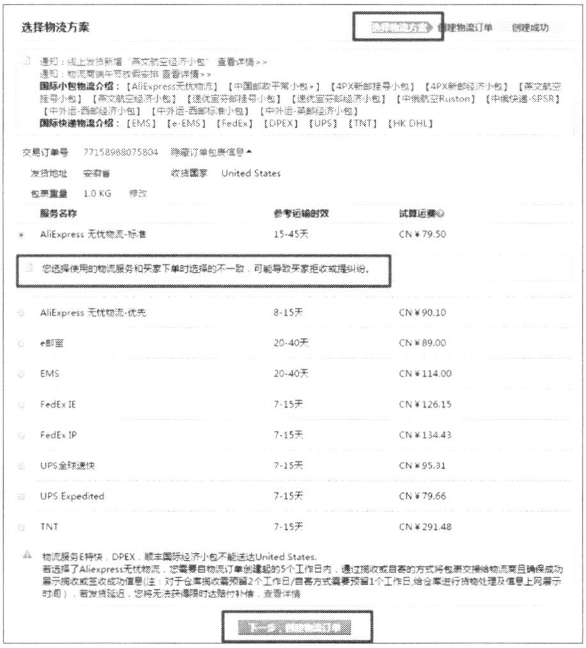


图 9-12　全球速卖通线上发货之“选择物流方案”页面

此处选择的物流服务若与买家下单时选定的物流服务不一致，系统将提示卖家进行确认。

步骤 3：单击“下一步，创建物流订单”按钮之后，会出现如图 9-13 所示的页面，此时需要确认待发货的商品是否包含电池、是否含非液体化妆品，并确认收件人的收件信息。

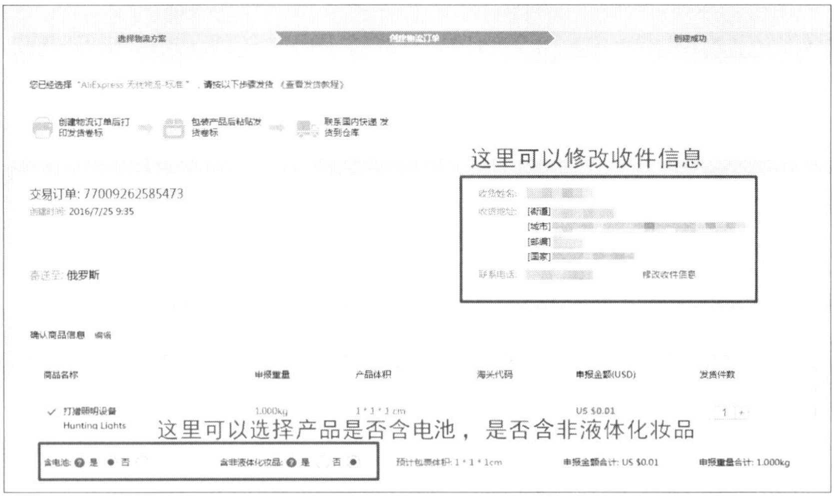


图 9-13　全球速卖通线上发货之“创建物流订单”页面举例

在创建物流订单的时候，页面底部会有关于无法投递的包裹处理方案，卖家可以根据自己的需要，选择是否需要将包裹退回，或者在海外销毁。

当选择“退回”时，卖家需要填写退件地址，每单会收取固定金额的退件服务费，对于选择退回的包裹，一旦发生目的国无法投递的情况，将不再收取退回运费。

当选择“销毁”时，不产生退件服务费，平台将会免费为卖家销毁包裹。

以上选择全部完毕之后，需要勾选“我已阅读并同意《在线发货－阿里巴巴使用者协议》”复选框，并单击“提交发货”按钮。至此，物流订单创建完毕。

步骤 4：在成功创建物流订单后，单击“物流订单详情”链接，即可看到生成的国际物流单号，打印发货标签，如图 9-14 所示。

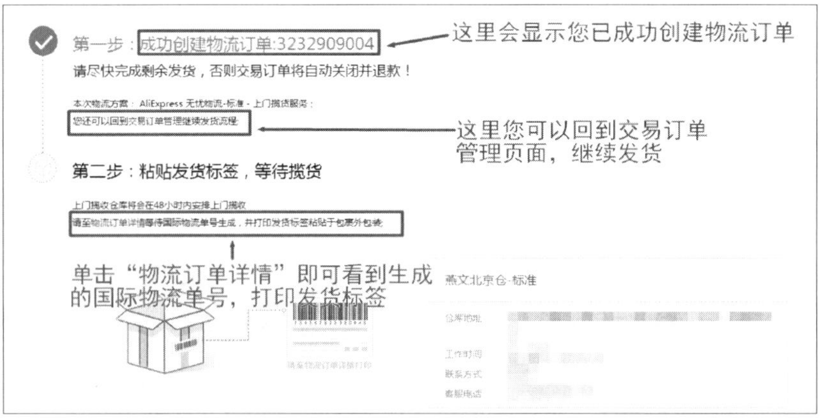


图 9-14　全球速卖通线上发货之物流订单详情页面举例

步骤 5：物流订单创建成功后，系统会生成运单号给卖家，卖家在完成打包发货、交付物流商之后，即可填写发货通知。这样，一个订单的线上发货工作便已完成。

## 任务评价

### 1. 学生自评

跨境电子商务物流运费计算和发货流程学习的学生自评表，如表 9-9 所示。

表 9-9　跨境电子商务物流运费计算和发货流程学习的学生自评表

| 班　　级 | | 学　　号 | | 姓　　名 | |
|---|---|---|---|---|---|
| 角色 | ○ 组长　　○ 组员 | | 完成时间 | | |
| 任务 | | 完成情况记录 | | | |
| 实际计重运费计算情况 | | | | | |
| 首重+续重运费计算情况 | | | | | |
| 线上发货流程掌握情况 | | | | | |
| 完成任务后的收获 | | | | | |

### 2. 生生互评

跨境电子商务物流运费计算和发货流程学习的生生互评表，如表 9-10 所示。

表 9-10　跨境电子商务物流运费计算和发货流程学习的生生互评表

| 班　　级 | | 被评人学号 | | 被评人姓名 | |
|---|---|---|---|---|---|
| 评价者角色 | | 评价者学号 | | 评价者姓名 | |
| 任务 | | 完成情况记录 | | | |
| 实际计重运费计算情况 | | | | | |
| 首重+续重运费计算情况 | | | | | |
| 线上发货流程掌握情况 | | | | | |
| 完成任务后的收获 | | | | | |

### 3. 教师评价

跨境电子商务物流运费计算和发货流程学习的教师评价表，如表 9-11 所示。

表 9-11　跨境电子商务物流运费计算和发货流程学习的教师评价表

| 班　　级 | | 被评人学号 | | 被评人姓名 | |
|---|---|---|---|---|---|
| 任务 | | 完成情况记录 | | | |
| 实际计重运费计算情况 | | | | | |
| 首重+续重运费计算情况 | | | | | |
| 线上发货流程掌握情况 | | | | | |
| 完成任务后的收获 | | | | | |

## 拓展练习

1. 国际物流运费计算题（见二维码拓展材料 4）。

2. 利用已有的跨境电子商务教学实训平台，模拟完成某个订单的线上发货，还可拓展进行一次合并订单的线上发货操作。

二维码拓展材料 4

【技能拓展】国际物流常用的跟踪查询、时效统计查询工具：17track。

# 项目十

# 跨境电子商务支付与结算

跨境电子商务支付与结算指的是两个或两个以上的国家或地区之间因跨境贸易、国际投资及其他国际经济活动产生国际债权债务，借助一定的支付方式及结算工具实现资金跨国或跨地区转移的一系列行为。在跨境电子商务支付与结算的过程中，由于币种不同，不同国家的支付方式也有差别，因此，买卖双方需要通过一定的支付手段、支付系统及资金结算方式来实现国家与国家之间的资金转换，从而完成跨国交易。我国跨境电子商务企业如雨后春笋般发展，对于国内各大商家与消费者来说，具备基本的跨境电子商务支付与结算常识尤为重要。本项目主要介绍跨境电子商务支付与结算的认知、跨境电子商务支付与结算的方式及工具使用，以及跨境电子商务支付与结算的技术风险与防范。

## 任务一　跨境电子商务支付与结算的认知

### 任务描述

在跨境贸易中，中国商家或消费者通过跨境电子商务平台购买国外的产品，或者国外商家或消费者购买中国商家的产品时，由于币种不同、各个国家和地区的支付方式不同，因此需要通过一定的支付手段、支付系统及资金结算方式来实现国家与国家之间的资金转换，从而完成交易。首先，我们需要认知跨境电子商务支付与结算。

### 学习目标

了解国内外跨境电子商务支付与结算的现状；

掌握跨境电子商务支付与结算的不同模式。

### 任务分配

本任务分两组进行，每组由一位组长和若干组员构成。组员在组长的带领下，根据【任务准备】的引导问题进行任务分工，了解国内外跨境电子商务支付与结算的现状，掌握跨境电子商务支付与结算的不同模式，能够向企业用户介绍人民币跨境支付的不同模式，并尝试以角色扮演的方式模拟代理行模式、清算行模式下的跨境电子商务支付与结算步骤。跨境电子商务支付与结算不同模式学习的学习任务分配表，如表 10-1 所示。

表 10-1 跨境电子商务支付与结算不同模式学习的学习任务分配表

| 班　　级 | | 组　　号 | | 学 习 内 容 | ○ 代理行模式<br>○ 清算行模式 |
|---|---|---|---|---|---|
| | | | | | |
| 角色 | 姓名 | 学号 | 任务分工 | | |
| 组长 | | | | | |
| 组员 | | | | | |
| | | | | | |
| | | | | | |
| | | | | | |
| | | | | | |

## 任务准备

**引导问题 1：**假如你是跨境电子商务国内出口商家，需要与国外商家进行 B2B 出口贸易并进行跨境收款，国外商家只支持外币付款，你会选择何种收款方式？请说明理由。

**引导问题 2：**假如你是跨境电子商务国内出口商家，需要与国外商家进行 B2B 出口贸易并进行跨境收款，国外商家支持人民币付款，你会选择何种收款方式？请说明理由。

## 任务实施

### 一、跨境电子商务支付与结算的概念、现状分析及发展展望

#### 1. 跨境电子商务支付与结算的概念

跨境电子商务支付与结算指的是两个或两个以上的国家或地区之间因跨境贸易、国际投资及其他国际经济活动产生国际债权债务，借助一定的支付方式及结算工具实现资金跨国或跨地区转移的一系列行为。例如，在当今的互联网时代，中国消费者在网上购买国外商家的产品或国外消费者购买中国商家的产品时，由于币种不同，需要通过一定的支付手段、支付系统及资金结算方式实现国家或地区之间的资金转换，最终完成交易。

跨境电子商务支付与结算伴随着产品进出口而发生，具有以下特点。

① 跨境电子商务支付与结算产生的原因是发生国际经济活动，产生债权债务关系。

② 跨境电子商务支付与结算的主体是国际经济活动中的当事人。国际经济活动中的当事人含义依据不同的活动而定。例如，在货物买卖中，当事人是指双方营业地处在不同国家（或地区）的人，且有银行参与。

③ 跨境电子商务支付与结算是通过一定的工具来完成的。跨境电子商务支付与结算的工具一般为货币与票据。一方面，由于国际支付当事人一般是不同国家（或地区）的自然人、法人，而各国（或地区）所使用的货币不同，这就涉及货币的选择、外汇的使用，以及

与此有关的外汇汇率变动带来的风险问题；另一方面，为了避免直接运送大量货币所引起的各种风险和不便，就会涉及票据或凭证的使用问题，以及与此相关的各国（或地区）有关票据或凭证流转的一系列复杂的法律问题。

④ 跨境电子商务支付与结算是以一定的支付方式来保障交易安全的。在跨境贸易中，买卖双方通常从自身利益考虑，力求在货款收付方面能得到较大的安全保障，尽量避免遭受钱货两空的损失，并想在资金周转方面得到某种融通。这就涉及如何根据不同情况，采用国际上长期形成的汇付、托收、信用证等不同的支付方式，以处理好货款收付方面的安全保障和资金融通问题。

⑤ 跨境电子商务支付与结算的收付双方通常处在不同的货币圈，是异地结算中的特殊情况。

⑥ 由于收付双方处在不同的法律制度下，受到相关法律的限制，不能把一方的通行情况施加于对方，而只能以国际结算的统一惯例为准则，协调双方之间的关系，并相互约束。

⑦ 跨境电子商务支付与结算必须以收付双方都能接受的货币为支付结算货币。为了支付方便和安全，一般采用国际通用的结算货币，如美元、欧元、英镑等，特殊情况除外。

⑧ 跨境电子商务支付与结算主要将银行作为中间人，以确保支付安全、快捷、准确、保险及便利。

⑨ 由于跨境电子商务支付与结算一般以不同于支付双方本国（或本地区）的货币为支付结算货币，所以在结算过程中有一定的汇兑风险。

#### 2. 跨境电子商务支付与结算的现状分析

（1）传统跨境贸易更多选用直接支付方式

传统跨境贸易更多选用直接支付方式，如汇付、托收、信用证、国际保理等。汇付一般用于金额较小的支付场景，而信用证方式对于买卖双方都有可靠保证，所以在大额支付场景中使用较多。直接支付方式之一的汇款主要由银行完成。银行收到汇款人的申请后，通过 SWIFT（环球银行金融电信协会）通道等多种形式将钱由国外汇入行解付给收款人。

在跨境贸易活动中，买卖双方可能互不信任：买方担心预付款后，卖方不按合同要求发货；卖方担心发货或提交货运单据后，买方不付款。因此，需要两家银行作为买卖双方的保证人。由于信用证模式对买卖双方都有保护，因此信用证成为传统跨境贸易中主要、常用的支付方式之一。

（2）第三方支付机构众多

在综合型 B2C 跨境贸易中，由于参与者众多、单价较低且交易频率高，因此传统支付方式已经不适用于此种跨境贸易模式。目前，国内持有跨境外汇支付牌照（简称持牌）的第三方机构、跨境收款企业及国外持牌支付机构，已经建立了稳定且有效的渠道并形成了稳定的模式。在关键的换汇环节，国内持牌的第三方支付机构可根据跨境电子商务平台的数据对单换汇。

（3）B2C 跨境自营平台的支付方式主要是以通过国内持牌的第三方支付机构为平台换汇

B2C 跨境自营平台一般拥有境外账户，方便国外第三方支付机构等金融机构为其办理收单业务。国内持牌的第三方支付机构主要为此类平台办理换汇、转账等业务，将平台的资金从境外账户转入其境内银行账户。跨境收款企业也可以通过连接各方通道完成此过程。

最后，B2C 跨境自营平台通过国内持牌的第三方支付机构将账款分发给跨境收款企业。

（4）小额 B2B 跨境贸易直面众多海外小商家，跨境电子商务支付与结算成本大大降低

近年来，小额 B2B 跨境贸易发展迅速，海外小商家众多。相比传统大商家，小商家的客单价较低，多直接通过分销商采购商品。在此种模式下，人力和贸易成本均可大大降低。

（5）第三方支付机构普遍持有外汇和人民币支付牌照

国内企业要想开展跨境支付业务，首先其必须是支付机构，并持有中国人民银行颁发的“支付业务许可证”，其次需要持有国家外汇管理局准许开展跨境外汇支付业务试点的批复文件。如果不涉及换汇，则支付机构持有中国人民银行各地分支机构颁发的人民币跨境外汇支付牌照即可，人民币跨境外汇支付业务不需要国家外汇管理局的批复。

（6）第三方支付机构更加适应新兴跨境电子商务小额、高频的需求

传统跨境贸易的特点是大额、低频，且对支付安全性要求较高，但损失了时效性，因此传统 B 端（企业）大额跨境贸易更愿意选择银行汇款和信用证等支付方式。但随着跨境贸易的发展，特别是跨境电子商务平台的兴起，人们对支付的便捷性和及时性的要求越来越高，监管部门也逐渐放开了第三方支付机构的准入限制。

（7）通道手续费和 B 端支付解决方案是第三方支付机构的主要收入来源

通道手续费主要包括按照交易规模流水收费和按照支付笔数收费两种，或者两种兼有。B 端支付解决方案是第三方支付机构针对不同行业、不同需求所提供的一体化产品支持，随着跨境电子商务支付与结算的发展，B 端支付解决方案进入“蓝海”。另外，第三方支付机构还有汇率差等非常规性收入。

### 3. 跨境电子商务支付与结算的发展展望

（1）第三方跨境电子商务支付与结算服务将逐渐摆脱单一通道模式

第三方支付经过近年来的发展，特别是在国家外汇管理局和中国人民银行发牌以后，逐步打通市场渠道，从单一的基础通道服务，逐渐发展到可以满足跨境电子商务平台更多的需求。部分企业开始和跨境产业链中的服务机构合作，从出口退税到报关的三单合一，再到跨境仓储物流解决方案，争取解决跨境贸易中存在的普遍性难题。

（2）小额 B2B 跨境电子商务支付与结算或将成为下一个行业“蓝海”

传统集装箱跨境贸易由于积压资金多、风控压力大，正在被以在线交易为核心且便捷、及时的跨境电子商务小额批发及零售业务取代。第三方支付基于大数据、云计算，更加符合小额 B2B 跨境贸易要求的小额、快捷、灵活的支付模式和风控需求。

（3）行业规范化加速，第三方跨境电子商务支付与结算行业发展潜力巨大

① 平台层：经过多年的发展，跨境电子商务平台逐渐朝着正规化发展，交易规模不断扩大，在培养稳定的消费群体的同时，平台运营日趋成熟。

② 政策层：监管部门不间断地对跨境贸易进行调研，其中针对最关键的支付和物流的更加细致、合理的支持政策或将会出台，行业规范化将会继续加速。

③ 消费层：在消费升级的带动下，国内消费者对跨境商品的需求日益增加。

④ 机构层：第三方支付机构经过前期的市场培育阶段，正在逐渐度过仅作为支付通道的行业价格战阶段，各家开始打造专属的行业解决方案，在逐渐掌握更多客户资源的基础上进行差异化运营。

（4）传统跨境支付与结算方式和跨境电子商务支付与结算方式互补共存

传统 B2B 跨境贸易的市场主导地位暂时不会改变，同样，传统跨境支付与结算方式仍会在市场中占据重要地位。跨境电子商务模式及平台的出现，会促使传统跨境支付与结算方式进行改革。在市场中，传统跨境支付与结算方式和跨境电子商务支付与结算方式将互补共存。

## 二、跨境电子商务支付与结算的模式

### 1. 我国跨境贸易的主流模式

从跨境贸易的整体来看，目前我国的跨境贸易包括 4 种主流模式：传统大额 B2B 跨境贸易、小额 B2B 跨境贸易、平台型 B2C 跨境贸易，以及自营 B2C 跨境贸易，后两者属于跨境电子商务模式。传统 B2B 跨境贸易是跨境贸易的传统模式，多数是一对一大额交易；小额 B2B 跨境贸易是近些年发展迅速的跨境贸易模式，有众多海外小商家，贸易成本大大节约；平台型 B2C 跨境贸易、自营 B2C 跨境贸易都是属于跨境电子商务模式，平台型 B2C 跨境贸易（如美国的亚马逊、中国的全球速卖通）发展得比较早；自营 B2C 跨境贸易是近些年发展起来的跨境电子商务独立站模式，卖家通过建立自己的网站来运营，而不是通过亚马逊等跨境电子商务平台来出口产品。

### 2. 跨境电子商务的模式分类

一个完整的支付流程应该分为支付（买家）+ 结算（卖家）两步。按照该思路，根据地域（境内、境外）和货币种类两个维度，电子商务可分为 4 类：国内电子商务、跨境电子商务海淘（赚外汇）、跨境电子商务（买买买）及国外电子商务，如表 10-2 所示。根据买卖双方的所属地和支付结算币种，跨境电子商务则可以归为两类：赚外汇模式、买买买模式。

表 10-2 跨境支付分类表

| 类　型 | 买家所属地 | 支付币种 | 卖家所属地 | 结算币种 | 举　例 |
|---|---|---|---|---|---|
| 国内电子商务 | 境内 | 人民币 | 境内 | 人民币 | 淘宝、京东 |
| 跨境电子商务海淘（赚外汇） | 境外 | 外币 | 境内 | 人民币 | Shopee、Lazada |
| 跨境电子商务（买买买） | 境内 | 人民币 | 境外 | 外币 | 天猫海外、网易考拉 |
| 国外电子商务 | 境外 | 外币 | 境外 | 外币 | eBay、亚马逊 |

跨境电子商务两类模式面对的消费者不同，对资金处理的需求也不同，如图 10-1 所示。

根据图 10-1 的资金流对比分析可知，在赚外汇模式下，产品以人民币计价、人民币结算，境外消费者支付外币；在买买买模式下，产品以外币计价、外币结算，境内消费者支付人民币。

### 3. 跨境电子商务支付与结算的模式分类

跨境电子商务的业务流程涉及三流——资金流、信息流、物流。其中，资金流反映了支付流程。一个完整的跨境支付流程实际上包含了三大环节，即收单、收款、结售汇。以第三方跨境支付在 B2C 跨境电子商务出口贸易中所发挥的作用为例：收单机构通过发卡行、国际信用卡组织的清结算，将货款打到商家的海外账户，随后收款公司进行相关的账户服务和转账，最后通过银行或国内持牌的第三方机构进行结售汇。

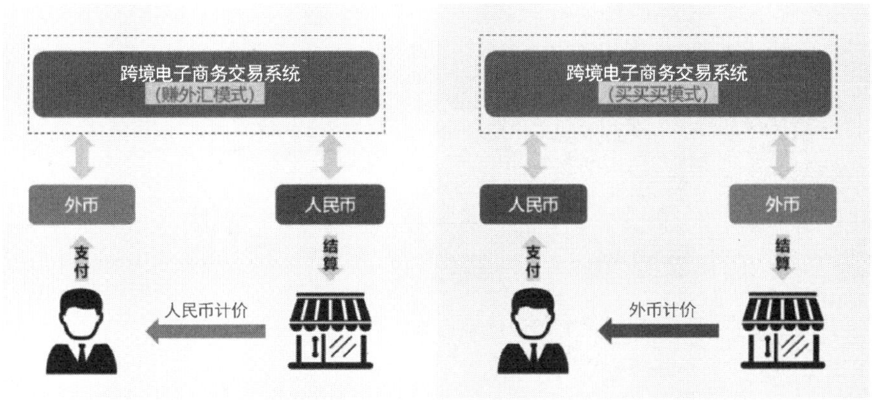


图 10-1 跨境支付资金流对比

目前，整个跨境电子商务市场上有 3 种方式可以实现人民币跨境支付与结算，如图 10-2 所示。

图 10-2 人民币跨境支付与结算的方式

（1）代理行模式

此种模式需要境内具备国际结算业务能力的银行与境外银行签订人民币代理结算协议，为其开立人民币同业往来账户，然后代理境外银行进行跨境人民币收、付、结算等服务。现举例如下。

① 业务场景。

境外企业 A 和境内企业 B 进行交易，A 需要支付一笔款项给 B，而且双方约定，此次交易使用人民币结算。

② 前置工作。

A 在境外花旗银行开设结算户，B 在境内中国农业银行开设结算户；花旗银行与中国银行签署人民币代理结算协议，中国银行为花旗银行开设人民币同业往来账户；花旗银行和中国银行通过 SWIFT 通道连接。中国银行和中国农业银行通过中国现代化支付系统（China National Advanced Payment System，CNAPS）连接。

③ 业务步骤。

A 发起支付指令给花旗银行，花旗银行判断其余额后扣款；花旗银行通过 SWIFT 通道发送指令给中国银行，中国银行判断其人民币同业往来账户余额后扣款；中国银行通过 CNAPS 转账给中国农业银行；中国农业银行结算给 B（见图 10-3）。

在整个流程中，SWIFT 通道与 CNAPS 的主要作用就是实现跨行之间的支付清算。其中，SWIFT 是国际银行同业间的国际合作组织，成立于 1973 年；CNAPS 是为商业银行之间及商业银行与中国人民银行之间的支付业务提供最终资金清算的系统。

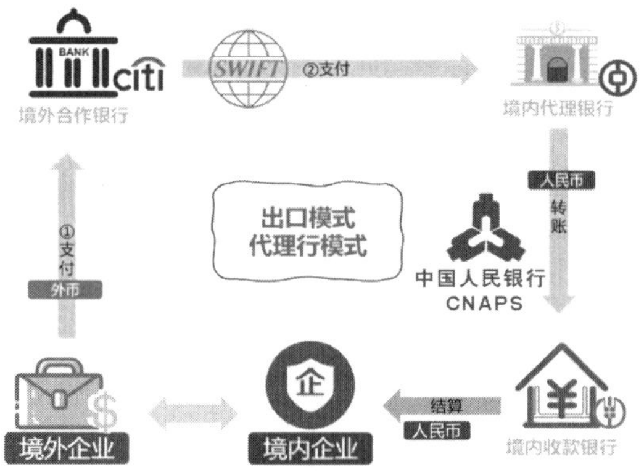


图 10-3　代理行模式的业务步骤

（2）清算行模式

此种模式需要中国人民银行指定境外某银行（一般为境外分行）为人民币境外清算行，由境外清算行与境外商业银行签订人民币代理结算协议，并为其开立人民币同业往来账户，代理境外银行进行跨境人民币收付等服务。

① 业务场景。

境外企业 A 需要支付资金给境内企业 B。

② 前置工作。

A 在境外花旗银行开设结算户，B 在境内中国农业银行开设结算户；中国人民银行指定中国银行某境外分行（商业银行），作为该地区的人民币清算行；花旗银行在中国银行境外分行开设人民币同业往来账户，存入资金；花旗银行和中国银行境外分行通过 SWIFT 通道或当地的结算系统连接；中国银行境外分行与国内中国银行境内总行之间通过行内连接系统连接，中国银行境内总行与境内中国农业银行通过 CNAPS 连接。

③ 业务步骤。

清算行模式和代理行模式在给收付款两方体验上的区别不大，核心在于资金的结算地不同。采用代理行模式的前提是国内的银行具备国际结算业务能力，其主要通过 SWIFT 通道与境外银行连接，当境外银行和境内代理银行之间进行结算时，此笔资金为国际结算（境外结算）；而采用清算行模式的前提是国内银行在境外的分行被中国人民银行指定为境外人民币清算行，这样其与境外银行之间可以“能力共享”，资金的结算在清算行的内部系统中进行。如前面提到的例子，资金是在中国银行行内完成清算的（境外分行和境内总行之间）。清算行模式的业务步骤如图 10-4 所示。

（3）NRA 模式

NAR（Non-Resident Account）模式是指境外企业直接在境内银行开设结算账户进行支付的模式。

使用此种模式的业务步骤和境内企业 B2B 收付款的业务步骤几乎一模一样（见图 10-5）。只是境外机构在境内银行开设 NRA 的流程和手续比较复杂。

人民币 NRA 和离岸账户（Offshore Account，OSA）的性质不同。NRA 属于境内账户，OSA 属于境外账户；NRA 需要缴纳利息税，OSA 无利息税；NRA 有外汇管制，由国家外汇管理局监管，OSA 无外汇管制，由中国银行业监督管理委员会（简称中国银监会）监管。

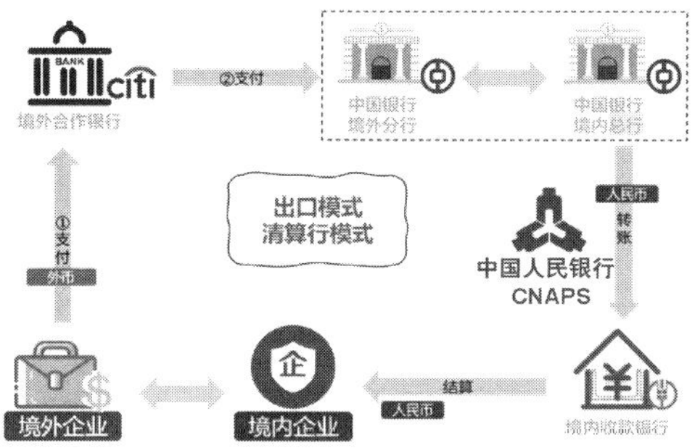


图 10-4　清算行模式的业务步骤

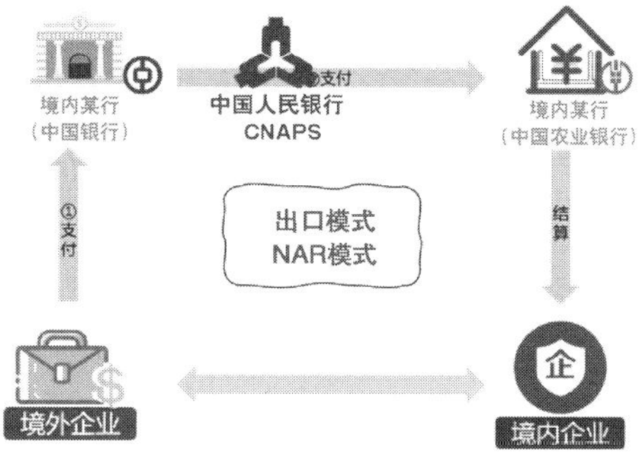


图 10-5　NRA 模式的业务步骤

NRA 模式的监管较为严格，有外汇管制，用途也比较单一，所以使用该模式进行跨境电子商务支付与结算的不多。

## 任务评价

### 1. 学生自评

跨境电子商务支付与结算不同模式学习的学生自评表，如表 10-3 所示。

表 10-3　跨境电子商务支付与结算不同模式学习的学生自评表

| | | | | | |
|---|---|---|---|---|---|
| 班　　级 | | 学　　号 | | 姓　　名 | |
| 角色 | ○ 组长　　○ 组员 | | 工具 | ○ 代理行模式<br>○ 清算行模式 | |
| 任务 | | 完成情况记录 | | | |
| 理论学习情况 | | | | | |
| 技能训练情况 | | | | | |
| 任务完成情况 | | | | | |
| 任务创新情况 | | | | | |
| 完成任务后的收获 | | | | | |

### 2. 生生互评

跨境电子商务支付与结算不同模式学习的生生互评表，如表 10-4 所示。

表 10-4　跨境电子商务支付与结算不同模式学习的生生互评表

| | | | | | |
|---|---|---|---|---|---|
| 班　　级 | | 被评人学号 | | 被评人姓名 | |
| 评价者角色 | | 评价者学号 | | 评价者姓名 | |
| 被评人学习和使用的工具 | | ○ 代理行模式　　○ 清算行模式 | | | |
| 任务 | | 完成情况记录 | | | |
| 理论学习情况 | | | | | |
| 技能训练情况 | | | | | |
| 任务完成情况 | | | | | |
| 任务创新情况 | | | | | |
| 完成任务后的收获 | | | | | |

### 3. 教师评价

跨境电子商务支付与结算不同模式学习的教师评价表，如表 10-5 所示。

表 10-5 跨境电子商务支付与结算不同模式学习的教师评价表

| 班 级 | | 被评人学号 | | 被评人姓名 | |
|---|---|---|---|---|---|
| 被评人学习和使用的工具 | | ○ 代理行模式 | ○ 清算行模式 | | |
| 任务 | | 完成情况记录 | | | |
| 理论学习情况 | | | | | |
| 技能训练情况 | | | | | |
| 任务完成情况 | | | | | |
| 任务创新情况 | | | | | |
| 完成任务后的收获 | | | | | |

## 拓展练习

结合你所了解的不同的跨境电子商务支付与结算工具，任选其一进行描述，并简要说明使用该跨境电子商务支付与结算工具的交易流程。

# 任务二 跨境电子商务支付与结算的方式及工具使用

## 任务描述

跨境电子商务支付与结算按其交易的不同方式可分为线下支付与结算和线上支付与结算。跨境电子商务发展之初主要依靠线下支付与结算方式，如汇付、托收、信用证等。在互联网与跨境电子商务蓬勃发展的背景下，跨境电子商务支付与结算主要依赖于国内外主流的线上支付与结算方式，如网上银行、国际信用卡及各大第三方支付平台。

## 学习目标

1．理解并掌握线上支付与结算方式和线下支付与结算方式的区别；

2．基本掌握 PayPal、支付宝、网上银行等跨境电子商务线上支付与结算工具的使用方法。

## 任务分配

本任务分两组进行，每组由一位组长和若干组员构成。组员在组长的带领下，根据【任务准备】的引导问题进行任务分工，理解和掌握线上支付与结算方式和线下支付与结算方式的区别，并基本掌握 PayPal、支付宝、网上银行等跨境电子商务线上支付与结算工具的使用方法。跨境电子商务支付与结算的方式与工具使用的学习任务分配表，如表 10-6 所示。

表 10-6 跨境电子商务支付与结算的方式与工具使用的学习任务分配表

| 班级 | | 组号 | | 组名 | |
|---|---|---|---|---|---|
| | | | | | |
| 角色 | 姓名 | 学号 | 任务分工 | | |
| 组长 | | | | | |
| 组员 | | | | | |
| | | | | | |
| | | | | | |
| | | | | | |
| | | | | | |

## 任务准备

引导问题 1：你知道哪些线上支付与结算方式和线下支付与结算方式？请举例。

引导问题 2：你知道如何使用支付宝进行跨境收款吗？请简述。

## 任务实施

### 一、支付方式认知与跨境收款账户创建

#### 1. 传统支付方式

目前，在跨境贸易中，传统支付方式依然与电子支付方式并存。传统支付使用现金或银行存款结算，通常在银行柜台办理，属于银行柜台支付。传统支付方式包括但不限于现金支付、票据支付、汇兑、委托收款、托收承付。票据支付工具主要包括汇票、支票、本票。下面以汇票、支票、本票为例来介绍传统支付方式。

（1）汇票

汇票是由出票人签发的，委托付款人在见票时或者在指定日期无条件支付确定的金额给收款人或者持票人的票据。

按出票人的不同，汇票分为银行汇票、商业汇票。银行汇票是出票人和付款人均为银行的汇票。商业汇票是出票人为企业或个人，付款人为其他企业、个人或银行的汇票。

银行汇票支付流程如图 10-6 所示。

按付款时间的不同，汇票分为即期汇票和远期汇票。即期汇票又称见票即付汇票，即持票人向付款人提示后对方立即付款。远期汇票是在提示票据后一定期限或特定日期付款的汇票。

按承兑人的不同，汇票分为商业承兑汇票和银行承兑汇票。商业承兑汇票是以银行以外的任何企业或个人为承兑人的远期汇票。银行承兑汇票是承兑人为银行的远期汇票。

银行承兑汇票支付流程如图 10-7 所示。银行承兑汇票图例如图 10-8 所示。

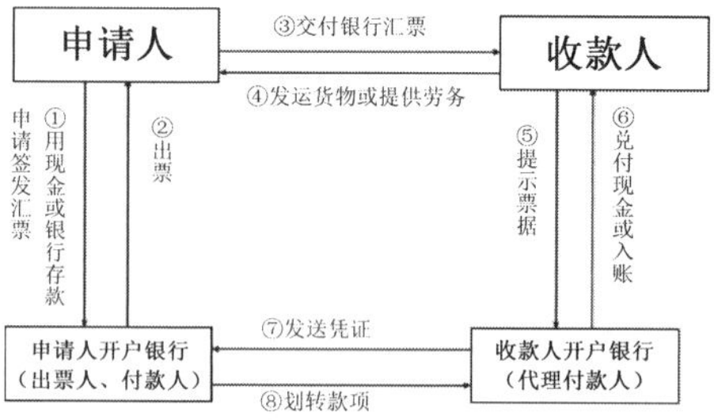


图 10-6　银行汇票支付流程

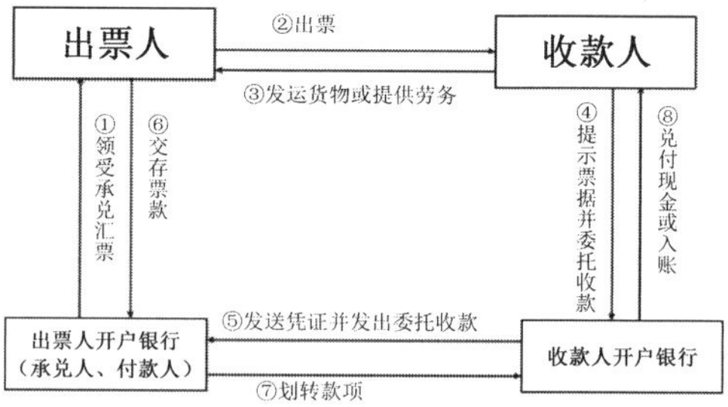


图 10-7　银行承兑汇票支付流程

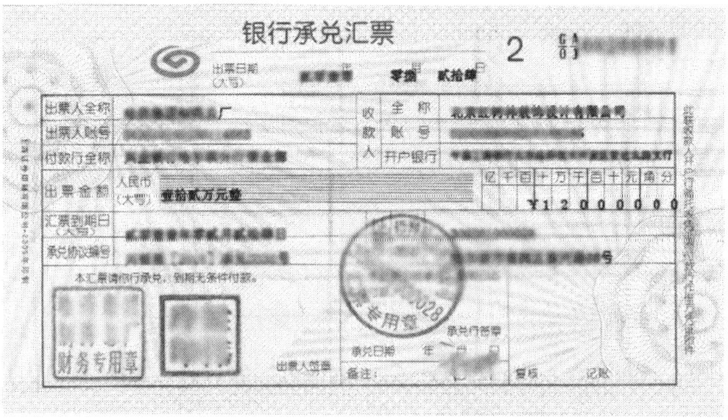


图 10-8　银行承兑汇票图例

（2）支票

支票是由出票人签发的，委托办理支票存款业务的银行在见票时无条件支付确定的金额给收款人或持票人的票据，本质上是一种银行为付款人的即期汇票。

按支付形式的不同，支票分为现金支票、转账支票、普通支票。现金支票是银行在见票时无条件支付确定金额的现金给收款人的支票。转账支票是银行在见票时无条件向收款人的账户存入确定金额的支票。普通支票既可以用于支取现金，也可以用于转账。

支票支付流程如图 10-9 所示。

（3）本票

本票是由出票人签发的，承诺自己在见票时无条件支付确定的金额给收款人或持票人的票据。按出票人的不同，本票分为银行本票和商业本票。银行本票是申请人将款项交存银行，由银行签发给其凭以支取现金或转账结算的本票。商业本票是指多为企业签发，企业为筹措短期资金，由企业署名担保发行的本票。《中华人民共和国票据法》所指的本票是指银行本票，不包括商业本票。

银行本票支付流程如图 10-10 所示。

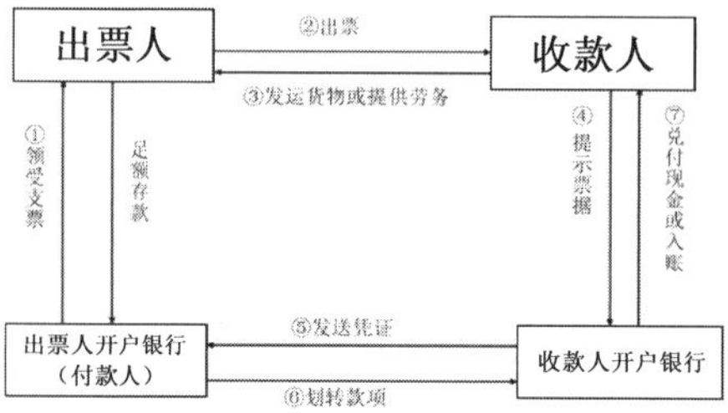


图 10-9　支票支付流程

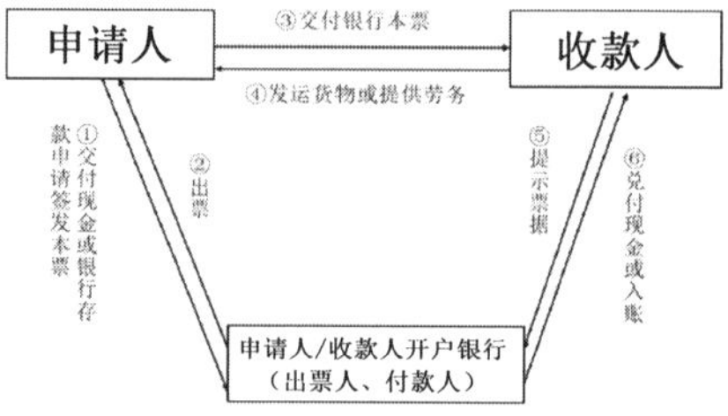


图 10-10　银行本票支付流程

### 2. 电子支付方式

跨境电子商务支付主要采用的是电子支付方式，如银行电汇、专业汇款公司和第三方支付等。银行电汇的支付特点：安全性高，但时效性低，并且费用昂贵；有多项费用，包括电讯费、手续费、中转费，合计汇款金额的3%左右；多用于传统B端大额跨境贸易。专业汇款公司的特点：线下网点多，办理方便，到账快，10～15分钟即可完成，但是手续费较高，比较适合1万美元以下的小额支付。随着跨境电子商务的兴起，第三方支付也随之发展，它能有效满足小额、高频的跨境电子商务支付的需求。相比银行电汇等传统跨境支付3天的到账时间和3%左右的手续费，第三方跨境支付可实现实时到账，费率为0～1%，可满足新兴的跨境电子商务小额、高频、快速的需求，迅速抢占了跨境电子商务支付市场。接下来主要介绍银行电汇、专业汇款公司和第三方支付这几种电子支付方式。

（1）银行电汇

银行电汇是指银行以电报（Cable）、电传（Telex）或SWIFT方式指示代理行将款项支付给指定收款人的汇款方式。

汇出行接受汇款（申请）人委托后，以电传方式将付款委托通知收款人当地的汇入行，委托它将一定金额的款项解付给指定的收款人。银行电汇因其交款迅速、汇款速度较为快捷，在实际业务中应用最为广泛。

① 银行电汇的流程：

- 汇款人到银行的会计业务柜台办理电汇业务；
- 汇款人在电汇凭证上填写对方的收款账号、户名、开户行行名；
- 电汇手续费为汇款金额的1%，最低1元，最高50元，最快当日到账，慢则次日到账。

② 银行电汇与银行转账的区别：

- 款项流转方式不同。银行电汇是付款人将一定款项交存汇款银行，汇款银行指示汇入行向收款人进行支付；银行转账是单位或个人直接将款项划转到收款人账户。
- 办理手续不同。银行电汇办理手续需要到银行的柜台办理，银行转账办理手续可以通过网上银行、ATM或柜台办理。
- 办理费用不同。银行电汇除了汇款手续费，还需要收取相应的电讯费。银行转账无电讯费。

（2）专业汇款公司

目前，进入我国汇款市场的国际汇款公司主要有西联汇款、速汇金、通济隆公司，以及一些规模不等的汇款公司。国际汇款公司不是以汇款公司的身份直接提供汇款服务的，而是通过由国内具备汇款资格的金融机构代理汇款服务进入我国汇款市场的。国际汇款公司资金收付运作模式和特点如下。

① 资金收付运作形式灵活、方便、快捷。

国际汇款公司的汇款业务实现了无账户快速汇款，即通过网络传输汇款信息至收款人所在地的代理网点，收款人在收到汇款人的电话通知后，即可到当地代理网点取款。国际汇款公司的汇款业务与一般的银行电汇业务相比具有汇款速度快、解付程序简便、手续费低、业务办理网点灵活等特点。

② 资金流和信息流相分离。

国际汇款公司的汇款业务之所以比一般的银行电汇业务更为便捷，其原因在于运作模式的差异。不同于银行电汇业务，国际汇款公司汇款业务的资金流和信息流是相分离的，收款方代理网点收到解付信息即可解付款项，而该笔解付信息却没有完全对应的资金流入。

（3）第三方支付

目前，我国具备跨境支付资格的第三方支付公司有财付通、支付宝、银联、快钱、易宝、首信易、网银在线、联动优势等。2015 年，国家外汇管理局发布《国家外汇管理局关于开展支付机构跨境外汇支付业务试点的通知》和《支付机构跨境外汇支付业务试点指导意见》，允许 30 家试点支付机构开展跨境外汇支付业务试点，并为每一家机构划定了一定的业务范围，如货物贸易、旅游服务、机票航空、留学教育等。

国外第三方支付产业的起源略早于我国，并保持了高速发展，由于各国的政策及市场条件不同，不同国家与地区第三方支付产业呈现不同的发展状况。1996 年，美国诞生全球首家第三方支付机构，随后 Yahoo! PayDirect、Amazon Payments 和 PayPal 纷纷成立，其中 PayPal 的发展历程在第三方支付机构的发展历程中最为典型。

总体来看，第三方支付方式将多种银行卡支付方式整合到一个界面上，负责交易结算中与银行的对接，使网上购物更加快捷、便利。在第三方支付交易流程中，其支付模式使商家看不到客户的信用卡信息，避免了信用卡信息在网络上多次公开传输而导致信用卡信息被窃。具体来看，跨境电子商务可分为买买买模式（跨境支付购汇）和赚外汇模式（跨境收入结汇）两种。在买买买模式下，资金出境；在赚外汇模式下，资金入境。不同模式下的第三方跨境电子商务支付与结算的流程如下。

① 资金出境。

对于资金出境的情景，第三方跨境电子商务支付与结算的流程如下（见图 10-11）：第一步，买家选购货物，向持有跨境外汇支付牌照的第三方支付机构使用人民币付款；第二步，第三方支付机构向合作银行购汇；第三步，合作银行向第三方支付机构支付外币；第四步，第三方支付机构向境内/外商户结算货款。

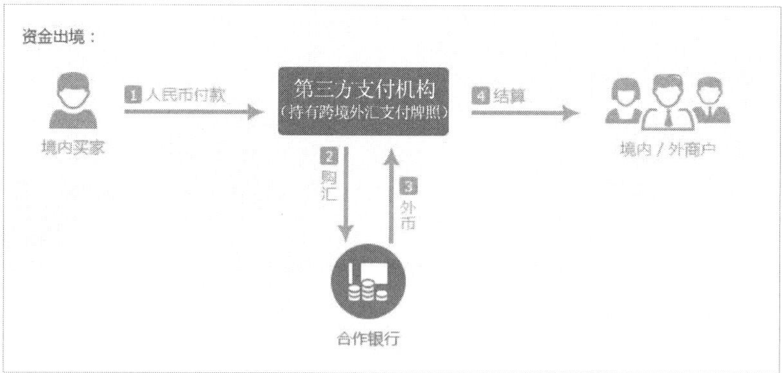


图 10-11 我国境内买家购买境外商品时使用第三方支付的流程

② 资金入境。

对于资金入境的情景，第三方跨境电子商务支付与结算的流程如下（见图 10-12）：第一步，境外买家选购货物，向持有跨境外汇支付牌照的第三方支付机构使用外币付款；第二步，第三方支付机构向合作银行结汇；第三步，合作银行向第三方支付机构支付人民币；第四步，第三方支付机构向境内/外商户结算货款。

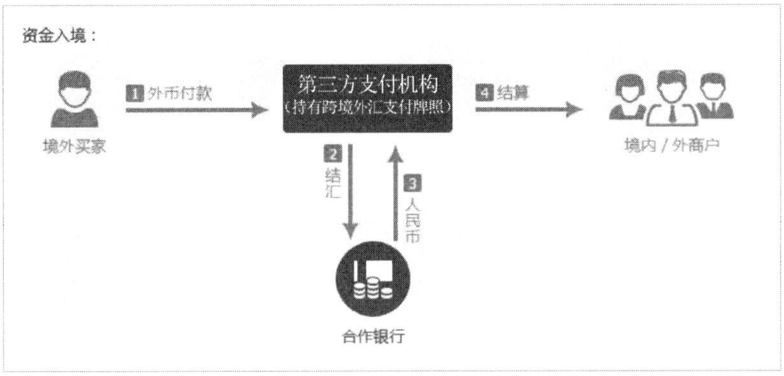


图 10-12　境外买家购买境内商品时使用第三方支付的流程

### 3. 跨境收款账户创建

PayPal 是全球广泛使用的第三方支付工具之一，针对具有国际收付款需求的用户设计账户类型。它能帮助用户进行便捷的外贸收款、提现与交易跟踪；进行安全的国际采购与消费；快捷支付并接收包括美元、加元、欧元、英镑、澳元和日元等 25 种国际主要流通货币。接下来，以主流跨境电子商务支付与结算平台 PayPal 为例来介绍跨境收款账户的创建。

（1）账号注册

第一步：登录 PayPal 平台，单击“注册”按钮，选择账户类型（个人/企业），如图 10-13 所示。

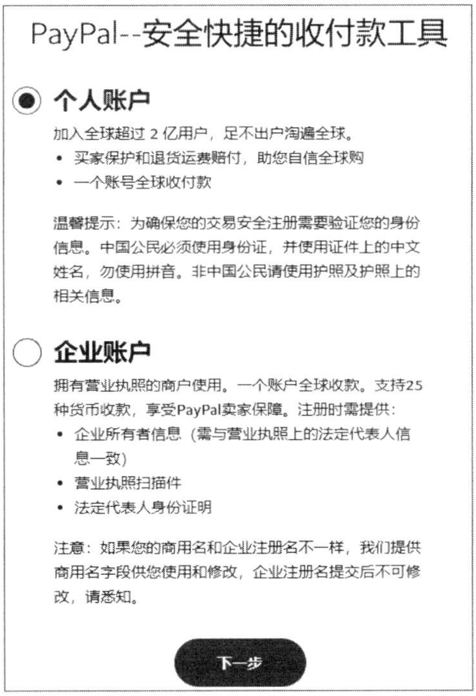


图 10-13　选择注册的 PayPal 账户类型

第二步：填写注册信息后，单击“下一步”按钮，如图 10-14 所示。

图 10-14　填写注册信息

第三步：输入需要注册的邮箱地址，单击“下一步”按钮，如图 10-15 所示。

图 10-15　输入需要注册的邮箱地址

第四步：填写商家账户的基本信息，单击“同意并继续”按钮，如图 10-16 所示。

第五步：填写公司信息，如图 10-17 所示。

图 10-16　填写商家账户的基本信息

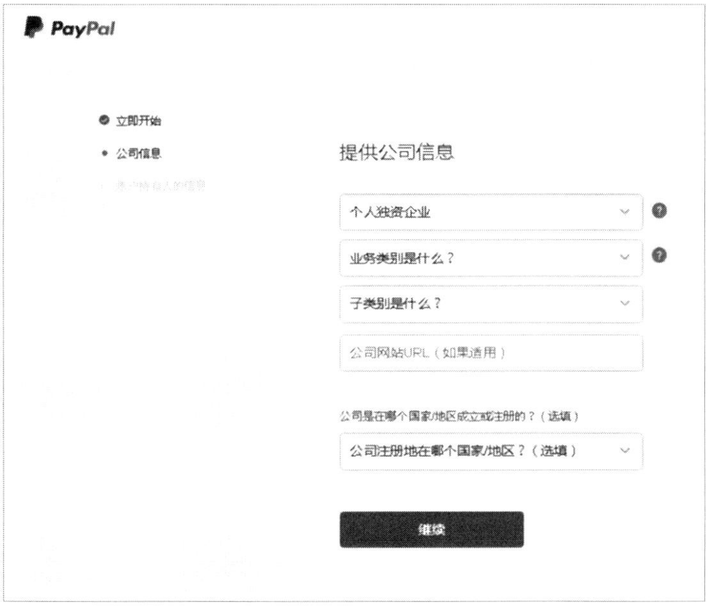


图 10-17　填写公司信息

第六步：填写“账户持有人的信息”，单击“提交”按钮，PayPal 注册便成功了，如图 10-18 所示。

图 10-18 填写“账户持有人的信息”

（2）PayPal 账号付款设置

PayPal 商家账号注册成功后（见图 10-19），接下来就要进行付款设置以保证交易成功进行。在“商家设置”中，有“付款设置”和“账户设置”两大类。

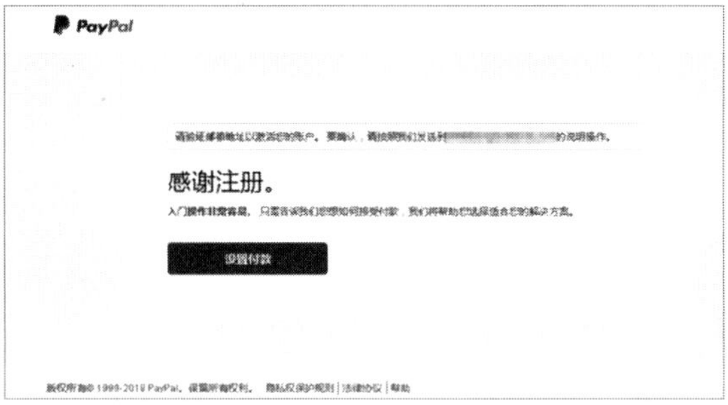


图 10-19 PayPal 商家账号注册成功后的设置付款页面

第一步：分别单击“付款设置”按钮和“账户设置”按钮，所显示的页面分别如图 10-20 和图 10-21 所示。

图 10-20 单击“付款设置”按钮所显示的页面

图 10-21　单击“账户设置”按钮所显示的页面

第二步：商家选择通过验证邮箱地址来激活账户，可以在商家所设置的邮箱中找到验证邮件，点击后账户被激活（见图 10-22）。账户激活后便可以进行付款设置。

图 10-22　PayPal 账户激活页面

（3）PayPal 绑定国内银行卡

当用户验证完邮箱地址并且完成了付款设置后，需要进行银行卡的绑定，路径如下：“用户信息”—“用户信息与设置”—“我的用户信息”—“财务信息”。

第一步：单击“财务信息”按钮，如图 10-23 所示。

第二步：添加信用卡或借记卡，如图 10-24 所示。

图 10-23　PayPal 账户“财务信息”设置页面

图 10-24　PayPal 账户添加信用卡或借记卡页面

第三步：确认所添加信用卡或借记卡的信息，如图 10-25 所示。

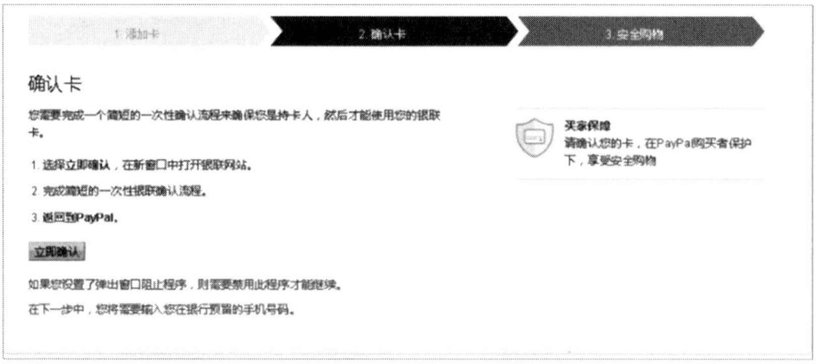


图 10-25　确认所添加信用卡或借记卡的信息

添加信用卡或借记卡的信息后，完成银行卡绑定。至此，整个 PayPal 收款账户创建完成。

## 二、主流跨境收付款工具的使用

我国普遍使用的跨境支付方式有银行电汇、专业汇款公司和第三方支付。其中，银行电汇与专业汇款公司安全性较高，但时效性较低，且费用较为昂贵。因此，在很多小额交易中，商家常常选择第三方支付。第三方支付不仅方便、快捷、高频，而且费率较低，能满足大多数交易需求。所以，以下介绍的主流跨境收付款工具的使用皆以第三方支付平台工具为例。

### 1. 支付宝

支付宝是国内领先的第三方支付平台，致力于提供“简单、安全、快速”的支付解决方案。支付宝从 2004 年建立起，始终以“信任”为产品和服务的核心。其旗下有“支付宝”与“支付宝钱包”两个独立品牌。截至 2019 年 6 月，支付宝及其本地钱包合作伙伴已经服务超 12 亿名全球用户。2020 年 1 月，支付宝宣布其全球用户超过 10 亿人。

作为国内首屈一指的综合性互联网金融平台，支付宝的国际布局战略在一定程度上可以反映出我国跨境支付的出海路径。从目前来看，其战略布局包含 3 个举措，即服务国人出境游、搭建跨境电子商务平台及构建海外金融平台。在服务国人出境游方面，支付宝通过与当地支付机构合作、与退税机构合作两种方式布局海外线下支付业务。前者凭借大量出国游客及支付宝的高渗透率，可以帮助当地商家吸引客户，受到国外商家及本土支付机构的欢迎；后者通过与退税机构合作优化用户体验。在搭建跨境电子商务平台方面，建立“国际版天猫”——全球速卖通，通过跨境电子商务平台推动支付工具的推广。在构建海外金融平台方面，支付宝旨在成为其他国家的“支付宝”，但受当地牌照的限制，多采取收购当地支付机构的方式，并在后续持续提供技术与运营扶持。

目前，支付宝已经在英国、印度、菲律宾、印度尼西亚、马来西亚、巴基斯坦、孟加拉国、韩国等国家和地区，落地了 9 个属于本地人的“支付宝”。截至 2019 年 5 月，支付宝已与全球 250 多个金融机构建立合作，一方面为海外商家和用户提供在线收付款服务，另一方面在全球 54 个国家和地区为中国消费者提供境外线下支付服务。接下来，我们从通过支付宝付款给国外商家和通过支付宝向国外消费者或商家跨境收款两个方面来介绍支付宝跨境支付与结算的操作流程。

（1）通过支付宝付款给国外商家

第一步：打开手机支付宝，点击“转账”按钮，如图 10-26 所示。

第二步：进入“转账”页面后，点击“跨境汇款”按钮，如图 10-27 所示。

第三步：进入“跨境汇款”页面后，点击“上银汇款”按钮，如图 10-28 所示。

第四步：进入“上银汇款”页面后，填写汇款金额，如图 10-29 所示。

第五步：填写收款人信息。

第六步：填写汇款信息。

第七步：查看“个人购汇申请书”并确认。

第八步：确认“预计用汇时间”及“购汇用途”，如图 10-30 所示。

图 10-26　打开手机支付宝，点击“转账”按钮

图 10-27　点击“跨境汇款”按钮

图 10-28　点击“上银汇款”按钮

图 10-29　填写汇款金额

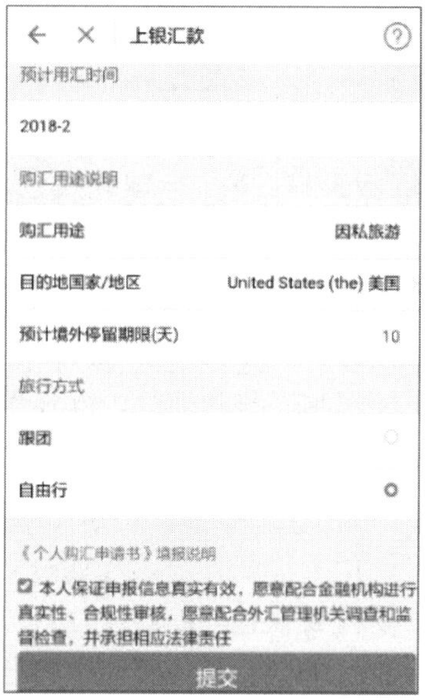


图 10-30　确认“预计用汇时间”及“购汇用途”

第九步：点击“确认信息并汇款”按钮。

由于业务升级调整，自 2020 年 11 月 30 日起，支付宝“上银汇款”个人跨境汇款产品暂停服务，因此国内用户暂时无法通过支付宝进行跨境汇款，待该业务恢复后可按以上步骤通过支付宝付款给国外商家。

（2）通过支付宝向国外消费者或商家跨境收款

第一步：打开手机支付宝，点击“转账”按钮，如图 10-31 所示。

第二步：进入“转账”页面后，点击“跨境汇款”按钮，如图 10-32 所示。

图 10-31　打开手机支付宝，点击“转账”按钮

图 10-32　点击“跨境汇款”按钮

第三步：进入“跨境汇款”页面后，点击“我要收款”按钮，如图 10-33 所示。

第四步：进入“我要收款”页面后，选择“闪速收款”选项，如图 10-34 所示。

图 10-33　点击“我要收款”按钮

图 10-34　选择“闪速收款”选项

第五步：选择收款银行卡，点击“提交”按钮，如图 10-35 所示。

第六步：确认收款银行卡后，告知汇款人如何汇出，点击“去分享”按钮，如图 10-36、图 10-37 所示。

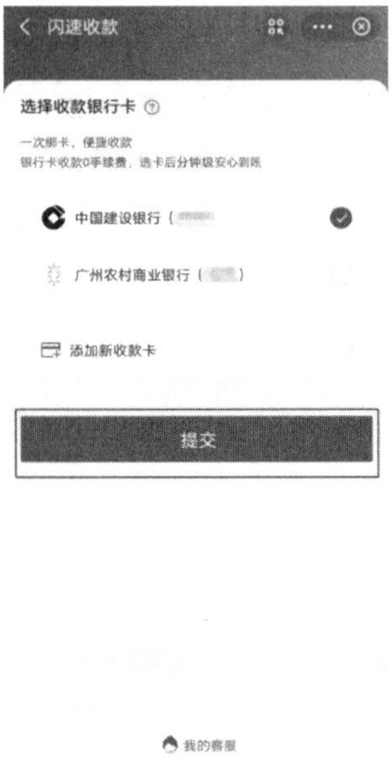


图 10-35 选择收款银行卡，点击“提交”按钮

图 10-36 告知汇款人如何汇出，点击“去分享”按钮

图 10-37 点击“去分享”按钮后，将弹出页面所示的汇款方式告知汇款人

第七步：待汇款人将款项汇出后，收款人接受，利用支付宝进行跨境收款流程结束。

## 2. 网上银行

网上银行涵盖了国内、国际各大银行机构，各大网上银行的支付与结算流程虽然存在部分差别，但总体来说，网上银行支付与结算包括以下几个步骤。

第一步：客户接入互联网，通过浏览器在网上浏览商品、选择货物、填写网络订单、选择应用的网络支付与结算工具，并且得到银行的授权使用，如银行卡、电子钱包、电子现金、电子支票或网络银行账号等。

第二步：客户对相关订单信息（如支付信息）进行加密，在网上提交订单。

第三步：商家服务器对客户的订购信息进行检查、确认，并把相关的、经过加密的客户支付与结算信息转发给支付网关，直到银行专用网上银行后台业务服务器进行确认，待通过银行等电子货币发行机构验证后得到支付资金的授权。

第四步：银行验证确认后，通过建立起来的加密通信通道，经由支付网关给商家服务器回送确认信息，同时为进一步保证账户安全，给客户回送支付与结算授权请求。

第五步：银行得到客户传来的进一步授权支付与结算信息后，把资金从客户账户转拨至开展电子商务的商家银行账户中，借助金融专用网进行支付与结算，并分别给商家、客户发送支付与结算成功信息。

第六步：商家服务器收到银行发来的支付与结算成功信息后，给客户发送网络付款成功信息和发货通知。至此，一次典型的网上银行支付与结算流程结束。商家和客户可以分别借助网上银行查询自己的资金余额信息，以进一步核对。

下面以中国银行网上银行跨境支付为例来说明网上银行跨境支付与结算的流程。

（1）中国银行跨境支付购汇

业务背景（进口贸易）：某企业因自身规模的扩大，对生产原材料的需求量加大，同时需要升级换代生产设备以提高产能，因此打算从境外市场采购廉价的原材料和应用最新技术的专业设备。中国银行根据该企业开展进口贸易的需要，提供全面、高效的配套金融产品和综合解决方案。

针对以上进口贸易的业务背景，中国银行网上银行的支付业务流程如表 10-7 所示。

表 10-7 中国银行网上银行的支付业务流程

| 交易流程 | 企业需求 | 使用金融产品与服务 |
|---|---|---|
| 寻找交易对手并签署合同 | a．甄选交易对手，获取交易对手所在国信息，评估国别风险、商业风险与法律风险，防范信用风险 | 资信调查 |
| | b．提升国际信誉，通过谈判确定较为有利的结算方式，加速货物资金周转，减少资金占压 | 授信额度、保函通知、代审保函、转开保函 |
| 资金备付 | 在自由资金不足的情况下获得银行的信用支持及资金融通，减少资金占压 | 现汇贷款、授信开立信用证、跨境人民币信用证、进口双保理、通易达、付款保函、租赁保函、创新信用保险方案 |
| 货物运输 | 避免运输过程中遭受损失 | 货物运输保险、提货担保、海事调查 |
| 贸易单据到单 | a．对单据表面真实性进行审核，确认交易对手的履约情况 | 信用证来单、进口代收 |
| | b．简化通关手续，降低运营成本 | 融货达、融货达存仓货物保险 |
| | c．提货前获得短期资金融通，加速资金周转效率 | 加工贸易保证金台账、加工贸易税款保付保函、关税保函、ATA 单证册保函、网上支付税费担保 |
| 付款 | a．以最优价格兑换用于支付的外币资金，确保资金支付安全 | 即期售汇、远期售汇、汇出汇款、跨境人民币汇款 |
| | b．减少资金占压，获得银行的信用支持，提高资金周转效率 | 现汇贷款、授信额度、进口押汇、汇出汇款融资 |
| | c．获得海外低成本资金融通，提升营运收益 | 海外代付、代付达、协议付款、跨境人民币联动产品（包括人民币海外代付、人民币协议付款、人民币代付达） |
| | d．通过融资和资金产品组合，规避汇率风险，节约运营成本 | 付款汇利达、跨境汇利达、跨境人民币汇利达产品创新保险方案 |

这里主要介绍的是网上银行跨境支付与结算，在表 10-7 所列举的中国银行网上银行的支付业务流程中，第五步交易流程包含了跨境支付业务。因此，接下来以中国银行手机 App 实操为例，介绍整个业务流程的“付款”环节。

第一步：登录中国银行手机 App，设置好用户名及密码，点击“跨境汇款”按钮，如图 10-38 所示。

第二步：进入“跨境汇款”页面后，选择“外币跨境汇款”选项。根据收款银行的信息，选择对应的汇款：向“境外中行”汇款或向“境外他行”汇款，如图 10-39 所示。根据中国银行的相关收费标准，汇往境外中行将可享受 5 折甚至可能免收汇款手续费待遇（此处以向“境外中行”汇款为例）。

图 10-38　登录中国银行手机 App，点击“跨境汇款”按钮

图 10-39　进入“跨境汇款”页面后，选择“外币跨境汇款”选项，点击“境外中行”按钮

第三步：进入向“境外中行”汇款页面后，在弹出的窗口中填写“收付款人信息”，如图 10-40～图 10-42 所示。

第四步：“收付款人信息”填写完后，点击“下一步”按钮，确认交易信息，如图 10-43 所示。

图 10-40　在弹出的页面填写“收付款人信息”

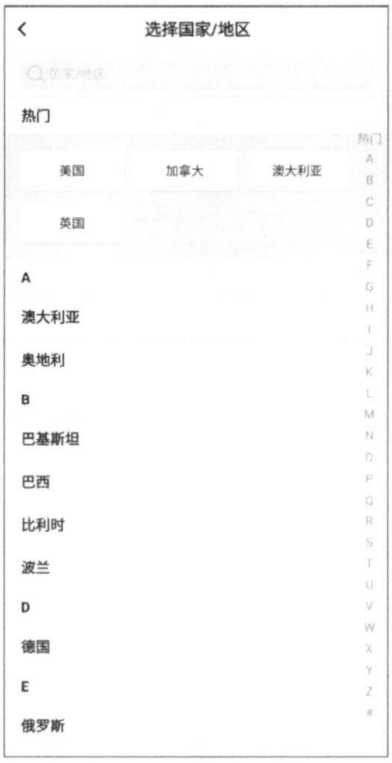


图 10-41　选择收款人所在的国家/地区

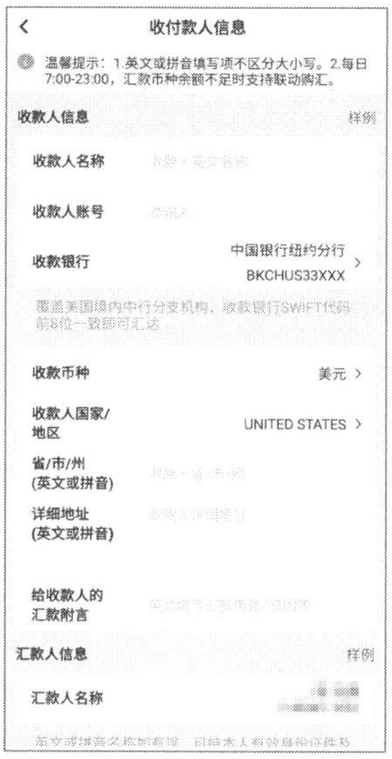


图 10-42　填写“收款人名称”“收款人账号”等信息

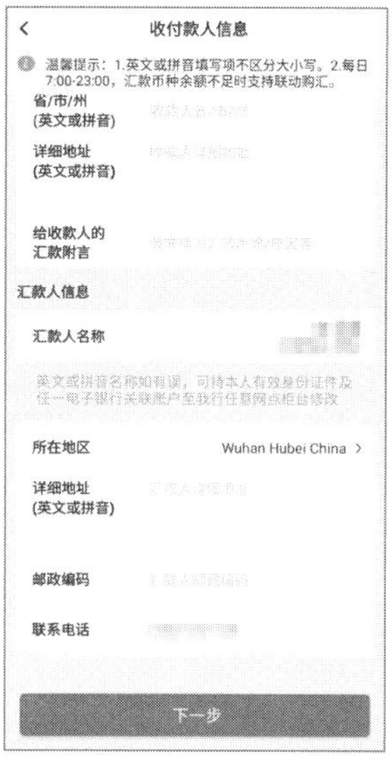


图 10-43　点击“下一步”按钮，确认交易信息

第五步：如果已经购买了外汇或网上银行账户中有外币存款（现汇非现钞），那么汇款人可以直接填写汇款信息。如果网上银行账户中只有人民币却无外币，则要先进行购汇。需要注意的是，购汇前必须根据实际情况填写“个人购汇申请书”，购汇成功后可继续汇款。具体购汇流程如下。

① 在中国银行手机 App 首页点击“结汇购汇”按钮，如图 10-44 所示。

② 进入“结汇购汇”页面后，点击“购汇”按钮，如图 10-45 所示。

图 10-44　点击“结汇购汇”按钮

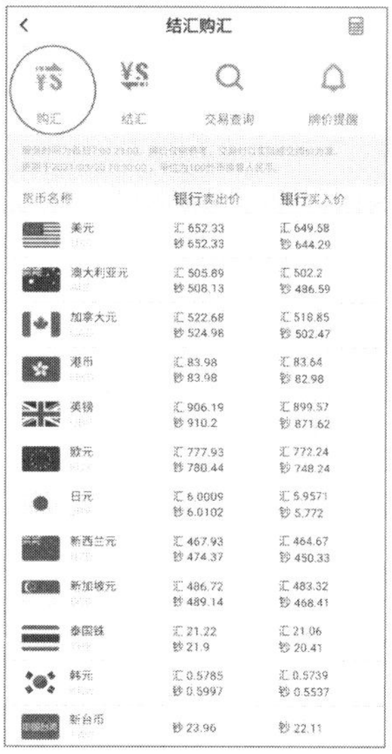


图 10-45　点击“购汇”按钮

③ 阅读“个人购汇申请书”，如图 10-46 所示。

④ 选择购汇的“币种”“钞汇”“购汇用途”等信息，如图 10-47～图 10-51 所示。

⑤ 信息填写完毕，点击“下一步”按钮，购汇完成。

受到外汇市场上供求关系的影响以及货币币值的影响，在直接标价法中，如果本币升值，外汇价格则下降；反之，本币贬值，外汇价格升高。人们的心理预期影响外汇的供求，各国的通货膨胀率的高低也决定外汇买卖的高低，因此外汇买卖就产生了差价。基于以上原因，人们利用网上银行进行跨境电子商务支付与结算时应该尽量避免使用外币现金存入银行账户后汇款的方式，否则将会产生外汇价差，少则几十元，多则几千元。正确方法是直接使用账户中的人民币购买外汇现汇再进行汇款。因此，购汇在利用网上银行进行跨境电子商务支付与结算时尤为重要。

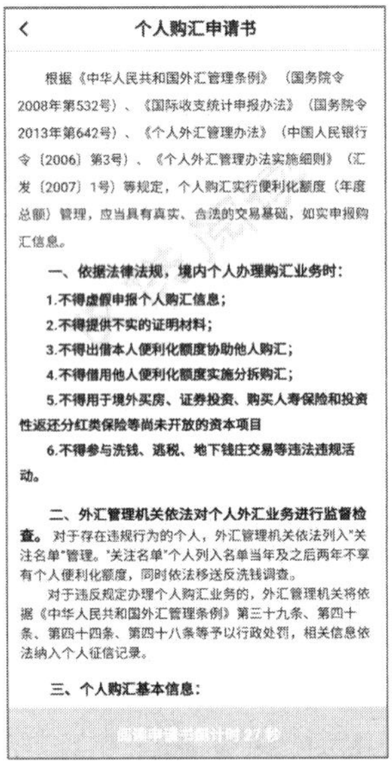

图 10-46 阅读“个人购汇申请书”

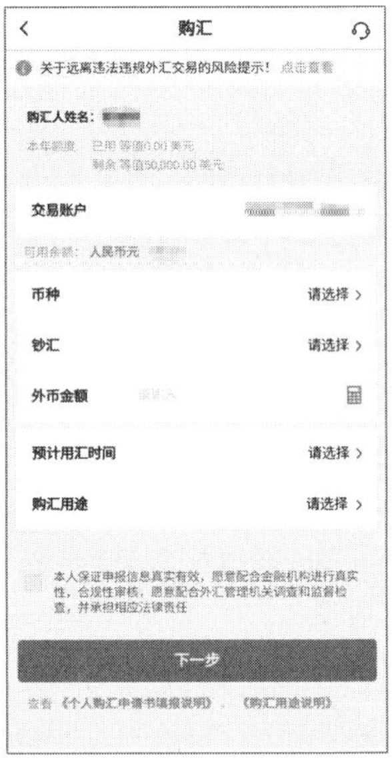

图 10-47 “购汇”信息填写

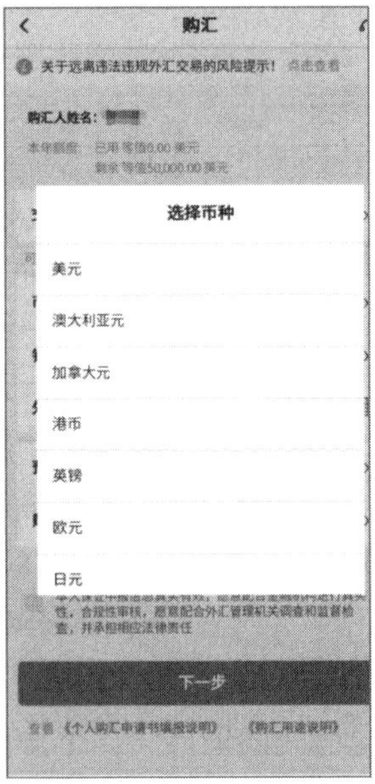

图 10-48 选择币种，选择“美元”选项

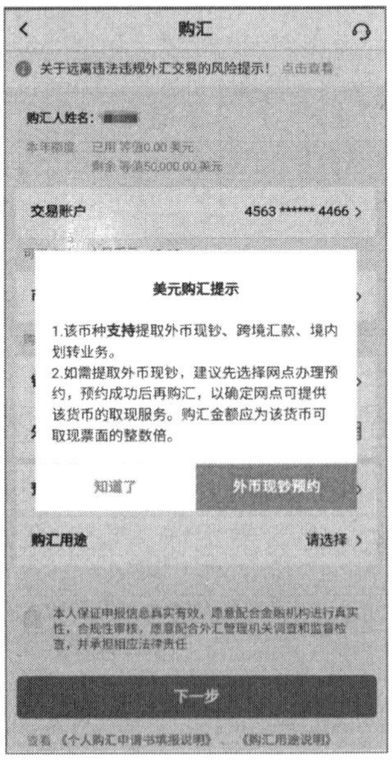

图 10-49 阅读“美元购汇提示”，点击“知道了”按钮

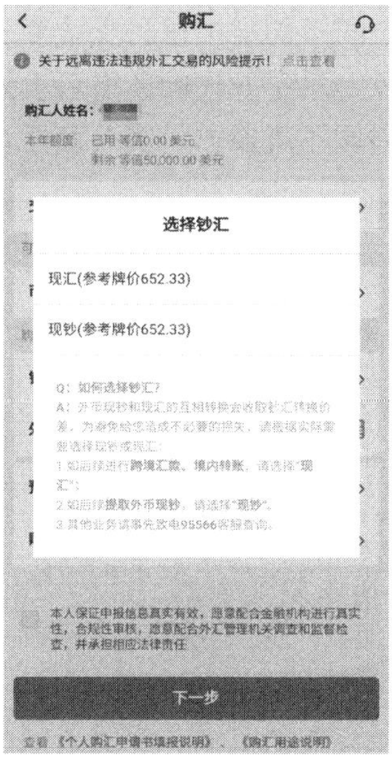


图 10-50 根据窗口提示，“选择钞汇”

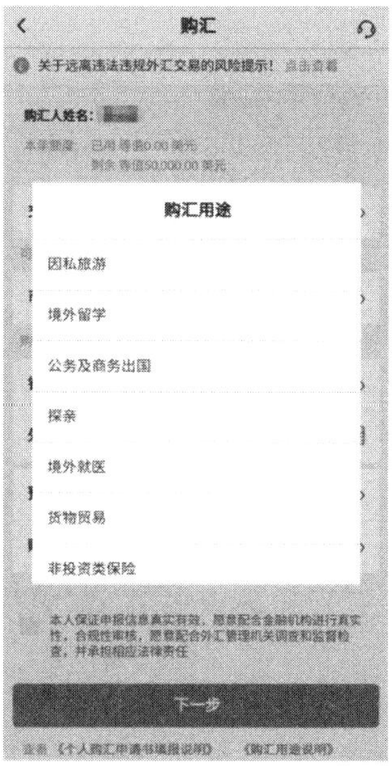


图 10-51 选择“购汇用途”，选择“货物贸易”选项

第六步，购汇完成之后，所有信息录入完毕，检查收款人的名称、账号、地址、金额，系统提示选择安全工具后进行再次确认，验证安全工具后，款项划出，完成整个网上银行跨境支付流程。

（2）中国银行跨境收入结汇

业务背景（出口贸易）：某大型成套设备生产企业经过几年的发展，已经在国内市场站稳脚跟，经研究后打算进一步扩大经营范围，尝试在国际市场上打开产品销路，大力拓展国际市场空间，通过“走出去”实现企业“做大做强”的目标。中国银行根据该企业的需要，为该企业的出口贸易提供全方位的金融服务解决方案。

针对以上出口贸易的业务背景，中国银行网上银行的收入结汇业务流程如表 10-8 所示。

表 10-8 中国银行网上银行的收入结汇业务流程

| 交易流程 | 企业需求 | 使用金融产品与服务 |
|---|---|---|
| 寻找交易对手并签署合同 | a. 甄选交易对手，获取交易对手所在国信息，评估国别风险、商业风险与法律风险，防范信用风险 | 资信调查、资信证明 |
| | b. 提升国际信誉，通过谈判确定较为有利的结算方式，加速资金周转，减少资金占压 | 出口全益达、投标保函、履约保函、备用信用证 |
| 备货 | 获得银行的授信支持，确保有充足的资金采购原材料、生产和备货，减少资金占压 | 现汇贷款、授信额度、打包贷款、信用证通知、信用证保兑、跨境人民币信用证、出口退税托管账户质押融资、预付款保函、备用信用证、加工贸易保证金台账、加工贸易税款保付保函、关税保函、供应链产品（包括融信达、融易达、融货达、通易达、订单融资）、融货达存仓货物保险、人民币协议融资 |
| 货物运输 | 避免运输过程中遭受损失 | 货物运输保险、海事调查 |

续表

| 交易流程 | 企业需求 | 使用金融产品与服务 |
|---|---|---|
| 交单 | a. 通过单据处理规避和防范信用风险 | 信用证审单/议付、出口跟单托收、光票托收 |
| | b. 获得银行资金融通、加快资金回笼，提高资金使用效率，降低市场风险、汇率风险等 | 出口买方信贷、福费廷、出口双保理、出口商业发票贴现、出口押汇、出口贴现、买入票据、国际组织担保项下贸易金融、融信达、人民币协议融资 |
| | c. 改善现金流量，优化企业财务报表，降低财务成本 | |
| 收款 | a. 确保收款安全和效率，以最优价格将外币资金兑换成人民币 | 汇入汇款、跨境人民币汇款、即期结汇、远期结汇 |
| | b. 获得银行的信用支持，减少资金占压，管理应收账款，控制信用风险；获得坏账担保，采取有效措施催收坏账 | 出口双保理、出口商业发票贴现、进口双保理、融付达、质量/维修保函、预留金保函、备用信用证、创新信用保险方案 |
| | c. 获得海外低成本资金融通，提升营运收益 | 人民币协议融资 |
| | d. 通过融资和资金产品组合，规避汇率风险，节约运营成本 | 出口汇利达 |

在表 10-8 所列举的中国银行网上银行的收入结汇业务流程中，第五步交易流程包含了跨境收款业务。因此，接下来以中国银行手机 App 实操为例，介绍整个业务流程的“收款”环节。

第一步：登录中国银行手机 App，设置好用户名及密码，点击“跨境收款”按钮，如图 10-52 所示。

第二步：进入“跨境收款”页面后，选择收款方式，如图 10-53 所示。

图 10-52　登录中国银行手机 App，点击“跨境收款”按钮

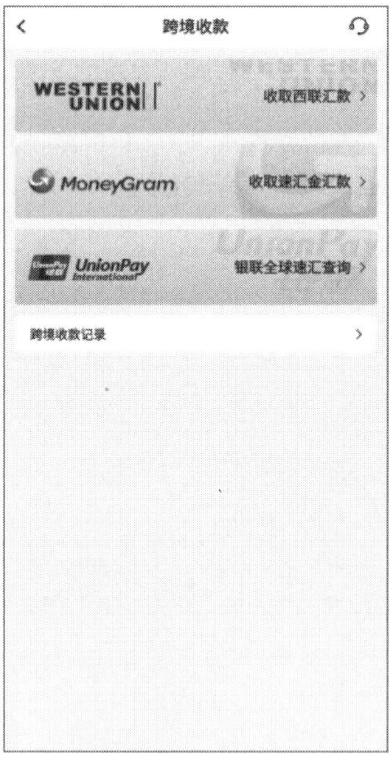


图 10-53　进入“跨境收款”页面后，选择收款方式，以“西联汇款”为例

第三步：进入“收取西联汇款”页面后，“选择收款币种”，填写“汇款解付确认码”，如图 10-54～图 10-56 所示。

第四步：点击“解付”按钮，完成收款，等待资金到账，完成整个网上银行跨境收款流程。

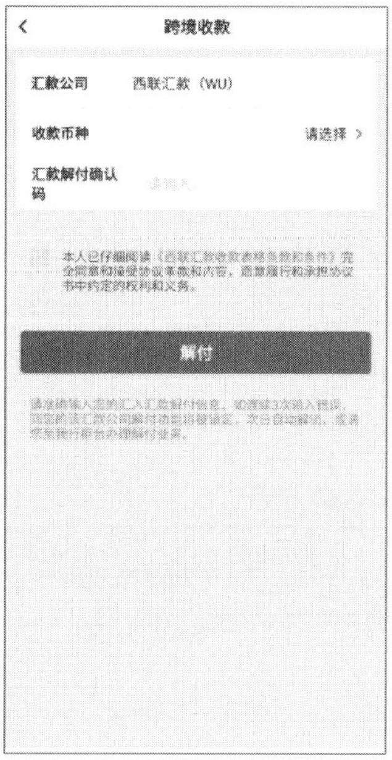


图 10-54　点击“收取西联汇款”弹出的页面

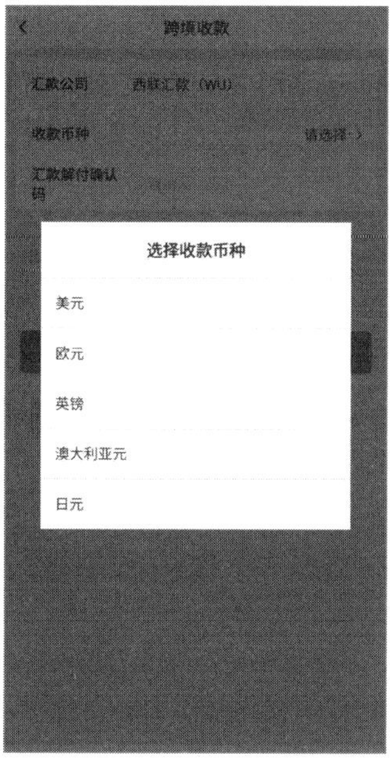


图 10-55　选择收款币种

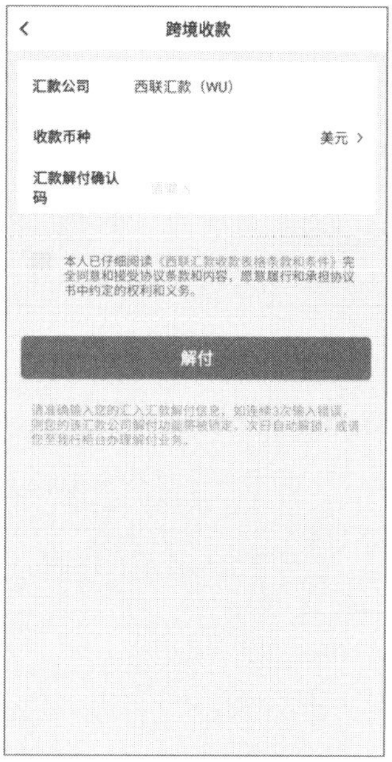


图 10-56　填写汇款解付确认码

## 任务评价

### 1. 学生自评

跨境电子商务支付与结算的方式与工具使用的学生自评表，如表 10-9 所示。

表 10-9　跨境电子商务支付与结算的方式与工具使用的学生自评表

| 班　级 | | 学　号 | | 姓　名 | |
|---|---|---|---|---|---|
| 角色 | ○ 组长　　○ 组员 | | 完成时间 | | |
| 任务 | | 完成情况记录 | | | |
| 理论学习情况 | | | | | |
| 技能训练情况 | | | | | |
| 任务完成情况 | | | | | |
| 任务创新情况 | | | | | |
| 完成任务后的收获 | | | | | |

### 2. 生生互评

跨境电子商务支付与结算的方式与工具使用的生生互评表，如表 10-10 所示。

表 10-10 跨境电子商务支付与结算的方式与工具使用的生生互评表

| 班 级 | | 被评人学号 | | 被评人姓名 | |
|---|---|---|---|---|---|
| 评价者角色 | | 评价者学号 | | 评价者姓名 | |
| 任务 | | 完成情况记录 | | | |
| 理论学习情况 | | | | | |
| 技能训练情况 | | | | | |
| 任务完成情况 | | | | | |
| 任务创新情况 | | | | | |
| 完成任务后的收获 | | | | | |

### 3. 教师评价

跨境电子商务支付与结算的方式与工具使用的教师评价表，如表 10-11 所示。

表 10-11 跨境电子商务支付与结算的方式与工具使用的教师评价表

| 班 级 | | 被评人学号 | | 被评人姓名 | |
|---|---|---|---|---|---|
| 任务 | | 完成情况记录 | | | |
| 理论学习情况 | | | | | |
| 技能训练情况 | | | | | |
| 任务完成情况 | | | | | |
| 任务创新情况 | | | | | |
| 完成任务后的收获 | | | | | |

### 拓展练习

利用你所了解的第三方支付平台（如 PayPal、中国银行手机 App、支付宝手机 App 等），进入全球速卖通模拟教学平台，搜索商品并尝试完成一笔跨境电子商务交易。

## 任务三 跨境电子商务支付与结算的技术风险与防范

### 任务描述

在跨境电子商务交易中，涉及的资金支付和结算需要专门的支付和结算系统及技术的支持来完成。目前，我国已经建成人民币跨境支付系统专门用来处理人民币跨境支付与结算。在跨境电子商务支付与结算过程中，须对不同类别的技术风险进行分类，并了解其防范措施。

### 学习目标

1. 了解跨境电子商务支付与结算技术风险的分类；
2. 熟悉跨境电子商务支付与结算的技术风险的防范措施。

## 任务分配

本任务分两组进行，每组由一位组长和若干组员构成，组员在组长的带领下，根据【任务准备】的引导问题进行任务分工，分别完成跨境电子商务支付与结算技术风险的分类和跨境电子商务支付与结算技术风险的防范认知。跨境电子商务支付与结算的技术风险与防范的学习任务分配表，如表 10-12 所示。

表 10-12 跨境电子商务支付与结算的技术风险与防范的学习任务分配表

| 班级 | | 组号 | | 组名 | |
|---|---|---|---|---|---|
| 内容 | ○ 跨境电子商务支付与结算技术风险的分类 ○ 跨境电子商务支付与结算技术风险的防范 | | | | |
| | | | | | |
| 角色 | 姓名 | 学号 | 任务分工 | | |
| 组长 | | | | | |
| 组员 | | | | | |
| | | | | | |
| | | | | | |
| | | | | | |
| | | | | | |

## 任务准备

**引导问题 1**：在进行跨境电子商务支付与结算的过程中，买卖双方可能会面临哪些风险？请举例。

**引导问题 2**：如何正确地应对进行跨境电子商务支付与结算时所面临的技术风险？

## 任务实施

### 一、跨境电子商务支付与结算技术风险的分类

与传统金融活动一样，跨境电子商务支付与结算面临着经济周期性波动的风险，从而导致跨境电子商务支付与结算面临交易风险。同时，由于跨境电子商务支付与结算具有信息化、国际化、网络化、无形化的特点，其所面临的风险扩散更快、危害性更大，一旦金融机构出现风险，很容易通过网络迅速在整个金融体系中引起连锁反应，引发全局性、系统性的金融风险，导致经济秩序混乱，甚至引发严重的经济危机，从而无法保证交易的顺利进行。在导致经济周期性波动的风险中，技术风险占据了较大比重，其主要包括软/硬件系统的风险、外部技术支持风险及网络风险。

#### 1. 软/硬件系统的风险

从整体来看，跨境电子商务支付与结算的业务操作和大量的风险控制工作均由计算机软件系统完成。全球电子信息系统的技术和管理中的缺陷或问题成为跨境电子商务支付与

结算最重要的系统风险。在与客户的信息传输过程中，如果该系统与客户终端的软件互不兼容或出现故障，则存在传输中断或速度降低的风险。此外，系统停机、磁盘列阵被破坏等不确定性因素，也会给系统带来风险。根据对发达国家不同行业的调查，计算机软/硬件系统停机等因素对不同行业造成的损失各不相同，其中对金融业的影响最大。发达国家零售业和金融业的经营服务已在相当程度上依赖于信息系统的运行。电子信息系统的平衡、可靠和安全运行成为跨境电子商务支付与结算安全的重要保障。因此，若软/硬件系统不完善，将带来较大的交易风险。

### 2. 外部技术支持风险

由于网络技术的高度知识化和专业性，又出于对降低运营成本的考虑，金融机构往往依赖于外部市场的服务支持来解决内部的技术或管理难题，如聘请金融机构之外的专家来支持或直接操作各种网上业务活动。这种做法适应了跨境电子商务支付与结算发展的要求，但也使自身暴露在可能出现的操作风险之中，如外部的技术支持者可能并不具备满足金融机构要求的能力，或者因为自身的财务困难而终止提供服务，从而对金融机构造成威胁。在所有的外部技术支持风险中，最具有技术性的外部技术支持风险是线上电子支付信息技术选择的失误。在各种网上业务的解决方案层出不穷、不同的信息技术公司大力推举各自的方案、系统兼容性可能出现问题的情况下，选择错误将不利于系统与网络的有效连接，还会造成巨大的技术机会损失，甚至使金融机构蒙受巨大的商业机会损失。

### 3. 网络风险

跨境电子商务支付与结算是通过互联网的渠道来支付钱款的，因此在交易转账的过程中会产生一系列网络安全问题。例如，遭受黑客攻击，数据系统遭到损害，使得大量内部数据被泄露或篡改。另外，由于支付的虚拟化，会造成相关的交易单据审核困难。

总的来说，跨境电子商务支付与结算主要服务于跨境电子商务的需要，而跨境电子商务在网络上的交易存在交易制度设计、技术路线设计、技术安全等方面的缺陷，可能导致交易风险。这种交易风险是跨境电子商务活动及跨境电子商务支付与结算独有的风险，它不局限于交易、支付的各方，甚至可能导致整个支付系统存在系统性风险。

## 二、跨境电子商务支付与结算技术风险的防范

### 1. 跨境电子商务支付与结算技术风险管理步骤

跨境电子商务支付与结算技术风险管理与传统金融技术风险管理的基本步骤和原理几乎是一样的，但不同的国家/地区、不同的监管机构可能会根据不同的情况制定不同的跨境电子商务支付与结算技术风险管理要求。目前，最为常见、最为通俗易懂的是巴塞尔委员会采用的技术风险管理方法。以网上银行为例，跨境电子商务支付与结算技术风险管理分为 3 个步骤：评估风险、管理和控制风险及监控风险。

评估风险实际包含了风险识别过程，但识别风险只是最基本的步骤，识别风险之后，还需要将风险尽可能地量化。风险经过量化以后，银行的管理层就能够知道银行所面临的风险究竟有多大、对银行会有何种影响、这些风险发生的概率有多大等。在此基础上，银行的管理层要做出决定，确定本银行究竟能够承受多大的风险。换句话讲，如果出现了这

些风险，造成了相应的损失，银行的管理层是否能接受。至此，评估风险才算完成。

管理和控制风险的过程比较复杂，简单地说就是各种各样相应的控制措施、制度的采用。

最后一个步骤即监控风险是建立在前两个步骤基础上的。具体操作是在系统投入运行、各种措施相继采用之后，通过机器设备的监控，以及通过人员的内部或外部稽核，来检测、监控上述措施是否有效，并及时发现潜在的问题，加以解决。

### 2. 防范跨境电子商务支付与结算风险的技术措施

（1）建立网络安全防护体系

建立网络安全防护体系可以防范系统风险与操作风险。具体操作如下：不断采用新的安全技术来确保跨境电子商务支付与结算的信息流通和操作安全，如防火墙、滤波和加密技术等；加快发展更安全的信息安全技术，包括更强的加密技术、网络使用记录检查评定技术、人体特征识别技术等，使正确的信息及时、准确地在客户和银行之间传递，防止非授权用户（如黑客）对电子支付机构所存储的信息的非法访问和干扰。其主要目的是在充分分析网络脆弱性的基础上对网络系统进行事前防护，主要通过采取物理安全策略、访问控制策略，以及构筑防火墙、安全接口、数字签名等高新网络技术的拓展来实现。

为了确保跨境电子商务支付与结算的安全，网络安全防护体系通常设有3种防护设施。第一种是在使用者上网使用的浏览器上采用加密处理技术，从而确保资料传输时的隐秘性，保障使用者在输入密码、账号及资料后不会被人劫取及滥用；第二种是被称为“防火墙”的安全过滤路由器，防止外来者的不当侵入；第三种是“可信赖作业系统”，它可充分保护跨境电子商务支付与结算的交易中枢服务器不会受到外人尤其是“黑客”的破坏与篡改。

（2）发展数据库及数据仓库技术

建立大型电子支付数据库或决策支持系统，防范信用风险、市场风险等金融风险。通过数据库及数据仓库技术存储和处理信息来支持银行决策，以决策的科学性及正确性来防范各类金融风险。

要防范跨境电子商务支付与结算的信用风险，必须从解决信息对称、充分、透明和正确性着手，依靠数据库及数据仓库技术储存、管理、分析和处理数据，这是现代化管理必须完成的基础工作。跨境电子商务支付与结算数据库的设计可从社会化思路考虑信息资源的采集、加工和分析，以客户为中心进行资产、负债和中间业务的科学管理。不同银行可实行借款人信用信息共享制度，建立不良借款人的预警名单和“黑名单”制度，对有一定比例的资产控制关系、业务控制关系、人事关联关系的企业或企业集团，通过数据库进行归类整理、分析、统计，统一授信的监控。

（3）加速金融工程学科的研究、开发和利用

金融工程是在金融创新和金融高科技基础上产生的，是指运用各种有关理论和知识，设计和开发金融创新工具或技术，以期在一定风险度内获得最佳收益。目前，我们亟须加强电子技术创新对跨境电子商务支付与结算模式、技术的影响，以及由此引起的法制、监管的调整。

（4）通过管理、培训手段来防范金融风险的发生

跨境电子商务支付与结算是技术发展的产物，许多风险管理措施都离不开技术的应用。不过这些风险管理措施实际上并不是单纯的技术措施，仍然需要人来贯彻实施，因此通过

管理、培训手段提高从业人员的素质是防范金融风险的重要途径。《中华人民共和国计算机信息系统安全保护条例》《中华人民共和国计算机信息网络国际联网管理暂行规定》对计算机信息系统的安全和计算机信息网络的管理、使用做出了规定，严格要求线上支付等金融业从业人员依照国家法律规定操作和完善管理，提高安全防范意识和责任感，确保线上支付系统的安全操作和良好运行。

### 3. 加强跨境电子商务支付与结算立法建设

一方面，由于跨境电子商务支付与结算发展迅速，但相关立法相对滞后，导致了许多新的问题与矛盾。另一方面，跨境电子商务支付与结算涉及的范围相当广泛，给立法工作带来了一定的难度。为了防范各种风险，相关部门不但要提高技术措施、健全管理制度，还要加强立法建设。

## 任务评价

### 1. 学生自评

跨境电子商务支付与结算的技术风险与防范学习的学生自评表，如表 10-13 所示。

表 10-13 跨境电子商务支付与结算的技术风险与防范学习的学生自评表

<table>
<tr><td>班　　级</td><td></td><td>学　　号</td><td></td><td>姓　　名</td><td></td></tr>
<tr><td>角色</td><td colspan="2">○ 组长　　○ 组员</td><td>完成时间</td><td colspan="2"></td></tr>
<tr><td>内容</td><td colspan="5">○ 跨境电子商务支付与结算技术风险的分类　○ 跨境电子商务支付与结算技术风险的防范</td></tr>
<tr><td colspan="2">任务</td><td colspan="4">完成情况记录</td></tr>
<tr><td colspan="2">理论学习情况</td><td colspan="4"></td></tr>
<tr><td colspan="2">技能训练情况</td><td colspan="4"></td></tr>
<tr><td colspan="2">任务完成情况</td><td colspan="4"></td></tr>
<tr><td colspan="2">任务创新情况</td><td colspan="4"></td></tr>
<tr><td colspan="2">完成任务后的收获</td><td colspan="4"></td></tr>
</table>

### 2. 生生互评

跨境电子商务支付与结算的技术风险与防范学习的生生互评表，如表 10-14 所示。

表 10-14 跨境电子商务支付与结算的技术风险与防范学习的生生互评表

<table>
<tr><td>班　　级</td><td></td><td>被评人学号</td><td></td><td>被评人姓名</td><td></td></tr>
<tr><td>评价者角色</td><td></td><td>评价者学号</td><td></td><td>评价者姓名</td><td></td></tr>
<tr><td colspan="2">被评人学习的内容</td><td colspan="4">○ 跨境电子商务支付与结算技术风险的分类<br>○ 跨境电子商务支付与结算技术风险的防范</td></tr>
<tr><td colspan="2">任务</td><td colspan="4">完成情况记录</td></tr>
<tr><td colspan="2">理论学习情况</td><td colspan="4"></td></tr>
<tr><td colspan="2">技能训练情况</td><td colspan="4"></td></tr>
<tr><td colspan="2">任务完成情况</td><td colspan="4"></td></tr>
<tr><td colspan="2">任务创新情况</td><td colspan="4"></td></tr>
<tr><td colspan="2">完成任务后的收获</td><td colspan="4"></td></tr>
</table>

### 3. 教师评价

跨境电子商务支付与结算的技术风险与防范学习的教师评价表，如表 10-15 所示。

表 10-15　跨境电子商务支付与结算的技术风险与防范学习的教师评价表

| 班　　级 | | 被评人学号 | | 被评人姓名 | |
|---|---|---|---|---|---|
| 被评人学习的内容 | | ○ 跨境电子商务支付与结算技术风险的分类<br>○ 跨境电子商务支付与结算技术风险的防范 | | | |
| 任务 | | 完成情况记录 | | | |
| 理论学习情况 | | | | | |
| 技能训练情况 | | | | | |
| 任务完成情况 | | | | | |
| 任务创新情况 | | | | | |
| 完成任务后的收获 | | | | | |

## 拓展练习

请查询注册亚马逊英国站买家账号所需提供的信息，思考在该平台进行购物支付时可能存在的技术风险及其应对措施是什么。

# 参 考 文 献


[1] 邓志超，崔慧勇，等．跨境电子商务基础与实务[M]．北京：人民邮电出版社，2017.

[2] 丁晖．跨境电子商务多平台运营实战基础[M]．北京：电子工业出版社，2017.

[3] 董振国．跨境电子商务多平台运营，你会做吗[M]．北京：中国海关出版社，2018.

[4] 冯晓宁，梁永创，等．跨境电子商务速卖通搜索排名规则解析与 SEO 技术[M]．北京：人民邮电出版社，2016.

[5] 嵇美华，杨楚婷．跨境电子商务实务[M]．北京：人民邮电出版社，2019.

[6] 柯丽敏，王怀周．跨境电子商务基础、策略与实战[M]．北京：电子工业出版社，2016.

[7] 刘建珍，刘亚男，等．网店金牌客服[M]．北京：人民邮电出版社，2018.

[8] 马述忠，卢传胜，等．跨境电子商务理论与实务[M]．杭州：浙江大学出版社，2018.

[9] 孟迪云．跨境电子商务产品开发[M]．北京：电子工业出版社，2020.

[10] 阮晓文，朱玉嬴．跨境电子商务运营 速卖通 亚马逊 eBay[M]．北京：人民邮电出版社，2018.

[11] 速卖通大学．跨境电子商务运营与管理——阿里巴巴速卖通宝典[M]．北京：电子工业出版社，2017.

[12] 易静，樊金琪，等．跨境电子商务客户服务[M]．北京：人民邮电出版社，2019.

[13] 易静，蒋晶晶，等．跨境电子商务实务操作教程[M]．武汉：武汉大学出版社，2017.

[14] 张函．跨境电子商务基础[M]．北京：人民邮电出版社，2019.